本书得到了国家社会科学基金项目（20CSH061）和南京邮电大学引进人才科研启动基金（人文社科类）项目（NYY220026）的部分资助

此心安处是吾乡
——陕南移民社区的空间再造与秩序重构

郑娜娜 著

南京大学出版社

图书在版编目(CIP)数据

此心安处是吾乡：陕南移民社区的空间再造与秩序重构／郑娜娜著. ― 南京：南京大学出版社，2022.1
　ISBN 978-7-305-25222-8

　Ⅰ. ①此… Ⅱ. ①郑… Ⅲ. ①移民－扶贫－工作概况－陕西 Ⅳ. ①F127.41

中国版本图书馆 CIP 数据核字(2021)第 269176 号

出版发行　南京大学出版社
社　　址　南京市汉口路 22 号　　邮　编　210093
出 版 人　金鑫荣

书　　名　**此心安处是吾乡——陕南移民社区的空间再造与秩序重构**
著　　者　郑娜娜
责任编辑　黄继东　　　　　　　　编辑热线　025-83592193
照　　排　南京南琳图文制作有限公司
印　　刷　江苏凤凰通达印刷有限公司
开　　本　880×1230　1/32　印张 11.5　字数 300 千
版　　次　2022 年 1 月第 1 版　2022 年 1 月第 1 次印刷
ISBN　978-7-305-25222-8
定　　价　58.00 元

网　址：http://www.njupco.com
官方微博：http://weibo.com/njupco
官方微信号：njupress
销售咨询热线：(025) 83594756

* 版权所有，侵权必究
* 凡购买南大版图书，如有印装质量问题，请与所购
　图书销售部门联系调换

序 一

  自古以来，人口流动和迁移就是全球性的重大社会问题，移民是人类社会发展的必然结果。中国历史上曾经有过多次移民活动，尤其是在战乱时期或自然灾害严重的情况下，大批流民被迫离家，颠沛流离。但新中国成立以来，各种原因引发的移民问题和历史上的移民是不同的。特别是快速城镇化、工业化和规模巨大的基础设施建设在大大促进我国社会经济发展和人民生活水平提高的同时，也带来了大规模的移民。目前，我国已经进入一个以迁徙为特征的"移民社会"，加强移民学科的研究，对于我国现代化建设具有重要现实意义。

  2012年，中国科学院《关于加强移民工程学科建设和相关科研工作的建议》的报告中指出："移民工程涉及基础设施建设、生态修复、环境保护、灾害治理、缓解贫困等多个领域，研究和解决移民问题不仅仅是我国现代化建设的客观要求，也是维护国家稳定、保障国计民生的重大战略任务。"可见，移民工作是一项庞大而复杂的系统工程，它涉及社会、经济、政治、文化、人口、资源、环境、民族、工程技术等诸多领域，大规模移民就是一个复杂的人口—社会—经济—资源—生态—环境系统破坏、恢复、重建的系统工程。根据不同的移民迁移动因，移民可以分为多种类型，比如劳动力流动移民、工程移民、灾害移民、生态移民、环境移民、扶贫移民、气候移民等，有自愿移民与非自愿移民。移民不仅是一个复杂的经济社会问题，需要制定系统的移民政策，保护移民和相关者的利益。

而且移民搬迁安置后生产、生活水平的恢复和发展问题是移民必须解决的主要问题。移民搬迁安置是否成功,在于移民能否恢复和改善生活,能否获得发展的机会和空间。同时,移民搬迁面临着传统的社会关系和经济网络的破坏,而且远迁者面临的是一个陌生的环境,语言、文化、风俗习惯、生产方式等都需要一个适应过程。移民安置不仅仅是简单的补偿与家园的重建,更面临着种种风险。正如迈克尔·塞尼所指出的,移民搬迁可能会面临着失去土地、失业、失去家园、边缘化、不断增长的发病率和死亡率、食物没有保障、失去享有公共的权益、社会组织结构解体等八大贫困风险,所以这需要一个相当复杂的、防范性的重建工程来完成。

河海大学自1992年成立中国移民研究中心,研究非自愿移民。此后,在不同学科下设立了移民技术经济及管理、移民社会学、移民管理学等方向,并于2004年设立了移民科学与管理二级学科博士点,逐渐使"移民"实现了从"一项工作"到"一门科学"再到"一个学科"的转变。在30多年的发展过程中,移民研究中心参与承担了几百项与移民相关的课题,主持完成了长江三峡、黄河小浪底、南水北调等80多项国家重点工程的移民研究工作。1990年,我第一次进行了水库移民田野调查。当时去的是贵州省黔西县化屋基苗族自治乡,因东风水电站的建设需要,该乡在乌江边上的三个苗族村落面临搬迁。乌江流域山高坡陡,交通奇差,雨多路滑,所以田野踏勘、入户调查常常是"晴天一身灰,雨天一身泥"。随着研究的深入,我们也将移民研究扩展至工程移民、环境移民、灾害移民、扶贫移民等多个方面。移民研究涉及多门学科,不仅要关注"移民搬迁"问题,还要运用多学科的理论与方法发现其背后的科学问题。特别是在从事移民研究工作应该保持顶天立地的民生情怀,既要从国家和社会的需要出发,也要立足于搬迁农户、社区、企业和地方实际情况,扎实开展田野调查工作。

郑娜娜博士在河海大学社会学专业攻读博士学位,接受了移民社会学的学术训练,先后也参与过三峡库区移民、乌江流域水电移民、浙江水库移民、气候移民等多地移民相关课题研究,在移民的理论研究与实践经验方面有一定的积累。这本专著是她在博士论文基础上修改完成的,立足于国家精准扶贫政策的社会背景,选取陕南10个搬迁村落为田野调查点进行扶贫移民研究,主要采取非结构性访谈、参与式观察和典型个案等研究方法,对移民易地搬迁的原因、过程、问题、影响等进行了详细描述,着重对移民进入新社区所面临的包括生计转型、文化调适、身份认同、社会网络、社区治理在内的空间关系互动进行了比较深入的考察与剖析,为人们提供了一幅描绘陕南移民社区的多维空间生产和再造过程的整体画面。书中细致描述了移民社会行为背后的诸多国家扶贫与市场经济、空间社会变革及社区治理问题,提出并论证了"易地搬迁过程不仅仅关涉时空变换,同时也是文化置换、经济转型和组织嬗变并存的过程"。同时,本研究把社区作为一个动态建构的过程进行解读,将其置于中国社会结构变迁的时空背景中加以考察;把移民社区看作是完整的有机体和综合体,明确将社区空间分为物质的地理空间和生产生活空间、组织制度空间、社会文化空间等社会意义的空间,运用空间社会学理论分析了社区建构过程中多维空间的变化以及互动与交织过程。本研究不仅关注了国家政策的执行过程,更关注了搬迁农户,也就是移民在下山上楼过程中的种种表现,提出了许多建设性意见和学术观点。

一方面,作者关注到了国家与社会的视角,将移民社区的构建作为国家治理单元。移民社区的建设无不渗透着国家的权力,实际上是国家治理的一次全面深入。本书充分体现了易地搬迁政策的国家意志和乡土逻辑,国家权力的主体地位首先体现在政策目标的制定和分解上。易地搬迁工作的开展运用了运动式治理和常规的官僚体制结合的运行逻辑(驻村干部其实是政权下乡的表现、考核机制),易地搬迁工程中所涉及的各项政策如搬迁政策、搬迁后的就业政策、产业发展政策、文化活动等,都是国家权力对乡村社会的渗透。政府试图通过扶贫开发与生态保护融为一体,实现移民的现代化。"生存理性"的移民与"政治理性"的政府不断进行博弈,乡村中的平均主义思想和普惠原则,使新的移民社区生产过程中充满了冲突。如何建构空间秩序,打造空间正义,是关系着移民社区有效治理和移民可持续发展的重点。

另一方面,作者也关注到了中央与地方的视角。首先是国家意志的体现。近年来易地搬迁政策的实践也表明,易地搬迁工程是国家政权主导及各级行政部门共同建构的产物。国家对易地搬迁工程的实施主体、搬迁对象、安置方式等进行了详细规定,从国家层面出台具体的规则,深刻体现了国家治理贫困的意志,并依靠自上而下的科层体系进行贯彻执行。搬迁政策的建构体现了斯科特所说的"国家视角"。但同时国家在进行资源配置时无法直接了解到移民户的差异化需求,也无法按标准化的指标和规则分配项目资源,只能通过地方政府采取灵活和特殊的资源分配方式,所以地方政府在项目分配上有较大的决定权。正是国家权力与地方乡土场域非正式规则之间此消彼长的相互交融,才使得带有刚性特征的政策能够更好适应基层社会的实际情况。作者指出社区空间建构的过程遵循了政治逻辑、行政逻辑与乡土逻辑交织的实践逻辑,丰富了国内有关移民研究的研究视野,这是一种更具有"社会性"的综合理论视角。本研究也可以为社区治理共同体构建、人与自然和谐发展以及新型城镇化建设提供实践依据和决策参考。

值得一提的是,本书着眼于以扶贫移民搬迁为代表的精准扶贫政策,但又不限于就"减贫"论"减贫",而是将移民搬迁扶贫政策的推进视作一个国家转型、社会治理与新型城镇化的过程,而且该书图文并茂,有诸多图表及个案材料,可见作者在田野调查工作中的辛苦付出。易地搬迁的初衷是通过"拔穷根""挪穷窝""换穷业"等核心战略,使移民尽快脱贫致富,达到避灾安居、扶贫治本和生态保护多重目标。但在实际过程中,顶层设计往往不一定能达到预期效果,移民的社会经济文化工程系统的重建不是一个一蹴而就的过程,而是一个漫长的构建过程。在后扶贫时代,偏僻山区的移民安置点，那些刚刚达到"两不愁、三保障"的贫困人口是否存在返贫的可能性？如何保持移民搬迁户的稳定性收入和生活的持续性改善？如何打造不返贫的社会空间，建立一个健全教育、医疗、养老等多层次社会保障体系？如何让易地扶贫移民更好地融入新的经济社会环境，在现代化过程中分享成果和实现共同富裕？如何在共建共享共治中让移民享受更多社会发展成果带来的获得感和福祉递增感？这也是我们需要进一步考虑的问题。希望作者能够坚持在移民这个学术领域继续不断耕耘，出更多的成果，为国家和社会贡献更多的聪明才智。

河海大学中国移民研究中心主任
2021 年 11 月 14 日于河海大学

序 二

弟子们出书，我一直不愿接受作序之邀，不是不予鼓励，而是内心惶恐。一是多年沉于实务，疏于理论，学业不精，不能胜任；二是移民研究专业性强，"小众"化，今年河海大学自主设置的"移民科学与工程"交叉学科成功获批在国务院学位委员会备案即是明证，以致多数弟子的毕业论文"避开"了此类选题，使得我难以置喙；三是心惰腿懒，参加学界活动不多，寂寂无名，岂敢忝颜于给人写序学者之列？结果可能是有负所托。这次郑娜娜博士一再坚持，说相关内容是我擅长的领域，给我找了个理由，不好推脱，也就凑凑热闹。不敢说写序，只是絮叨几句。

贫困与反贫困是全球性的议题。可喜的是，到 2020 年 12 月 31 日我国宣布如期完成了新时代脱贫攻坚的目标任务，现行标准下农村贫困人口全部脱贫，贫困县全部摘帽，解决了困扰中华民族几千年的绝对贫困问题，取得了历史性成就。我国的贫困人口大多集中于西部集中连片特困地区。在各种减贫手段中，易地扶贫搬迁是中国在解决深度贫困过程中探索出来的一条有效路径。

我国易地搬迁移民已走过 40 多年历程，是斩断生存环境恶劣地区"穷根"的治本之策，搬迁对象是资源承载力严重不足、公共服务严重滞后且建设成本过高、地质灾害频发、地方病高发等"一方水土养不起一方人"地区的建档立卡贫困户。20 世纪 80 年代国家开展了开发式扶贫的实践探索，在"河西、定西、西海固"三西地区进行我国第一个有计划、有组织、大规模的农业建设计划和区域开发式扶贫行动,也是扶贫移民的早期探索。20世纪90年代国家实施西部大开发,《国家"八七"扶贫攻坚计划(1994—2000年)》提出我国贫困人口分布在地域偏远、交通不便、生态脆弱、经济发展滞后、文化教育落后等集中连片地区,广西、云南、湖北等多地出台有关扶贫移民的政策,对生活在深山、石漠区的贫困人口实施移民搬迁。2001—2012年,国家易地扶贫搬迁开始走向规范化、制度化和系统化。2012年,《易地扶贫搬迁"十二五"规划》确定了对240万生存条件恶劣地区的农村贫困人口进行易地扶贫搬迁,易地扶贫搬迁成为实现贫困缓解和生态环境保护双赢的重要战略。2016—2020年"十三五"期间,我国通过"挪穷窝""换穷业""拔穷根"等方式,完成了960万建档立卡贫困人口的搬迁任务,搬迁人口大都集中在中西部地区的山地、高原、荒漠化土地、生态脆弱区域。但易地搬迁不是人口简单地向农村或城镇的空间变动,它是一项复杂的社会工程,涉及对贫困人群搬迁的财政补贴、迁出地的生态恢复和土地整治、搬迁人群的医疗教育和就业保障、迁入地的基础设施建设、搬迁人群在迁入地的生活文化融入等一系列复杂且挑战性很高的问题。它既要对贫困群体原有的经济、社会与文化资本进行改变,又要再造新的生计空间,是一项政策性强、类型复杂、难度大、持续时间长的工作。易地搬迁作为国家的一项惠民政策,对生态脆弱或生态恶劣区域居民的生活方式进行重构,国家的一系列政策如退耕还林、生态补偿、义务教育等都可以在集中安置点登记造册。国家的各种发展话语在移民安置点得到贯彻,巩固和维系了国家层级统治中的角色和位置。

1988年以来,河海大学在工程移民、水库移民、生态移民、环境移民、灾害移民和扶贫移民等方面进行了具有开拓性、基础性和应用性的研究。特别是1992年水库移民经济研究中心的成立,成为工程移民领域第一个全国性的专门研究机构,取得了丰富的成果,在移民研究领域居于国际一流国内领先的地位,享有较高的社会声誉。

序 二

郑娜娜博士在南京师范大学社会学系进行本科学习,硕士就读于我校社会保障专业,这个阶段经常参加贫困与反贫困问题的学术会议和实践活动,秉持实现社会公平公正的良知,培养了关注弱势群体的情怀,取得了一定的研究成绩,几乎是博士毕业当年就获得了国家社科基金的研究资助,可喜可贺!她在读博期间,参与过多项移民课题研究,尤其是相关水库移民后期扶持的研究,深入多个库区和移民安置区进行调研。她秉性踏实、专心向学、吃苦耐劳,无论是酷暑难当,还是寒风凛冽,都无怨无悔,认真完成问卷调查、座谈访谈,做好资料整理,认真撰写报告,并就遇到的问题反复揣摩,常有心得。其中,她最为关注移民脱贫致富这个复杂的问题。在我的指导下,她大胆地就此作为博士论文选题,经慎重思考,也是机缘巧合,决定以陕南地区易地扶贫搬迁作为研究对象。学无捷径,需要一步一个脚印,保持吃苦与专注的科研精神。研究者应当一切从实际出发,深入研究对象的生活,去感受他们的生活,探索他们真实的难题与困境。20多年来,时常在山区,尤其是在深山区进行水库移民调研的经验告诉我,这个研究不容易。不要说爬千山、蹚万水,崎岖的山路、雨季随时发生的滑坡和泥石流,还有夏天蚊虫叮咬、湿热过敏,冬天高寒山区冰天雪地,山区短粮少电的艰苦生活等等都令人心畏,可能成为持续调研的障碍。她独身一人前往偏远而陌生的西部山区进行田野调查,一待就是数月。起初,我非常担心她的安全问题以及能否适应山区落后的生活条件,因为她从来没有农村生活的经验,怕她受不了这份艰苦。电话沟通发现,我的担心是多余的。她在物质条件非常艰苦的西部山区与搬迁农户同吃同住同劳动,得到了淳朴乡民们的支持和帮助,对此我也要郑重地说声"谢谢"!如果没有专注于学术的信念和吃苦耐劳的精神,这是难以做到的。当我们看到这些文字和图片的时候,可以想象她的辛苦、努力和精神!

目前呈现的这本著作就是娜娜博士在毕业论文基础上修改完善的。本书选取了陕南地区十多个易地扶贫搬迁村落作为田野调查点,采取参与式观察、非结构性访谈和典型个案等田野调查方法,对移民的搬迁行动及社区重建过程进行"深描",为我们呈现了一幅生动的官民互动的社区搬迁和重新建构图景。娜娜博士深入秦巴深度贫困山区,亲身体验移民生活,叙述真实可感,文笔生动细腻,诸多案例再现了移民的搬迁历程。虽然在理论上有待深入探讨,但就其所回应的研究问题和论证基础来看也着实难得,字里行间能够看出她扎实的基础、认真的态度和孜孜以求的学术志向,她的博士论文被评为2021年度河海大学优秀博士毕业论文。

任何一项研究,既是在书写研究对象,也是在表达着研究者自身,娜娜博士是一位富含情怀兼具学术关照的青年学者。恰值公元2021年最后一天,日头正当午,希望娜娜博士在新的道路上继续脚踏实地,深入基层,体验民众的真实生活,讲述他(她)们的真实故事,让学术的阳光洒满大地,贡献更多的科研成果。学无止境,勤勉努力,未来可期!

2021 年 12 月 31 日于南京

目 录

序一 …………………………………… 施国庆（1）
序二 …………………………………… 许佳君（1）
第一章　导论 ……………………………………（1）
　　第一节　选题背景与选题缘由 …………………（1）
　　第二节　研究问题与研究意义 …………………（6）
　　第三节　理论视角与相关研究 …………………（9）
　　第四节　研究方法与分析框架 …………………（33）

第二章　研究区域背景及移民搬迁过程 …………（43）
　　第一节　田野呈现：田野调查点概况 …………（43）
　　第二节　陕南移民搬迁的实施：从宣称到政策实践 …（58）
　　第三节　顶层设计：搬迁政策与空间规划策略 …（63）
　　第四节　搬出大山：动员式搬迁与移民迁移策略 …（72）
　　第五节　移民社区空间解读 ……………………（87）

第三章　从散居到聚居：物理空间的置换 ………（90）
　　第一节　居住格局变革：从水平分散到垂直集聚 …（90）
　　第二节　家庭空间重组：从扩大家庭转向核心家庭 …（100）
　　第三节　公共空间转型：公私分离 ……………（113）

1

第四节　小结:过渡型居住空间 …………………… (124)

第四章　萎缩与繁育:经济空间的再造 ……………… (126)
　　第一节　空间变革与生计方式转型………………… (126)
　　第二节　空间变革与消费方式转型………………… (145)
　　第三节　小结:空间变革与经济空间转型 ………… (161)

第五章　离散与重组:组织制度空间的再造 ………… (165)
　　第一节　空间规训与移民抵抗 …………………… (165)
　　第二节　移民管理与身份认同 …………………… (174)
　　第三节　组织结构转型与功能变迁 ……………… (182)
　　第四节　小结:空间位移与组织制度空间的嬗变 … (193)

第六章　消解与重塑:社会文化空间的再造 ………… (196)
　　第一节　社会交往:社会支持网络的断裂与延续 … (196)
　　第二节　文娱方式的转型:集体记忆的弱化与培育 … (207)
　　第三节　精神文化的嬗变:心理疏离与文化认同 … (216)
　　第四节　小结:空间位移与社会文化重塑 ………… (222)

第七章　移民社区空间秩序重构 ……………………… (224)
　　第一节　经济秩序重构……………………………… (224)
　　第二节　政治秩序重构……………………………… (245)
　　第三节　文化秩序重构……………………………… (254)
　　第四节　小结:社区秩序的空间建构 ……………… (270)

第八章　移民社区建构的实践逻辑 …………………… (273)
　　第一节　国家与社会关系视野下的易地搬迁……… (273)

第二节　中央与地方关系视野下的易地搬迁……………(285)

第九章　结论与展望……………………………………(291)
　　第一节　研究结论………………………………………(291)
　　第二节　研究的创新点和不足…………………………(302)
　　第三节　研究展望………………………………………(305)

参考文献…………………………………………………(307)
　　一、中文著作及译著……………………………………(307)
　　二、中文期刊……………………………………………(312)
　　三、博士论文……………………………………………(323)
　　四、外文文献……………………………………………(324)

附录………………………………………………………(329)
　　附录1：访谈提纲………………………………………(329)
　　附录2：访谈人员情况一览表（县移民办、扶贫办、
　　　　　 镇村干部）………………………………………(333)
　　附录3：访谈人员情况一览表（农户）………………(337)

后记………………………………………………………(342)

第一章

导 论

第一节 选题背景与选题缘由

一、选题背景

贫困与反贫困是人类社会发展史上永恒的话题。40余年的改革开放,我国的扶贫开发①成就举世瞩目,贫困人口大规模减少。党中央把脱贫攻坚作为全面建成小康社会的基本任务和标志性指标,到2020年逐步实现农村贫困人口"两不愁三保障"②,解决区域性整体贫困问题。截至2018年年底,我国农村贫困人口由2013年的9 899万人减少到1 660万人,累计减少8 239万人,年均减贫1 300多万人。当前我国扶贫脱贫进入了攻坚拔寨的关键时期,剩余的贫困人口大都集中在14个连片特困地区,这些地区或高寒阴冷、或干旱缺水、或荒漠化严重、沙尘暴肆虐、或山高坡

---

① 自1949年以来,我国先后经历了计划经济体制扶贫阶段(1949—1978年)、农村经济体制改革推动阶段(1979—1985年)、制度化区域开发扶贫阶段(1986—1993年)、以《国家八七扶贫攻坚计划》为标志的扶贫攻坚阶段(1994—2000年)、以扶贫开发与低保衔接为主的综合扶贫开发阶段(2001—2012年),到当前片区开发与精准扶贫思想相融合的扶贫阶段。扶贫开发工作也由最初的道义性救济向制度性扶贫转变,由输血式扶贫向开发式扶贫转变,由扶持贫困区域、贫困县向扶持贫困村、贫困户转变,由"大水漫灌式"的扶贫向精准扶贫转变。

② "两不愁三保障"即不愁吃、不愁穿,义务教育、基本医疗和住房安全有保障。

陡、水土流失、地质灾害频繁,[①]扶贫难度大,扶贫成本高,是脱贫攻坚中难啃的硬骨头。推进集中连片特困地区加快脱贫是我国长期关注的重大现实问题,也是今后脱贫攻坚最艰难的主战场和提高扶贫开发效益的关键领域。

易地搬迁作为国家精准扶贫战略"五个一批"工程的重要组成部分,被李克强总理称为"从源头斩断贫困之根"。同时,易地搬迁也是集中连片特困地区打赢脱贫攻坚战的关键战役。易地扶贫搬迁最早开启于20世纪80年代"三西"地区的吊庄移民,之后,易地搬迁成为我国开发式扶贫的重要举措。过去40年的移民经验表明,人口迁移改善了山地危居群众的生产生活条件,是应对自然灾害、保护生态环境的科学抉择,也是改善民生和加快全面小康社会建设的有效措施。"十三五"期间,我国将对大约1 000万建档立卡贫困人口实施搬迁安置,同步推进避灾搬迁、生态搬迁及其他工程移民搬迁,通过"拔穷根""挪穷窝""换穷业"等核心战略,尽快实现"搬得出、稳得住、逐步能致富"的移民目标。因此,易地搬迁是一项涉及政治、经济、文化、心理等在内的系统性社会工程,在实现居住空间转移之后,移民的生产生活和社会关系的恢复、发展、重建是一个漫长的过程。

陕南地处秦巴山区集中连片特困地区的核心腹地,大部分地区山高坡陡,生态环境脆弱,自然灾害频繁,贫困程度深,发展条件差。2011年陕西省政府启动实施了被称为"新中国成立以来最大的移民工程"——陕南移民搬迁工程,计划用10年时间对陕南三市(安康、商洛、汉中)63.54万户、240万人进行搬迁。这一政策的目标是把"隔山为邻、十里同村"的偏远山区农户集中搬迁到基础设施较好、交通便利的地区,使其脱离"受灾—重建—再受灾—再重建"的恶性循环,是一项利国利民的重大民生工程。但这项政策

[①] 李培林、王晓毅:《生态移民与发展转型——宁夏移民与扶贫研究》,北京:社会科学文献出版社,2013年,第8页。

的背后隐含的意图是用现代化的生活方式去取代甚至规训以传统小农生产为根本的生计方式,是一种高度浓缩的"社会发展史"。在政策落实过程中,"生存理性"的移民与"政治理性"的政府不断进行博弈,使移民社区充满冲突:压缩的居住空间、失去赖以生存的土地、高额的生活成本、陌生的邻里关系、缺失的共同体意识等。面对生产生活方式的异地化、地域风俗习惯的异地化、交往对象的异地化等,移民是否适应新的生活?移民的日常生活社区,其空间结构经历了怎样的变化?发生转变的内在逻辑是什么?社区治理是否会出现失灵?新社区构建了怎样的社会空间?社区秩序如何重建?要回答这些问题,首先要将社区建构作为一个动态的过程进行解读,将之置于中国社会结构变迁的时空背景中加以考虑。因此,以社区空间为载体,通过对移民社区的实地考察,描述移民生产生活实践,理解移民社区的社会结构、生活方式、文化观念、组织形式的变迁,不仅可以作为移民研究或农村社区建设研究的补充,还可以进一步探索关于社区空间生产和秩序重构的社会机制。在充分发挥其行政和自治双重功能的基础上,如何再造和谐稳定的社区空间和秩序是关系着移民社区有效治理和移民可持续发展的重要议题,也为构建社区共同体、促进人与自然和谐发展和新型城镇化建设提供实践依据和决策参考。

二、选题缘由

第一,笔者选题来源于相关研究课题的启发、对山区的情怀和对民生的关怀。笔者对贫困问题的关注最初来源于硕士研究生阶段跟随导师做的有关社会救助的课题,通过对江苏城乡贫困家庭失能老人救助、农村老年人精神关爱救助等一系列有关社会救助的课题的参与,让笔者对反贫困问题有了初步的思考。2010年笔者又跟随导师做了关于三峡库区农村移民安置实施效果评价的课题,在重庆市云阳县走村入户将近一个月。在重庆偏远山区的居住让笔者亲身体验了水库移民生活的生态环境和社会环境，每天烟雾缭绕的山城仙境、山清水秀的风光、分散而居的山村聚落、麻辣的美食、半懂不懂的西南方言、热情好客的山区人民以及村中留守儿童那种呆滞陌生的眼神、村民赶集的背篓、村中老人或妇女背娃的具有民俗味道的背带、村中唯一过河的吊桥都让我深受感触，从小生活在华北平原地区的我对山区的了解完全来源于电视和书本，在那遥远山区每天穿着雨靴踩着泥泞的山路或者坐船才能进村的调研经历让笔者听到更多之前从未知悉的故事，见识了异域地区的风土人情，对大山产生了情怀和眷恋，笔者开始关注山区水库移民的贫困问题。2011年笔者又参与了"乌江流域水电开发移民可持续发展评价"的课题调研和报告撰写，对贵州省织金县、黔西县和遵义市进行了为期一个月的田野调查，笔者对素有"天无三日晴、地无三尺平"的贵州贫困山区有了更进一步的感性认识。在这片奇异独特的喀斯特地貌上，山川秀丽，重峦叠嶂，山高谷深，溶洞遍布，漫山遍野的油菜花海、多姿多彩的民族风情、五颜六色的苗寨服饰深深吸引了我，但同时山村中因病因残致贫的境况、村民家中一贫如洗的家当、村中唯一的简陋教学点让我对喀斯特山区的贫困有了更加触目惊心的感受。2013年，笔者跟随博士生导师进行了浙江水库移民后期扶持规划和后期扶持政策监测评估的研究，对浙江省温州、衢州、金华、湖州、杭州、丽水等多地库区和移民安置区进行深入调查，对水库移民搬迁后的生产生活恢复和发展进行了全面了解。通过多次的移民调研，笔者对移民的脱贫致富问题有了更加全面、深入、客观的认识。移民的贫困不同于普通农民的原生性贫困，还带有因搬迁而衍生的次生贫困和介入性贫困，移民在安置区如何"稳得住"和"能致富"是值得我们关注的课题。

第二，选题来源于日常生活实践中的感悟，这主要是对老人随迁中"水土不服"的思考。从老家"借来"婆婆到南京帮我带孩子，因为千里之外有着割舍不断的家，那里山清水秀、蓝天白云、空气清新，那里才是她的家。南京很有秩序的现代化生活对她而言却是束缚和各种不适应:南京人的语言听不明白,南京人的饮食习惯不适应,哪怕是菜市场卖的辣椒都没有老家的好吃,南京的水也没有家乡的甜……每天唠叨着对南京的各种不满和对我们年轻人生活方式的看不惯,我们这里所谓现代化的生活方式与她完全格格不入,我们这里几百万的房子在她看来不如老家农村的一块宅基地。我不禁反思:老年人迁移到新的生活空间,为他们重构的新的日常生活方式和他们在老家的生活是那么格格不入,他们离不开的乡愁到底是什么?虽然南京作为东部发达地区,教育、医疗资源等公共服务比西部偏远山区条件好很多,但对于老人来说却是故土难离,乡愁深深植根于他们内心,这让我对人口迁移后的空间实践有了深入思考。空间的重构不仅仅是地理位置的迁移,更是心理、文化空间的重构。

第三,社会学前辈对学术的孜孜以求和对民生的关怀是促使笔者不断前进的动力。曾在课堂上看的关于费孝通的纪录片让我印象深刻:他和夫人王同惠深入广西大瑶山,历经生死,完成了《花篮瑶的社会组织》,之后又以自己的家乡开弦弓村作为田野点,完成了其博士论文《江村经济》。马林诺夫斯基盛赞其为"人类学实地调查和理论发展中的一个里程碑"[①]。费孝通打开了中国村落社区研究的篇章,他以村落为单元,运用田野调查法、类型比较法和功能分析法进行社区研究,成为以"小村落"反映"大社会"的范例。[②] 之后国内众多学者都把村落社区作为"乡土中国"的切入点,充分论述了现代国家产生以来村落社会变迁的背景,也反映了现代国家权力与民间社会的互动关系,如林耀华对义序和黄村的研究、许烺光对西镇的研究、杨懋春对山东台头村的研究、王铭铭对闽台三村的研究、阎云翔对下岬村的研究、项飚对北京"浙江村"

[①] 费孝通:《江村经济》,北京:商务印书馆,2001年,第13页。
[②] 田阡:《村落·民族走廊·流域——中国人类学区域研究范式转换的脉络与反思》,《社会科学战线》2017年第2期,第25-30页。

的研究等。弗里德曼在寄给《社会学界》的论文中提出了"微型社会学"的概念,专指马林诺夫斯基所说的"社会学的中国学派"的特点,"通过熟悉一个小村落的生活,我们犹如在显微镜下看到了整个中国的缩影"[①]。怀着对学术前辈的景仰和对移民贫困问题研究的关注,笔者决定对陕南易地搬迁移民社区进行深入考察,以一个小的移民社区来探索移民搬迁背后的空间重构以及社会融入的逻辑和行动策略。

第二节 研究问题与研究意义

一、研究问题

本文基于对陕南移民搬迁前后的村落与社区进行比较研究,总结梳理"上楼"后社区空间布局与景观变化,并分析这些变迁对新型移民社区公共秩序和基层治理的影响。主要从以下几方面进行研究:

第一,易地搬迁移民社区的空间生产机制。本研究在多次田野调查的基础上,充分发挥社会学的想象力,从对微观社区的考察中分析移民社区空间生产背后相对宏观的社会机理,展现空间重构背后的复杂性。试图回答以下问题:具有国家话语权力的易地搬迁政策发挥了何种作用?其中权力、知识、资本是如何改变移民生活和居住空间的?在改变移民传统日常生活空间布局的过程中,国家、基层政府与移民是如何进行互动和博弈的?

第二,移民搬迁前后的空间变化过程及其对移民社区秩序重构的功能。易地搬迁移民的典型过程就是把移民人口从一个相对封闭的、传统的、分散居住的乡土性聚落转移到一个开放的、现代

[①] 费孝通:《江村经济》,北京:商务印书馆,2001年,第317页。

的、集中居住的城镇性社区。国家权力在改变传统村落布局的过程中,重新构建了怎样的物理空间和社会空间?移民在新社区所面临的包括生计转型、文化调适、身份认同、社会网络、社区治理在内的空间关系是如何互动的?各种物质的和意态的空间再造对社区秩序和社会治理产生了什么影响?本研究试图对以上问题进行探索。

第三,平等公正的社区秩序何以可能?新型移民社区共同体何以可能?空间再造的目的在于最大可能实现空间正义。如何通过移民与政府的互动规范政府、社会和市场的合理边界?如何再造一个稳定和谐的经济、政治和文化秩序作为社区运行的保障机制?如何构建一个具有较强心理归属感的社区共同体,从而实现人与自然社会和谐共生的发展生态?

二、研究意义

(一) 理论意义

在当代社会科学领域,关注"社会空间正义与空间秩序"被誉为城市科学研究的"道德进步"[1],以列斐伏尔、哈维等为代表的新马克思主义者结合城市空间生产问题领域,提出并阐释了空间生产中的本质属性、正义性的伦理诉求、资本化的历史逻辑以及同化力的重要导向等理论要旨[2],实现了人文地理学的社会转向和社会学的空间转向。空间生产理论为社区研究提供了一个可能的整合性理论分析框架,通过对移民社区空间生产和空间再造过程的分析,阐释权力逻辑和资本逻辑如何在社区空间生产中发挥作用,有利于克服传统社区研究中"国家—社会"二元对立的缺陷,寻求

---

[1] 杨上广、王春兰:《上海城市居住空间分异的社会学研究》,《社会》2006年第6期,第117-137+211页。

[2] 杨芬:《城市空间生产的重要论题及武汉市案例研究》,《经济地理》2012年第12期,第61-66页。

社会空间秩序重构和空间正义实现的可能路径。移民社区空间不仅包括满足居民居住、安全、隐私等日常生活需要的私人空间,也包括满足居民参与、表达、交流等社会交往需求的公共空间。在移民社区空间生产过程中,考察国家自上而下的空间规划和移民自下而上的空间诉求的整合机制,分析各种社会行动者(国家、基层组织、移民、非移民等)及其互动行为是如何对空间资源配置产生影响,其社会关系是如何生产与再生产,从而弥补当前空间生产微观研究的不足,也可以检验空间生产理论的本土适用性。

(二)实践意义

在精准扶贫背景下,对新中国成立以来最大规模的陕南地区移民搬迁工程进行研究,有很强的政策意义和实践价值。当前,陕南移民工作仍处于摸着石头过河的探索期,先前的经验并不能完全适用,今后面临的移民工作更具挑战性,移民搬迁应该建成什么样的移民新村或社区?移民搬迁后是否"稳得住、能致富"?通过对移民社区的实地考察,描述移民生产生活实践,理解移民社区的社会结构、生活方式、文化观念、组织形式的变迁,探讨社区的空间实践,不仅可以作为移民研究或农村社区建设研究的补充,还可以进一步探索关于社区空间生产和空间秩序重构的社会机制,为实现社区空间正义、构建社区共同体、促进人与自然和谐发展和新型城镇化建设提供实践依据和决策参考。

其次,通过对移民搬迁案例的深入剖析,探索国家政策进入乡村社会的方式。易地搬迁移民是政府规划性移民,是政策性移民,政府试图通过扶贫开发与生态保护融为一体实现移民的现代化,移民项目实践中的各行动者呈现不同利益诉求,政府层级通过"压力型体制"的制度逻辑,使下级政府落实上级政府安排的移民搬迁任务,政府与移民开始因为搬迁进行互动,"生存理性"的移民与"政治理性"的政府不断进行博弈,使新的移民社区建设过程中充满了冲突。如何建构空间秩序,打造空间正义,是关系着移民社区有效治理和移民可持续发展的重点。因此,对移民社区空间的研究具有实践价值,一是为社区治理机制的建立积累经验;二是有助于国家扶贫目标的实现;三是有助于国家现代化建设和城镇化发展,实现全面小康社会的目标。

第三节 理论视角与相关研究

一、理论视角

(一) 空间贫困理论

近年来,一些学者将"空间"引入贫困问题研究之中,形成了"空间贫困理论""贫困地理学"等理论体系,开始关注贫困与地理环境的相关性。20 世纪 50 年代,哈里斯和缪尔达尔就提出欠发达地区的经济发展与地理位置有关。[1] 20 世纪 90 年代,世界银行的雅兰和瑞福林提出"空间贫困陷阱"(SPT)的概念[2]。世界银行专家还为全球贫困群体定位和绘图,提供一国贫困和不平等在空间上的分布信息。之后的研究将地理资本的内涵扩展到包含物质资本、社会资本、人力资本多维空间概念,从经济、社会、环境等多角度测量地理资本[3],指出地理位置与地理资本的关联。40 年的扶贫实践表明,我国贫困人口分布呈现点(贫困村)、片(特殊贫困片区)、线(沿边境贫困带)并存的特征,贫困地区主要集中在资源匮乏、环境恶劣的深山区、高寒山区、石山区等。空间贫困理论使人们意识到地理资本与贫困之间的关系,认识到改变自然环境是

---

[1] Harris C. D.: The Market as A Factor in the Localization of Production, *Annuals of the American Geographies*, 1954(44): pp. 35-48.

[2] "空间贫困陷阱"理论认为,空间地理位置禀赋低劣,造成了农户自身资本的生产力低下,进而使之陷入持续性贫困之中。

[3] 刘小鹏、苏胜亮等:《集中连片特殊困难地区村域空间贫困测度指标体系研究》,《地理科学》2014 年第 4 期,第 447-453 页。

帮助贫困人口脱贫的必要条件,地理资本的研究成为移民扶贫的重要理论支撑。

(二)社会空间理论

空间不仅是地理性的,它也具有社会性。20世纪中期,社会空间作为一种新的理论视角出现,在社会学界称为空间转向。社会空间是人类社会历史进程中的空间,它源于人的有目的的实践活动,并被人的实践活动所建构和改变。区别于自在的自然空间,社会空间具有丰富的社会意蕴,是具有社会历史性的"属人"空间。从马克思、涂尔干到列斐伏尔、布迪厄、吉登斯、福柯等,学者从不同方面对空间与社会行动进行探讨。其中有代表性的界定体现在以下几个方面:

第一,空间是社会群体居住生活的地理区域,是"物理—地理空间"。马克思将空间分为两个层次,其中一个就是作为人类实践活动前提的自然空间。他认为,"空间"是包括人类在内的一切生物体赖以生存的物质载体,人类从诞生之初一直致力于空间与场所、疆域与区域、环境与居所的建构与生产。其次,空间作为人的生活场所的居住空间,主要表现为住宅及周边社区环境。美国芝加哥学派从人类生态学的视角对城市空间展开研究,提出同心圆模式、扇形模式以及多核心模式理论。芝加哥学派认为城市空间结构和秩序的形成是人类群体竞争和选择的自然结果。[1]

第二,空间是人们日常生活和社会关系的生成场域。"社会关系空间"是马克思关注的社会空间的第二个层面。"社会关系空间"是人的实践活动构筑的空间,是人的类本性的本质体现。法国社会学家涂尔干从社会决定论视角出发,意识到了空间划分的社会差异性,他认为人们不仅仅活动于一个物质环境空间,各地区

---

[1] 高峰:《空间的社会意义:一种社会学的理论探索》,《江海学刊》2007年第2期,第44-48页。

也具有特定的社会情感价值。他经历了从实证主义向唯心主义的转变,形成了"集体意识"和"集体事实"的观念,更加强调只有当社会事实特别是道德规范转变成个人意识时,才能更有效指导和控制个人行为。① 他在《宗教生活的基本形式》中赋予空间更清晰的位置,在图腾崇拜和宗教仪式中,空间安排会折射出主导性的社会组织模式。② 齐美尔坚持空间的社会属性高于自然属性③,空间甚至可以归结为人的心理效应。法国社会学家列斐伏尔认为空间是社会的产物,社会空间就是一种社会性的产品。他认为空间不是自然性的,而是政治性和战略性的④,是带有意图和目的被生产出来的。他提出著名的空间三元辩证概念:空间表征、空间实践与表征空间。⑤

第三,空间是一种社会建构和行动场域。哈维在列斐伏尔的启发下指出城市空间的本质是一种"第二自然"环境的人为建构。吉登斯指出空间形塑了社会互动,亦为社会互动所再生产。后现代社会福柯对空间有着深刻理解,他将空间看作一种社会建构,是权力运作的媒介,空间是一种有效的政治统治和治理技术。他将"全景监狱"作为空间与权力的极致范例,指出"全景监狱"是"权力机制化约为其理想形式的简图"。在这里,空间是政治化的空间。现代社会就是一个空间化的社会,是一个个规训性空间并置的社会。⑥ 布迪厄认为空间是一个行动场域,各种各样的社会空间组

---

① 包亚明:《现代性与空间的生产》,上海:上海教育出版社,2003年,第146页。
② [法]埃米尔·涂尔干:《宗教生活的基本形式》,渠东、汲喆译.上海:上海人民出版社,2006年,第141页。
③ [德]齐美尔:《社会学:关于社会化形式的研究》,林荣远译,北京:华夏出版社,2002年,第459页。
④ [法]列斐伏尔:《空间与政治》,李春译,上海:上海人民出版社,2008年,第46页。
⑤ Lefebvre H.: *The Production of Space*, Oxford: Blackwell, 1991, p.412.
⑥ [法]米歇尔·福柯:《规训与惩罚》,刘北成、杨远婴译,北京:三联书店,2003年,第279页。

成了各不相同的场域。所谓"场域"即在不同位置之间存在的客观关系的网络或构型。① 美国社会学家戈夫曼以舞台的类比探讨了日常生活中自我呈现的区域化问题,他使用"前台""后台""局外区域"等一系列概念为我们勾勒了一种社会学的空间视角,其重要之处在于它探讨了空间区域的制度化特征与行动者的情境互动之间的内在联系②,为我们呈现出一种空间化的社会学思想。

综合众多学者关于空间理论的探讨,对于易地搬迁移民来说,空间既是移民实践活动生成的生存区域,也是移民活动的行动场域。所以移民的搬迁安置工程不仅仅是简单的"搬家"和物理空间上的位移,更是生产生活方式、思想观念、社会心理与社会交往等方面逐步转变进而推动农村城镇化和现代性的过程。研究社区空间结构变化的内在逻辑,不仅要关注既定社区结构,更要分析社区中组织、个人之间的权利关系及其互动过程,而空间视角无论从哪个层面看,都较好满足这一研究需要。从宏观层面看,它可以研究空间位置与宏观社会过程的关系,即社会因素如何影响移民在社区中的空间位置,如何影响移民对社会资源的获取和社会地位的获得;从中观层面看,它可以研究空间与互动的关系,即空间如何影响人的互动、人际关系及其他社会联系的建立;从微观层面看,它可以研究空间与自我认同的关系,考察空间如何塑造人格和心理。③ 就移民社区空间构造而言,社会空间视角提供了一个了解"社区是如何成为可能的"(即"社区空间是如何被生产出来的")的新思路。

---

① Pierre Bourdieu: Social Space and Symbolic Power, *Sociological Theory*, 1989 (1): pp. 14-25.

② 郑震:《空间:一个社会学的概念》,《社会学研究》2010 年第 5 期,第 167-191 页。

③ 司敏:《"社会空间视角":当代城市社会学研究的新视角》,《社会》2004 年第 5 期,第 17-19 页。

（三）结构与行动理论

在社会科学研究传统中,结构与行动的关系问题是西方社会学理论争论的焦点问题,"结构"是众多社会学家开展社会学研究时关注的核心。结构理论认为行动者的行动由社会结构决定,任何行动者的行动都是社会秩序和社会结构制约的产物。[1] 结构分析范式注重从宏观结构视角对社会现象进行整体研究。与此相反,行动理论将行动者个体作为分析和观察社会现象的视角,强调从个体的行为、理念和动机中去认识社会,社会行动是个人的选择而不是社会秩序和结构的结果。[2]

早期"社会学之父"孔德认为社会结构和生物有机体一样是由各种要素组成的整体。斯宾塞的功能需求概念从社会的"输送、调节、布局、控制"四大功能体现结构的存在。迪尔凯姆进一步将社会结构概念实体化,认为由各部分所组成的社会是一个实体,并将社会结构分为"机械团结"与"有机团结"。[3] 韦伯通过研究人们的行动动机来理解社会结构。[4] 帕森斯提出了社会行动的结构理论,他通过分析社会化和社会控制两大均衡机制,提出社会化和社会控制的终极目标是使这些个体适合于社会及其各组成部分和机构设置的功能需要。布劳将社会结构界定为"人际之间发生的互动",各种社会结构根植于人们之间的角色关系和社会交往中形成的社会差异之中。吉登斯的"结构二重性"提出了社会结构和社会行动互为建构的模式,结构是整合了各种资源和规则的不断再生

---

[1] 文军:《西方社会学理论当代转向》,北京:北京大学出版社,2017年,第30页。
[2] 张兆曙、蔡志海:《结构范式和行动范式的对立与贯通——对经典社会学理论的回顾与再思考》,《学术论坛》2004年第5期,第61-65页。
[3] 宋林飞:《西方社会学理论》,南京:南京大学出版社,1999年,第31-32页。
[4] ［德］马克斯·韦伯:《经济与社会》,林荣远译,北京:商务印书馆,1998年,第56页。

产的结果。①

因此,一切社会结构都是社会行动过程中的结构,社会行动者的互动行为受社会结构制约。移民社区的空间生产与再造也可以用结构与行动理论进行分析,主要分为国家、市场、基层政府等外在社会结构与移民搬迁行动的关系,制度、文化、利益结构等内在社会结构与移民社区再造之间关系的研究。从社会结构看移民社区空间再造与秩序重构,其共同点都是承认移民在搬迁与发展过程中为了自身利益诉求而与其他行动主体发生互动,各主体互动过程中建构了一种社会关联和规则,社会互动的发生必须依托一定的物理空间和社会空间,空间中的社会互动再造了空间秩序。

二、相关研究

(一)易地搬迁移民相关研究

国内外不同学科学者对易地搬迁移民进行了大量研究,发表了不少研究成果,社会学从社会结构、社会行动去关注移民政策、社会文化变迁、社会适应、社会整合、社区治理等问题;人类学和民族学更注重田野调查,通过深度访谈和参与观察对移民进行民族志深描;生态学和环境学主要关注移民生活的社会环境、社区发展等方面;历史学从历史发展视角探索自然在人类历史发展中的价值及人与自然的互动。

生态移民研究最早追溯到美国植物生态学家考尔斯提出的"生物群落迁移",奠定了群落演替的理论基础。1916年,美国生态学家克莱门特将群落演替划分为裸露、迁移、定居、竞争、反应、稳定六个步骤,达到顶级群落。在群落演替的过程中,作为区域生态系统中的人,如果继续在原地居住会对生态环境产生严重破坏,

---

① [英]安东尼·吉登斯:《社会的构成:结构化理论大纲》,李康、李猛译,北京:三联书店,1998年,第89页。

就可能被动或主动进行人口迁移。① 20世纪70年代以后,国外生态移民概念经历了从"环境难民/生态难民"到"环境移民"再到"生态移民"的过程。我国的易地扶贫搬迁工程开始于20世纪80年代宁夏南部的西海固地区和甘肃的河西与定西地区,"三西"移民开启了易地搬迁的先河,先后组织实施了吊庄移民、扶贫扬黄灌溉工程移民、易地扶贫搬迁移民、中部干旱带县内移民和"十二五"生态移民,在改善群众生产生活条件、脱贫致富、生态恢复等方面发挥了重要作用。20世纪90年代末和21世纪初,易地扶贫搬迁模式逐步在全国各地实践。从2001年开始,国家在全国范围内开展易地扶贫搬迁试点工程,通过对生活在自然条件恶劣、资源贫乏、生态环境恶化地区等不适宜人类生存和发展地区的贫困人口实施搬迁,以达到消除贫困和保护生态的双重目标。2015年10月,习近平总书记在减贫与发展高层论坛上正式明确了易地扶贫搬迁作为精准扶贫的重要手段的地位。

1. 易地搬迁移民与生态移民的内涵研究

"移民"一词最早出现在距今2000多年战国后期著成的《周礼·秋官·士师》中。② 易地扶贫搬迁是以减贫为目的而进行的将居住于生态环境恶劣、自然灾害频发地区贫困人口迁向自然条件较好地区以及与此联系的社会经济系统重建活动。③ 葛根高娃、乌云巴图等学者都界定过生态移民的概念,大都认为生态移民是由于生态环境恶化被迫迁移的一种经济行为④,或为了改善和保护生态环境所发生的迁移活动和人口迁移。覃明兴从地域上对扶贫移民在各地的命名加以区别,他指出我国将扶贫移民通称为

---

① 杜发春:《国外生态移民研究述评》,《民族研究》2014年第2期,第109-120页。
② 葛剑雄:《中国移民史》(第一卷),福州:福建人民出版社,1997年,第2页。
③ 郑瑞强、王英、张春美:《扶贫移民适应期生计风险、扶持资源承接与政策优化》,《华中农业大学学报(社会科学版)》2015年第4期,第101-106页。
④ 葛根高娃、乌云巴图:《内蒙古牧区生态移民的概念、问题与对策》,《内蒙古社会科学》2003年第2期,第118-122页。

扶贫异地安置或生态移民,而西北地区比较特殊,被称为吊庄移民。① 郑瑞强认为为了促进人口、资源、环境与社会协调发展,鼓励生存环境和生产条件恶劣地区的贫困人口通过易地搬迁来解决温饱和实现增收致富。② 因此,生态移民是为了保护生态环境而实施的移民行为,而扶贫移民是以改善当地居民生活水平为目的的移民行为。扶贫移民大部分是原居住地生态环境极其恶劣,已不适宜人类生存,不得不迁移的人类迁徙行为,但生态移民不是无法生存于原地而移民,而是为了避免周围生态环境恶化而响应国家号召进行迁徙。

2. 易地扶贫搬迁的动因、搬迁意愿、影响因素及搬迁的社会风险研究

移民迁移的原因首先在于恶劣的自然条件,自然灾害频发致使居住地无法生存是迫使移民搬迁的主要原因,还有一些看到别人搬迁或受到宣传影响而搬迁的人,是因社会条件而做出的选择。③ 曾小溪等指出易地扶贫搬迁动因在于:一种是生存环境差且居住偏远,或者居住在地质灾害村受地质灾害威胁的"生存型"贫困户;另一种是面临住房条件差、上学难、就医难等"发展型"贫困户。④ 易地搬迁作为精准扶贫的重要手段,农民的物质资本、人力资本、社会资本、自然资本、金融资本以及公共服务都对移民搬迁决策产生重要影响,物质资本和金融资本不足以承担搬迁成本、人力资本难以适应安置地生产生活条件以及社会资本网络无法提供必要支持的贫困户往往选择留在原地,物质、人力和社会资本等

---

① 覃明兴:《扶贫自愿性移民研究》,《求索》2004年第9期,第129-131页。
② 郑瑞强:《我国西部生态脆弱地区移民工作方式探讨——生态环境保护与扶贫双重目标的移民政策与实践》,《人民长江》2011年第5期,第93-97页。
③ 王晓毅:《易地扶贫搬迁方式的转变与创新》,《改革》2016年第8期,第71-73页。
④ 曾小溪、汪三贵:《易地扶贫搬迁情况分析与思考》,《河海大学学报》(哲学社会科学版)2017年第2期,第60-66页。

先天条件比较好的较富裕农户更愿意搬迁。① 也有学者认为移民搬迁是多种因素共同作用的结果,比如突发的沙尘暴、地震、龙卷风等某种自然灾害导致的暂时性移民,或由于自然或人为因素造成的环境崩溃、生态退化而导致永久性迁移,或由于经济发展规划因素导致的环境变化而迁移,或者军事行动及政治动荡造成的迁移。还有学者根据移民迁移意愿,将移民分为非自愿移民与自愿移民两类。

社会风险也是移民搬迁意愿考虑的主要因素。社会风险即给社会带来损失的不确定性,如导致社会失序和混乱。② 著名移民专家迈克尔·塞尼明确了导致移民风险的八种风险:失去土地、失业、失去家园、边缘化、不断增长的发病率和死亡率、食物没有保障、失去享有公共财产的权益和社会组织结构解体。③ 有学者梳理了易地扶贫搬迁社会风险,包括移民生活返贫风险、稳定就业风险、社会保障风险、社区混乱风险、社会失信风险。④ 有学者认为,高昂的迁移成本及不可预知的风险,比如搬迁移民安置过程中资产的损耗、生产技能的失效、原有生产生活环境的丧失、发展资源的缺失都是迁移成本⑤,及政治风险、经济风险、社会风险和环境风险都是移民后生活中可能面临的风险,这些都是移民是否搬迁会考虑的因素。

---

① 唐丽霞、林志斌、李小云:《谁迁移了——自愿移民的搬迁对象特征和原因分析》,《农业经济问题》2005年第4期,第38-43页。

② 冯必扬:《社会风险:视角、内涵与成因》,《天津社会科学》2004年第2期,第73-77页。

③ Michael M. Cernea、郭建平、施国庆:《风险、保障和重建:一种移民安置模型》,《河海大学学报》(哲学社会科学版)2002年第2期,第1-15页。

④ 刘静、陈美球等:《易地扶贫搬迁社会风险及其防控对策》,《江西农业学报》2017年第6期,第141-145页。

⑤ 施国庆、郑瑞强、周建:《灾害移民的特征、分类及若干问题》,《河海大学学报》(哲学社会科学版)2009年第1期,第20-24页。

3. 易地扶贫搬迁的搬迁形式和安置模式研究

易地搬迁的本质是对贫困人口进行生计空间再造和空间资本重塑。首先是易地扶贫搬迁对象的选择问题,国家规定必须是生活在自然条件恶劣地区的建档立卡贫困户。其次是搬迁对象识别过程中存在的偏差,受农村熟人社会各种人情和村级治理不健全等影响,存在一定"精英俘获"现象。[1] 易地搬迁安置模式多样,从安置地域看,有村内安置、本乡镇或邻乡镇安置和跨市域安置模式;从安置模式看,有集中与分散安置两种类型,集中安置主要采用行政村内就近安置、建设移民新村安置、小城镇或工业园区安置、乡村旅游区安置等,分散安置以插花安置和投亲靠友安置为主。[2] 也有学者通过对黔中易地扶贫搬迁过程的考察认为,城镇集中模式表现出鲜明的政策逻辑。[3]

4. 易地搬迁移民政策执行过程、执行困境及执行成效问题的研究

易地扶贫搬迁本质上是一种规划性社会变迁,在政策实施过程中因任务完成期限的紧迫性和压力型体制下的考核要求,基层政府执行压力大,导致政策执行偏差和扶贫风险。[4] 有学者认为,扶贫移民政策减贫效果明显,也有学者认为政府自上而下的治理方式使政策执行在面对基层社会情境的多样性和复杂性时出现变通性执行,贫困群体参与度不高,降低移民政策的减贫效果。在易地扶贫搬迁开始之前,有效识别易地扶贫搬迁户是扶贫实践中精准帮扶的重要依据。也有学者认为,扶贫移民政策执行出现"搬富

---

[1] 李博、左停:《谁是贫困户? 精准扶贫中精准识别的国家逻辑与乡土困境》,《西北农林科技大学学报》(社会科学版)2017年第4期,第1-7页。

[2] 吴新叶、牛晨光:《易地扶贫搬迁安置社区的紧张与化解》,《华南农业大学学报》(社会科学版)2018年第2期,第118-127页。

[3] 马流辉、曹锦清:《易地扶贫搬迁的城镇集中模式:政策逻辑与实践限度——基于黔中G县的调查》,《毛泽东邓小平理论研究》2017年第10期,第80-86页。

[4] 张世勇:《规划性社会变迁、执行压力与扶贫风险——易地扶贫搬迁政策评析》,《云南行政学院学报》2017年第3期,第20-25页。

不搬穷"、"见户不见人"、"四移四不移"、规划选址不到位、项目管理不严格、"背皮"搬迁现象存在等多种表现①,阻碍了移民搬迁的均衡发展,削弱了政策公信力与预期效果。有学者基于西部石漠化集中连片特困地区的整村搬迁案例,对易地搬迁政策的地方改写、实践逻辑与治理困境进行研究,发现该地区在政策执行中存在对顶层设计的精准取向和价值基础一定程度上的替代,政策变通在决策层面也存在合法性挑战,造成了政策执行亏损与层级性治理困境。② 在自上而下的压力型体制和结构性渗透中,地方政府往往主动寻求运用政策空间来弹性操作并对上级政策进行地方改写,政策目标由中央到地方的层层传递,不断对政策进行再细化或规划,再添加各层级的偏好筛选或依诉求附加的目标,才面对政策实施对象,在政策传递的过程中会产生信息扭曲或偏差。也有学者认为政策执行偏差已成为困扰精准扶贫的最大障碍,如精准识别的错位,国家、地方、贫困户因各自利益差异而形成的制度性逻辑困境等,这些政策偏差导致部分地区扶贫开发逐步走向内卷化,陷入越扶越贫的怪圈。③

5. 易地搬迁移民社会适应、社区整合和可持续生计恢复及重建发展问题

移民的迁移不仅是地理位置的变化过程,还是居民历史形成的文化和其他知识性遗产的变迁过程以及生存生活方式转变的过程。在涉及"非自愿"移民研究中,更多充斥着移民的自然资源和文化资源被迫性流失的话语语境。移民搬迁后的生计方式决定了

---

① 何得桂:《山区避灾移民搬迁政策执行研究——陕南的表述》,北京:人民出版社,2016年,第136页。
② 张文博:《易地扶贫搬迁政策地方改写及其实践逻辑限度——以Z省A地州某石漠化地区整体搬迁为例》,《兰州大学学报》(社会科学版)2018年第5期,第51-62页。
③ 李博、左停:《遭遇搬迁:精准扶贫视角下扶贫移民搬迁政策执行逻辑的探讨——以陕南王村为例》,《中国农业大学学报》(社会科学版)2016年第2期,第25-31页。

其搬迁后生活质量的改善程度,移民搬迁后生产生活方式、人际关系都会发生改变,并可能在较长一段时间内面临生产技能失效、土地损失、收入减少、生活成本增加、社会网络断裂、边缘化等风险。[1] 移民不仅面临着规划形态、整合形态以及发展形态的转变,还要直面"生存环境重建、社会文化重构、发展能力重塑"的风险[2],很多移民日常生活靠政府救助维持,成为新的社会弱势群体,很多移民区变成了贫民窟,出现返迁现象或社会冲突。杨小柳等以广西凌云县一个背陇瑶搬迁扶贫社区为田野调查对象,从生计模式、婚姻家庭、性别关系、劳务输出、市场网络、族群关系等方面对村民们移出大石山区后的日常生活进行了系统考察,展现了瑶族村民在与现代社会发生联系和碰撞的过程中生活发生的真实变化。[3] 移民迁移后,一方面,群居性、同质性会增加移民内部沟通,减缓短期内的不适,激发个人主动性;另一方面,家庭社会关系短期内无法重构,会引发与当地居民的摩擦与冲突。故政府在移民安置后应提供一定的资金、技术培训、产业扶持和社会保障,以促进其各类生计资本的增加。[4]

搬迁后农户生计资本的重构也是学者比较关注的话题。移民生计资本可以分为自然资本(土地)、物质资本(房屋)、金融资本(资金来源)、社会资本(社会资源与关系网络)、人力资本(技能水平、文化程度与健康状况)五种类型,搬迁后移民的自然资本减少,

---

[1] 许源源、熊瑛:《易地扶贫搬迁研究述评》,《西北农林科技大学学报》(社会科学版)2018年第3期,第107－114页。
[2] 何得桂:《陕南地区大规模避灾移民搬迁的风险及其规避策略》,《农业现代化研究》2013年第4期,第398－402页。
[3] 杨小柳、田洁:《移出大石山区——一个搬迁扶贫社区的日常生活研究》,北京:知识产权出版社,2011年,第13页。
[4] 何得桂、党国英:《秦巴山集中连片特困地区大规模避灾移民搬迁政策效应提升研究——以陕南为例》,《西北人口》2015年第6期,第99－105页。

物质资本、社会资本、金融资本及人力资本在增加。① 因此,应通过加大职业技能培训、扶持移民产业发展、增强移民增收与融资能力等手段增强移民的可持续生计能力。② 后搬迁时代移民的生计发展、技能提升、就业保障以及社会心理融入是移民工程的重点,易地扶贫搬迁不仅仅是贫困户居住地域的转移和居住模式的变更,更是贫困户的职业转换和角色转型,其实质在于易地搬迁贫困户的"被动市民化"。③

6. 关于国家、社会与移民三者在移民过程中的行为研究

荀丽丽和包智明通过个案研究,认为"生态移民政策的实施过程是一个由中央政府、地方政府、市场精英、农牧民等多元社会行动主体共同参与的社会过程。在这些复杂互动关系的背后是由政府力量、市场力量以及地方民众所形成的权力和利益网络"④。谢元媛从政府、猎民、研究者三条线索,通过对敖鲁古雅鄂温克生态移民这一"规划现代化"的个案进行深入的田野调查和具体情境的表达分析,从而对包括移民政策在内的规划现代化进行反思。⑤ 林志斌通过对云南沧源县和宁夏西吉县自愿移民的调查指出,"在中国非常需要综合分析与理解移民中的经济、社会、性别和政策是怎样相互作用的"⑥。黄承伟从土地规划、利益相关者、移民风险等角度出发,认为立足于移民的自上而下的参与发展模式,可以提

---

① 汪磊、汪霞:《易地扶贫搬迁前后农户生计资本演化及其对增收的贡献度分析——基于贵州省的调查研究》,《探索》2016 年第 6 期,第 93 - 98 页。

② 徐锡广、申鹏:《易地扶贫搬迁移民的可持续性生计研究——基于贵州省的调查分析》,《贵州财经大学学报》2018 年第 1 期,第 103 - 110 页。

③ 邹英、向德平:《易地扶贫搬迁贫困户市民化困境及其路径选择》,《江苏行政学院学报》2017 年第 2 期,第 75 - 80 页。

④ 荀丽丽、包智明:《政府动员型环境政策及其地方实践——关于内蒙古 S 旗生态移民的社会学分析》,《中国社会科学》2007 年第 5 期,第 114 - 128 页。

⑤ 谢元媛:《文明责任与文化选择——对敖鲁古雅鄂温克生态移民事件的一种思考》,《文化艺术研究》2011 年第 2 期,第 110 - 117 页。

⑥ 林志斌:《谁搬迁了?——自愿性移民扶贫项目的社会、经济和政策分析》,北京:社会科学文献出版社,2006 年,第 1 页。

高搬迁扶贫的效果。①

(二)空间理论相关研究

空间的社会学转向成为近几年社会学领域的研究热点,为社会学想象的延续提供了一种新的理论框架和问题意识。有关空间的研究将空间分为三个层次:第一,空间是一个地理的存在;第二,空间是各种物质文化的建构,具有物质架构;第三,空间是社会意义和价值所在,各种社会事件和社会过程如权力、社区、社会认同、历史记忆等都尝试放置于空间的视角进行分析。这些研究主要关注空间如何成为一种核心力量,建立文化体验的意义地图。空间的建构包括空间物质构造的积累和空间社会意义的建构两个过程。

1. *社会空间的起源:早期空间研究论述*

20世纪早期社会学研究中对社会理论的时空研究都是奇缺的,并没有形成明确的社会时空概念。最早以社会空间理论分析社会问题缘起于涂尔干、马克斯·韦伯、马克思等经典社会学家。马克思、恩格斯在《共产党宣言》《德意志意识形态》《英国工人阶级状况》等著作中揭示了资本主义工业文明发生背景下社会空间发生变革的必然性。② 马克思认为现代性实质是资本主义对空间占有和重组的强制性空间扩展的过程。迪尔凯姆发现空间是一个重要的社会要素,意识到了空间划分的社会差异性。人们并不仅仅活动于一个作为物质环境的空间之中,那些对空间方位的划分都具有特定的社会情感价值。③ 德国社会学家滕尼斯认为社会生活按乡、城组织形式分为礼俗社会和法理社会,阐明了城市这种独特

---

① 黄承伟:《中国农村扶贫自愿移民搬迁的理论与实践》,北京:中国财政经济出版社,2004年,第187页。
② 田毅鹏、张金荣:《马克思社会空间理论及其当代价值》,《社会科学研究》2007年第2期,第14-19页。
③ 郑震:《空间:一个社会学的概念》,《社会学研究》2010年第5期,第167-191页。

的空间形式所具有的研究价值。社会学先驱之一齐美尔是率先专门对空间投注社会学想象力的学者,当人们普遍把空间视为一种自然环境的时候,他已开始提出空间的社会属性高于自然属性。他分析了互动中的各种空间形式,归纳出空间的五种属性:排他性或独特性;分割成块的统一体;场所的固定形态;特定的意义;表现于习俗中。① 经典社会学理论的空间论述将社会空间作为认识和理解社会的新维度和新视角。

2. 社会空间的转向:空间生产研究

20世纪70年代以后,新城市社会学兴起,以列斐伏尔、哈维等新马克思主义为典型代表。马克思认为,资本主义再生产实质是社会关系的差异化再生产的过程②,一是社会劳动中的生产关系,一是物品交换背后隐藏的社会关系。列斐伏尔沿袭了马克思的逻辑,认为空间是社会性的,空间牵涉到再生产的社会关系,也牵涉到生产关系。空间中弥漫着社会关系,它不仅被社会关系支持,也生产社会关系和被社会关系所生产。③ 同时,他还提出空间是政治性的、策略性的、意识形态的,空间是一个充斥着各种意识形态的产物,是一个社会关系重组与社会秩序建构的过程。④ 他运用不同空间概念建构自己的理论,如绝对空间、抽象空间、矛盾空间、差异空间。列斐伏尔理论的核心,是生产和生产行为空间的概念,换言之,"(社会)空间是(社会的)产物"⑤。他区分了空间实践(我们的知觉)、空间的再现(我们的概念)以及表象性空间(生活空间)。⑥ 空间再现是一种被主导话语、规则、命令所设定的空间

---

① [德]齐美尔:《社会学》,林荣远译,北京:华夏出版社,2002年,第460—529页。
② 刘怀玉:《现代性的平庸与神奇——列斐伏尔日常生活批判哲学的文本学解释》,北京:中央编译出版社,2006年,第60页。
③ 包亚明:《现代性与空间的生产》,上海:上海教育出版社,第48页。
④ 包亚明:《现代性与空间的生产》,上海:上海教育出版社,第62页。
⑤ Lefebvre, H.: *The Production of Space*, Oxford: Blackwell, 1991, p26.
⑥ 包亚明:《现代性与空间的生产》,上海:上海教育出版社,第87页。

表象,更多来自规划、安排、设计,它承载着权力关系,为统治阶级的利益与需要服务,是一种主导意识形态的表达,不是对大部分社会成员实际需要的"回应"。空间的实践包含了生产与再生产、概念与执行、构想的与生活的空间过程。再现空间是居民和使用者直接生活的空间,是被支配和消极体验到的空间。哈维也曾经用列斐伏尔来搭建他的空间实践格网,以绝对空间、相对空间和关系空间来界定,通过对经验、概念化和生活的三种理解,利用物质空间实践的四个方面(科技性与距离、空间的占用与使用、空间的支配与控制、空间的生产)与空间三元性交错,形成十二个复杂的分析构架。

3. 空间的发展与高潮:后现代主义的空间研究

(1) 福柯的权力理论

福柯从知识、权力的空间化角度,认为空间、知识、权力是三位一体的。[①] 他在《规训与惩罚》中对空间与权力支配的演变进行分析,他使用了封闭空间、单元定位、建筑分类和等级定位等技术,提出借助城市的空间布局和建筑艺术,无论是学校、医院、工厂等单个建筑还是街区、城市建筑群等都可以被设计为统治者所使用,进而提出"全景监狱"的概念。福柯强调了空间对个人的管理和统治功能,物理空间凭借这种构造构成了一种隐秘的权力机制,并在空间中不停地监视和规训每一个个体,以达到统治的目的。同时通过空间使得监视和规训成为可能,以达到生产和改造个体的目的。[②]

(2) 吉登斯的结构与行动建构理论

吉登斯的结构化理论中"结构"指的是社会再生产过程中反复涉及的规则与资源,规则即规范性要素与表意性符码,资源指权威

---

① [法]米歇尔·福柯:《权力的眼睛:福柯访谈录》,严锋译,上海:上海人民出版社,1997年,第127页。
② Foucault M.: *Discipline and Punish: The Birth of the Prison*, Harmondsworth: Penguin, 1979.

性资源与配置型资源。[1] 在结构化理论看来,社会科学研究的主要领域既不是个体行动者的经验,也不是任何形式的社会总体的存在,而是在时空向度上得到有序安排的各种社会实践,将时空视为社会实践的构成部分。[2] 他通过建立"在场"与"不在场"等一些空间概念来阐述结构化理论,在考察社会关系时,他认为应该考虑社会关系在时空里的模式化,包含了处于具体情境中的实践的再生产。[3]

(3) 布迪厄的场域理论

布迪厄根据场域概念进行关系思考,一个场域可以被定义为在各种位置之间存在的客观关系的一个网络(network),或一个构型(configuration)。场域理论研究这些位置在不同类型的权利(或资本)分配结构中实际的和潜在的处境以及它们与其他位置之间的客观关系。在高度分化的社会里,社会世界由大量具有相对自主性的社会小世界构成,这些小世界具有自身特有的逻辑和必然性的客观关系的空间。[4] 场域是力量关系,不仅仅是意义关系和旨在改变场域的斗争关系的地方。[5]

(4) 戈夫曼的戏剧理论

戈夫曼以舞台的类比探讨了日常生活中的自我呈现的区域化问题,他使用"前台""后台""局外区域"等一系列概念为我们勾勒了一种社会学的空间视角,其重要之处在于他探讨了空间区域的

---

[1] [英]安东尼·吉登斯:《社会的构成:结构化理论大纲》,李康、李猛译,北京:三联书店,1998年,第53页。

[2] [英]安东尼·吉登斯:《社会的构成:结构化理论大纲》,李康、李猛译,北京:三联书店,1998年,第63页。

[3] [英]安东尼·吉登斯:《社会的构成:结构化理论大纲》,李康、李猛译,北京:三联书店,1998年,第79页。

[4] [法]皮埃尔·布迪厄:《实践与反思——反思社会学导论》,李猛、李康译,北京:中央编译出版社,1998年,第133—134页。

[5] [法]皮埃尔·布迪厄:《实践与反思——反思社会学导论》,李猛、李康译,北京:中央编译出版社,1998年,第143页。

制度化特征与行动者的情境互动之间的内在联系,从而探讨了社会结构如何在区域化的空间建构中凭借责任的约束和利益的诱惑来构建行动者的角色特征。①

综上所述,有关空间的社会学理论经历了不同发展阶段,空间研究也逐渐进入了社会学研究的主流视野,特别是以列斐伏尔为代表的新马派将空间研究上升到社会学的主导话语,并抽象为社会理论。

4. 社区空间研究

费孝通在早期经验研究中,所研究的地域空间是村庄或部族聚落,在关注社区经济生活的同时,也描述了社区内更丰富多样的人类活动:人口和劳动力的再生产、婚姻制度、风俗、仪式和社区精神等。② 在后期经验研究中,其分析单位是乡镇、城市经济区、流域三角洲、民族聚居地区之类的更大型地域空间,主要关注的是该地域空间内的经济发展模式,或该地域空间内社会行动者在经济领域的创新活动。③

国内学者十分关注城市化背景下空间变革对社区的重塑作用,顶层设计从一开始就体现了国家的空间治理逻辑,国家规划体现了"对空间资源进行分配和协调"的政治过程,体现着政府、市场和社会多元权利主体的利益诉求与互动博弈。④ 吴莹在国家主导式的城市化模式背景下,通过对北京、山东、湖北、云南等多地不同类型"撤村并居"的"村改居"社区进行了比较研究进而发现,以社区服务中心为代表的新空间的实际运用与政府的功能设计存在偏

---

① Goffman E.: *The Presentation of Self in Everyday Life*. New York: Doubleday, 1959, p.75.
② 刘能:《重返空间社会学:继承费孝通先生的学术遗产》,《学海》2014年第4期,第16-23页。
③ 刘能:《重返空间社会学:继承费孝通先生的学术遗产》,《学海》2014年第4期,第16-23页。
④ 吴莹:《空间变革下的治理策略——"村改居"社区基层治理转型研究》,《社会学研究》2017年第6期,第94-116页。

移,是再造公共空间自上而下的建设逻辑与自下而上的需求实践的相互融合。高小康以广州市一条河涌岸边重构扒龙舟民俗空间为案例,揭示了在异地重建的传统民间祭祀场所和龙舟巡游活动空间的重构,使得乡民文化空间与都市空间构成了"异时位"空间并置的当代都市文化体验。① 吴冰洁以社会空间为分析视角,发现失地农民市民化困境的原因在于社会空间的重组,这种重组造成了空间的分异、公共空间营利化、日常生活商品化以及空间私有化,造成失地农民难以融入城市空间。② 黄晓星聚焦于南苑肿瘤医院的抗争事件,将该事件置于城市空间重构与生产的结构性情境下,分析社区空间的生产机制,自上而下的空间规划权力和自下而上的空间诉求抗争统合成为社区空间的生产过程。③ 杨小柳等基于对广西凌云县背陇瑶搬迁扶贫安置点居民日常生活的实地调查,分析瑶族移民在日常生活中建构物质性空间和空间意义的过程,展现瑶族移民搬出大石山区,建构家园的复杂社会变迁。④

(三) 社区治理相关研究

从现有学术研究成果看,社区治理研究主要集中在公共管理学、经济学、政治学、社会学等领域。政治学视角主要从宏观层面对政府与社区或国家与社会的关系进行基础性理论研究,包括城市社区自治、居委会改革、社区建设背景、公民组织发展及不同社区治理模式比较等;社会学视角主要从社区组织和社会结构的角

---

① 高小康:《空间重构与集体记忆的再生:都市中的乡土记忆》,《学习与实践》2015年第12期,第126-134页。
② 吴冰洁:《失地农民市民化困境的解读——一个社会空间分析视角》,《北京工业大学学报》(社会科学版)2010年第6期,第23-26页。
③ 黄晓星:《"上下分合轨迹":社会空间的生产——关于南苑肿瘤医院的抗争故事》,《社会学研究》2012年第1期,第119-220、第246页。
④ 杨小柳、田洁:《移出大石山区——一个搬迁扶贫社区的日常生活研究》,北京:知识产权出版社,2011年,第2页。

度,分析居民从单位人过渡到社区人和社会人之后的社区意识、社区参与、社区治理、社区归属感等。

1. 社区的内涵

社区的概念最早由德国社会学家滕尼斯提出,他在《共同体与社会》中对"社区与社会"做了详细论述与比较。他认为,社区是基于血缘、地缘等自然意志而形成的社会有机体,包括血缘社区如家族等,地缘社区如村落、城镇等,精神社区如宗教团体等三种共同体。[①]具体表现为亲属、邻里和友谊,具有共同的情感记忆和传统观念,人们之间互相信任、相互守望,人们生于斯、长于斯,自然加入这个共同体。社会不是自然形成的,是基于人们的主观利益和理性意志而有目的建立的社会联合体。[②] 自从滕尼斯提出关于社区与社会的区分(也有人称为"通体社会"与"联体社会"、"礼俗社会"和"法理社会"),人们就常用这样的二分法来说明社会的特征,如涂尔干的"机械团结"与"有机团结",韦伯的"传统性统治"和"合法性统治",库利的"初级群体"和"次级群体"等。芝加哥学派强调"城市社区"与"传统社区"的差别,沃思提出"城市性"的概念,帕克的传承人美国人类学家瑞德菲尔德(Redfield)提出"乡土—城市"的连续统一体,这一研究取向被称为 Wirth-Redfield 模式。他们认为,从农村到城市的迁移被视为一个原有人际关系解组、移民不断个人化,而最后失去自己原有文化特征和社会关系的过程。[③]英国社会学家麦基弗指出,社区具有共同的公共利益和地域性。20世纪初,芝加哥学派从不同视角对波兰移民区、贫困区、富人区、犹太人聚居区等不同类型社区进行深入研究后,对社区进行了

---

① [德]滕尼斯:《共同体与社会:纯粹社会学的基本概念》,林荣远译,北京:商务印书馆,1999年,第95页。
② [德]滕尼斯:《共同体与社会:纯粹社会学的基本概念》,林荣远译,北京:商务印书馆,1999年,第95页。
③ 项飚:《跨越边界的社区:北京"浙江村"的生活史》,北京:生活·读书·新知三联书店,2000年,第7-8页。

界定①。1933年费孝通等在翻译帕克的社会学论文时,第一次将社区概念引进中国,他指出社区包括两个维度:社区物理维度和社会维度。人们普遍认为"一定的地域""共同的纽带""社会交往"以及"认同意识"是一个社区最基本的特征。郑杭生把社区定义为"社区是进行一定的社会活动、具有某种互动关系和共同文化维系力的人类群体及其活动区域"②。它是宏观社会的缩影。社区空间不仅具有地域性,还具有共同体的利益和价值诉求。地理意义上的社区空间指某一特定区域,为区域内人们提供生产、生活的地理空间;社会意义上的社区空间与居民权益、精神密切相关。

2. 社区建设、社区治理发展历程

在国外,社区治理有不同称谓,如"农村社区发展运动""新村运动""社区重建运动"等。美国社会学家F.法林顿最早提出"社区发展"的概念。③ 社区发展主要经历三个阶段。第一阶段是早期的社区救助阶段,如18世纪末德国、英国济贫制度改革和19世纪末在英美兴起的慈善组织与社区睦邻运动。第二阶段是社区发展阶段,主要是在政府主导下对农村实施一系列社区发展计划,比如19世纪德国的汉堡和爱尔伯福利制度,倡导社区居民自助和互助服务,发动全体居民自发投入和参与本社区建设的各项工作。社区建设的核心不是直接提供福利服务,而是启蒙和教育社区居民,改变对决策者、地方领袖和社会精英的传统观念,通过自我服务与志愿服务发展社区。第三阶段是整合性的社区发展阶段,由早期自上而下的政府和社区组织主导转变为自下而上的公众、志

---

① 芝加哥学派帕克认为,社区包含以下基本特征:(1)有一定数量的按地域组成的人口;(2)这些人口程度不同地扎根于他们所生息的土地上;(3)这里的每一个人都生活在一种相互依存的关系之中。
② 郑杭生:《社会学概论新修》,北京:中国人民大学出版社,2009年,第222页。
③ 潘小娟:《中国基层社会重构:社区治理研究》,北京:中国法制出版社,2004年,第13页。

愿者和政府机构等多元力量的参与和互动。[①] 随后,社区发展计划开始在亚洲许多国家城市实施,其目标在于培养社区凝聚力、归属感和责任感,协调社区各种组织、服务机构与人际关系,提高社区福利,试图在城市重建守望相助、睦邻友好的社区共同体。社区发展的重心由经济层面转向社会层面,人们不再仅仅将社区发展作为一种引导社会变迁的手段,同时还强调对社会问题的治理。[②]

中国社区发展开启于民间结社活动,如社仓、乡约、会馆、团练等。[③] 到了近代,知识分子开始有组织地进行社区发展实践,晏阳初和梁漱溟是社区建设运动的代表。20世纪50年代到改革开放初期,国家进行了旨在缩小城乡差距、地域差距的大规模的经济发展和社会改造运动,在一定程度上促进了落后地区的社会经济发展。社区治理作为学术研究起源于中国改革开放的社会变迁,20世纪80年代末国家提出"社区建设"概念,以前由政府和企业承担的很多社会职能逐渐向社区转移,单位制逐步解体。20世纪90年代学术界和民政部提出"社区建设"的口号,随着城乡社会结构的深刻变化,社区治理从概念走向实践。我国社区建设也分为两个阶段:(1)实验探索阶段(1991—1999年),随着企业转换经营机制和政府职能转变,"小政府,大社会"和"小政府,大服务"成为我国政治体制改革的方向,这就需要基层政权和基层自治组织协助各部门搞好社区工作,之后不断开创社区建设和管理新局面,城市基层管理由社区服务开始转向整体性社区建设;(2)推广普及阶段(2000年至今),2004年社区建设从以社区服务为主转变为基

[①] 黎熙元、童晓频、蒋廉雄:《社区建设——理念、实践与模式比较》,北京:商务印书馆,2006年,第37-38页。
[②] 石国亮:《论社区建构的过程》,《理论与改革》2012年第3期,第92-95页。
[③] 苏景辉:《社区工作:理论与实务》,台北:巨流图书公司,2009年,第13页。

层政权建设,明确了社区建设的基本方向是居民自治。[①]

3. 社区治理模式相关研究

国外社区建设有三种不同治理模式:以新加坡为代表的行政主导模式,以欧美为代表的自治型模式和以澳大利亚、新西兰、日本为代表的混合型模式。我国社区发展也形成了多种治理模式,徐勇等把社区分为七种类型:传统式街坊社区、单一式单位社区、混合式综合社区、演替式边缘社区、新型房地产开发型社区、"自生式"和移民区。[②] 折晓叶通过对宝安地区万丰乡从村域集体地向非农转化的过程的描述,探讨了外来力量与村庄社会结构如何相互作用而推进该地区发生巨变,总结出在工业化力量推动下社区再造的逻辑。[③] 李培林通过对广州地区"城中村"现象的描述,对这些在社会结构、社会关系、生活方式、心理状态及建筑风格等方面并没有同步融入城市的"城中村"进行全面考察,总结出在城市化力量推动下社区再造的逻辑。[④] 另外还有周大鸣对广东都市里的"南景村"的研究,王春光等对北京地区外来流动民工聚居地"浙江村"的研究,王铭铭对发达地区农业村闽南"美法村""塘东村"的研究,陆学艺对北方地区初步工业化的"行仁村"的研究,于建嵘对湖南岳村的研究等,这些都是立足于社会经济发展大环境来观察小村庄之命运。新型农村社区在新型城镇化和工业化背景下由政府规划工程主导的社区改造,到底是"村落终结"还是"社区再造",需要在系统总结和反思的基础上,找出社区发展的实践逻辑。

[①] 李东泉:《中国社区发展历程的回顾与展望》,《中国行政管理》2013年第5期,第77-81页。

[②] 徐勇、陈伟东等:《中国城市社区自治》,武汉:武汉出版社,2002年,第4页。

[③] 折晓叶:《超级村庄的再造:一个超级"村庄"的社会变迁》,北京:中国社会科学出版社,1997年,第2页。

[④] 李培林:《村落的终结——羊城村的故事》,北京:商务印书馆,2010年,第5页。

(四) 相关研究述评

通过上述文献梳理可以发现,社会学关于易地搬迁移民相关研究、空间理论与实践研究、社区治理研究均对本研究产生了重要启发。

首先,国内关于易地扶贫搬迁研究起步较早,研究成果也相对丰富,研究主题涉及移民的内涵、文化变迁、生计可持续、社会适应、社区治理、上访等多方面。但既有研究仍存在下述局限性:一是对非自愿移民研究中生态移民、水库移民和扶贫移民研究较深入,但结合精准扶贫的易地扶贫搬迁研究还处于起步发展阶段,有待深入探讨;二是从研究方法看,对移民搬迁安置问题过于重视规范性分析,许多研究者所获取的官方资料基本上大同小异,有实证材料支撑的研究还不足,研究方法有待进一步拓展;三是从研究内容看,对以移民行动者为分析对象的移民社区研究较为不足,至今尚无对易地扶贫搬迁移民社区空间生产与再造的研究成果;四是采用静态研究较多,对移民搬迁过程中国家、基层与移民等相关利益者在政策执行中的行动逻辑关注得比较少,将社区作为一个客观实体,忽略了其外部社区环境和社会力量对其产生的结构和文化制约。

其次,关于空间理论及空间实践的研究,虽然各学者从不同学科背景进行多视角研究,但缺乏一种基于新型社区整体性社会事实的分析框架,特别是关于移民社区的研究均将其视为一个孤岛,忽略了移民社区再造与其所处社会情境的关系。

最后,关于社区治理研究梳理,既有研究已相当丰富和深入,但反观社区治理模式,三种治理模式之间的差异主要在于社区场域内,政府和社区在形成社区治理实践中贡献率的大小,也就是说,国家力量和社会理论之间的博弈结果决定了某一地方区域内社区治理模式,既有研究在展现国家力量与社会力量之间的博弈及所依赖的社会空间和社区治理的相互作用上,尤其是在揭示社区空间秩序重构的动态过程方面缺乏足够深入的研究。本研究试图在已有研究基础上,对以上不足进行探索。

第四节 研究方法与分析框架

一、研究方法

(一) 方法论

本研究采用人文主义方法论,也称为质性研究方法。该方法论认为,人的行为不仅取决于外在的社会因素,还与个人的内在动机有着密切关系,它们只能在一定情境中通过"主观理解"的方法加以说明。陈向明认为:质性研究指以研究者本人作为研究工具,在自然情境下采用多种资料收集方法,对社会现象进行整体性探究,主要使用归纳法分析资料和形成理论,通过与研究对象互动对其行为和意义建构获得解释性理解的一种活动。[①] 就易地搬迁工程来说,从搬迁前、搬迁过程到搬迁后的后续发展涉及许多方面,由此也产生了许多生动有趣的故事,在这种纷繁复杂的故事中,质性研究的人文主义范式最合适,在探索性与解释性方面可以起到量性研究无法达到的效果。山区生活千姿百态,每个村落都有其自身一些特殊性和地方性知识,特别是对村落生活和制度历史性变迁的"过程"研究,依靠问卷调查数据反映"过程"还是欠缺丰满和质感的。因此,本研究遵循质性研究思路,对移民搬迁行动进行"深描",重点分析移民搬迁后的空间生产与秩序重构背后的行动逻辑。

1. 自上而下和自下而上相结合

本研究结合了自上而下与自下而上的视角,强调了从文本形态向实践形态的过渡研究。自上而下的方式帮助笔者很快掌握该地区移民搬迁的整体状况,获得宏观性的资料,避免在调查中陷入"只见树木、不见森林"的盲区,通过移民管理机构的配合,笔者进入各个乡镇田野点进行多次田野调查。如果没有移民部门对移民

[①] 陈向明:《质的研究方法与社会科学研究》,北京:教育科学出版社,2000年,第12页。

整体概况的介绍,笔者也无从得知哪些村落是典型移民村,更无法得知这些村落中移民安置社区的建设情况。

自下而上的方式让笔者深入移民社区,与移民面对面访谈,获取更多鲜活的故事和不为人知的秘密,了解了许多官方资料之外的逸闻趣事,有助于笔者识别官方资料中的真伪。移民社区空间生产是国家政策、地方政府、基层组织和移民共同建构的结果,笔者到田野中寻找构成"事实"的案例,下层的视野,让笔者更清晰地认识到移民搬迁过程和安置后所存在的真实问题。调研过程中,笔者也成为基层干部对繁重工作压力苦不堪言的倾诉对象,寄希望于笔者能够像新闻记者一样来报道反映他们的工作状态,也有许多移民把笔者当作了"传声筒",不断向笔者倾诉各种问题困惑,试图让笔者将这些问题反映到上层。

2. 点面结合

本研究以县域为研究单位,田野调查时很难将县域范围全部涉及。考虑到研究的可操作性和深入性,本研究采用点面结合的研究路径。首先,选择经济发展程度不同、区域位置离县城逐渐递远的三个乡镇的十几个村或社区,进行长时间的田野调查;其次,在重点自然村进行深度参与观察和访谈的基础上,通过文献资料、政府相关部门访谈等掌握县域范围内的整体情况。同时,根据在典型调查点的经验和发掘的问题,尽可能多地深入其他村镇,增进对县域内移民搬迁社区的整体理解。

3. 个案与总体相结合

个案调查是指对某个特定的社会单位做深入细致的调查研究的一种调查方法,也为研究对象的解读与呈现提供一个独特的视角,帮助我们克服规范性认识危机,切实深入研究对象的内部去体验活的历史、生活和事件。个案研究一般不存在是否要考虑它有没有代表性的问题,所得出的结论一般也不能用来推论总体,只有通过多个个案的综合研究,才能从中推导出总体性结论。个案研究可以积累广泛而深入的个案资料,以再现关于个案的完整的、真实可靠的面貌;也为调查者获得一手资料,让调查者走出思想理论框架,从真实的社会生活中获得体验和灵感。费孝通先生很早意识到,这一方法不能克服整体异质性问题。布洛维倡导的拓展个案法强调社会事实的嵌入式客观性和社会研究的反思性。[1] 本研究的田野点选择是某一特定县域内多个村落或社区,选择大量不同的社区移民安置点,尽量选取不同年龄层次、不同文化程度、不同搬迁类型的移民进行访谈,虽然弥补不了个案研究的代表性和普适性限度问题,但笔者力求做到通过更多个案更好理解总体。

综上,笔者在研究中始终保持自上而下和自下而上相结合、点面结合、宏观与微观相结合的视角,同时尽量跳出个案本身,走向宏大场景。本研究从实践出发,沿着费孝通先生开创的社区研究路径,即在一个边界与特征都很明显与确定的社区内,用一定的时间,以参与观察为主,同时使用访谈、座谈会等多种方法收集资料,带着理解和反思的态度进入调查地感同身受,力图更清晰地反映社会事实。

(二)调查方法

特定调查方法的选取与研究对象、问题和场景等因素有直接关系,本研究具体调查方法包括文献法、深度访谈和参与观察法。

1. 文献法

所谓文献法,是根据一定的调查目的来搜集和分析文献,以此获得所需资料的方法。首先,在进入田野之前,笔者通过书籍、报纸杂志、会议论文集、图书馆电子资源,如中国学术期刊数据库、中国优秀硕博士学位论文数据库、超星电子书等资料,了解关于移民、社区治理、易地搬迁、扶贫开发、空间社会学等相关研究领域的研究现状及成果,并在此基础上寻求研究方法、过程及主要结论等方面的借鉴。其次,笔者通过陕西省西乡县移民安置办公室、档案

---

[1] [美]麦克·布洛维:《公共社会学》,沈原等译,北京:社会科学文献出版社,2007年,第194页。

馆、脱贫攻坚指挥部、乡镇政府、村委会（社区居委会）等部门获取了较为丰富的文献资料，主要包括：(1) 地方性背景资料，比如《西乡县志》，本研究田野点位于陕西省汉中市西乡县，对于笔者来说，这不是土生土长熟悉的区域，通过文献资料的查阅可以让笔者在进入田野前尽可能了解当地的气候状况、土地类型、耕作条件、种植结构、生产劳作、人口构成、居住条件、地质地貌、风土人情、语言服饰、风俗习惯、发展历史等，同时又可以与实地调查中收集的资料进行互相验证；(2) 行政部门与村镇工作材料，比如政策文件、科研报告、村里会议记录、工作总结、驻村书记的工作笔记、各种统计报表、移民花名册、规章制度、乡规民约及其他档案资料。随着社会的发展、科学的进步，文献的外延进一步扩大，只要是用文字、图像、声频、视频等方式记录的人类知识的物资形态，都可以称为文献。

2. 参与观察法

英国人类学家马林诺夫斯基创立的参与观察法是人类学、社会学研究中搜集一手资料的最基本方法。为了观察和理解所调查的对象，调查者必须能够进入他人生活的关键场所和场景，试图将自己沉浸和融入所调研对象的世界，以亲身体验理解他们的经历所具有的意义。[①] 参与观察要在"没有先入之见"的情况下悬置已有的知识，以一个"无知者"的身份置身于被观察者的生活世界中，通过参加他们的日常活动使自己成为其中一员，充分对其社会行动进行体验与解释。

村落和社区一向被认为是社科研究的"天然实验室"，关键在于其可观察性。不管是村庄的房屋聚落与田园风光，还是村民日常生产生活的展演，不论是公共空间里的经济、文化活动，还是政治权力运动，无论是现有新社区的新气象，还是犄角旮旯留下来的

[①] [美] 罗伯特·埃默森、雷切尔·弗雷兹、琳达·肖：《如何做田野笔记》，符裕、何珉译，上海：上海译文出版社，2012年，第5页。

有历史感的遗迹,无论是移民搬迁前的土坯茅屋,还是搬迁后窗明几净的新房子……即使一句话不说不问,只是去看、去听、去触摸,研究者也能感受到乡村社会的生活气息,对乡村产生一定的理解。笔者于 2015 年 9—10 月、2016 年 2—3 月、2017 年 11—12 月、2018 年 2 月选取西乡县 10 个贫困村进行多次的实地考察,居住在村中的中心学校或移民搬迁户的家里,以参与观察的方式与他们同吃同住同劳动,获取最真实的一手资料,力争做到由事实产生结论。为了节省他们的时间,我先从外围开始,在村中游走、踏查,在村委会、村委会附近的巷子里、小超市、陕南移民安置社区以及原村落的田地转悠,和人们闲聊。开始时村民对我常抱有怀疑态度,他们对我这个外来人有一定的好奇和排斥,最先接纳我的是村委会旁边广场上的孩子,因为我包里常备棒棒糖和小零食,他们很热情地喊"阿姨",接着与他们的家人进行攀谈,他们很快就接纳了我,渐渐对我少了警惕,多了几分热情和信任,还邀请我去家里吃饭。后来多次的交流和参与他们的生活,他们很多也把我当作了朋友一样对待,和我畅所欲言。调研期间,笔者在与当地乡镇政府、村委会以及当地移民长期互动中建立了一定的信任关系,了解了他们最真实的生活现实。笔者深入田间地头,随移民一同在玫瑰园区除草施肥,茶园采茶,鱼塘捉鱼捉黄鳝,稻田收割,晾晒烤烟,新家买家具,镇上赶集买土货等,还列席了一些村党支部会议和村组会议以及镇政府的扶贫动员会、安置房分钥匙大会等,陪同乡镇干部、驻村书记、驻村工作队走村入户,帮助村委会填写贫困户精准帮扶纪实资料簿、扶贫手册等,深入上访移民户家中询问情况、调解纠纷,还有人以为我是哪里派来的驻村干部搞扶贫来了。通过对移民的生产情景和生活方式的观察和体验,直接、真切地感受被观察者的思想感情和行为动机,有利于笔者设身处地地理解被观察者,也获得了较为丰富的一手资料。虽然本研究是以易地搬迁移民为研究对象,但笔者一直尝试对研究对象的生活进行"全景式"和"整体性"的理解,了解当地人的生活方式和风俗习惯,学习当地语言,以便更好从当地人角度了解他们赋予文化的意义。

参与观察最重要的还要学会记录和写田野笔记。笔者在进行田野调查的时候,每天晚上对白天所见所闻进行回忆和记录,白天观察时,尽可能多地记住所观察的行为、现象、人物和事件,记住关键人物说的关键话语。笔者不仅随身携带笔记本随时记下重要的词语、原话或句子,哪怕只是只言片语,另外还带有录音笔进行录音。到了晚上,根据录音和白天记录在本子上的提示进行回忆并详细记录下来,形成田野笔记。

3. 访谈法

在田野工作中,访谈是获取资料最为重要的方法。访谈有调查问卷不具备的互动的性质。[①] 在访谈对象的选取上,笔者采取了滚雪球式的方法。首先,笔者对西乡县移民搬迁安置办公室主任和规划发展股股长进行了访谈,全面了解了全县移民搬迁安置情况,根据他们的推荐,笔者选取了调研的乡镇。其次,笔者对镇政府镇长和移民干部进行了访谈,了解全镇移民搬迁安置情况,继续选取详细的田野点。再次,笔者根据镇政府提供的移民村村委会领导的联系方式,在他们的带路或陪同下,或者由村委会派人来接,笔者才得以入村,因为该地区山高沟深,地质条件恶劣,交通不便,需要骑摩托车或者开车盘旋在绵延起伏的山路上,还时不时会遇到滑坡泥石流发生。由镇干部或村委会带队,可以增加被访者对笔者的信任感。恰逢亲戚家表妹在笔者田野工作的镇上中心小学担任副校长,专门负责教育扶贫工作,她也需要每天走村入户填写贫困学生的家庭信息,对镇上村民比较熟悉,因为她是家长爱戴的、尊敬的、代表着人类灵魂工程师的教师,走村入户很容易取得被访谈者的信任。在与被访谈者进行访谈的同时,笔者努力寻找与被访者的共同点,激发对方的热情与兴趣。他们对我这个第一

---

① [美]大卫·M.费特曼:《民族志:步步深入(第3版)》,龚建华译,重庆:重庆大学出版社,2007年,第45页。

位来镇上的女博士感到很新鲜,生活在偏远山区,承受着巨大扶贫任务压力的镇干部都很乐意跟我"吐吐苦水",感叹一下工作的艰辛和无奈。我以社会工作同理心的方式对他们表示理解和肯定,很快取得他们的信任。比如与年轻的同龄的女干部聊聊家常,如何抚养孩子,如何代购护肤品,从他们熟悉的各种事情、最关心的社会问题或者最吸引人的新闻谈起;与农村老年移民谈种菜种田,养鸡养鸭;与身体状况不佳的访谈对象,从如何治病、买药和调养入手表示关心和慰问,取得其信任;与家中只有老弱病残的访谈对象,对其进行资金或者物品上的资助;与在产业发展上遇到困难的访谈对象,就帮助他们出主意、想办法等。笔者通过各种方法取得被访者的信任,在与被访者一起工作、学习、娱乐等活动中与对方攀谈,逐步了解对方,建立初步感情之后再进行正式访谈。在最开始的调查中,为了掌握一些背景常识,笔者通常进行漫无边际的闲聊,大范围进行基本信息了解和资料收集,经常会有一些意外发现,可以为进一步的研究寻找新的田野问题。随着调查的深入,笔者更多采用半结构式访谈,事先准备了访谈的主题,就该主题进行深度询问。当前精准扶贫工作开展得如火如荼,各地村镇干部都忙得"白加黑""5+2",一天 24 小时随时待命,所以访谈的时间是有限的,很多访谈都是在村镇干部带我下乡的路途中进行。在访谈中还要了解当地的生活习惯,陕南农村每天的用餐时间是上午10 点左右和下午 3—4 点,所以中午 11 点—下午 3 点去进行访谈是非常合适的,上午去进行访谈却恰逢都在家里吃早餐,不太合适。这些贫困山区的生活,日出而作,日落而息,晚上经常断水断电,村民大都休息很早,晚上去进行走访也是不合适的。当然,我也进行很多自由访谈,不管是在村子里、集市上、店铺里、田野里、学校里、镇政府还是理发店、小饭店等,凡是能遇到的人,不排斥我的人,我都积极和他们闲聊,这些访谈虽然不带目的性,聊天也是即兴的,但有时候也给我很多启发,他们为我提供了丰富的日常生活和关键事件的信息。访谈所得实证资料与理论分析相结合,加强了理论与实践的对话,有利于研究的深入。

(三) 分析逻辑

1. 过程—事件分析方法

受福柯谱系学的启发,孙立平在他自己对中国农村社会的研究中,发展出了名为"过程—事件分析"的方法。[①]"过程—事件分析"的研究策略意味着要展示事物逻辑的事件性过程,同时将所要研究的对象由传统的静态结构转向动态过程,并将过程看作一种独立的解释变项,以一种故事文本的形态呈现出来。列斐伏尔指出一切社会活动都发生在空间中,但同时也在创造着空间。其中的社会活动也就是本文所解读的"事件"。社区空间的生产与再造离不开社区内发生的各种互动,空间则为移民提供互动场景并构成时空的各种接触。本研究中,移民社区空间生产的过程也是不同主体在社会互动中建构的,社区空间的生产过程也伴随着国家权力的不断渗透,通过政府与乡村社会的主体移民之间的互动,揭示政府主导性的移民搬迁实现现代化的方式。易地搬迁移民搬迁前、搬迁中、搬迁后每个阶段由一系列事件组成,并且三个阶段也是一个动态的相互联系的"事件流"和过程。

2. 扎根理论建构的逻辑

由于研究区域陕南对于我来说是一个完全陌生的地方,与笔者从小的生活经验差异很大,对一个不熟悉的地理区域进行研究,采用扎根理论是适用的。笔者在没有理论预设的前提下,直接进入田野调查现场,通过实地观察和访谈收集第一手资料,充分理解移民社区空间的生产过程。在田野调查的基础上采用归纳法得出相关研究结论,上升到理论层次。

[①] 陆益龙:《定性社会研究方法》,北京:商务印书馆,2011年,第220页。

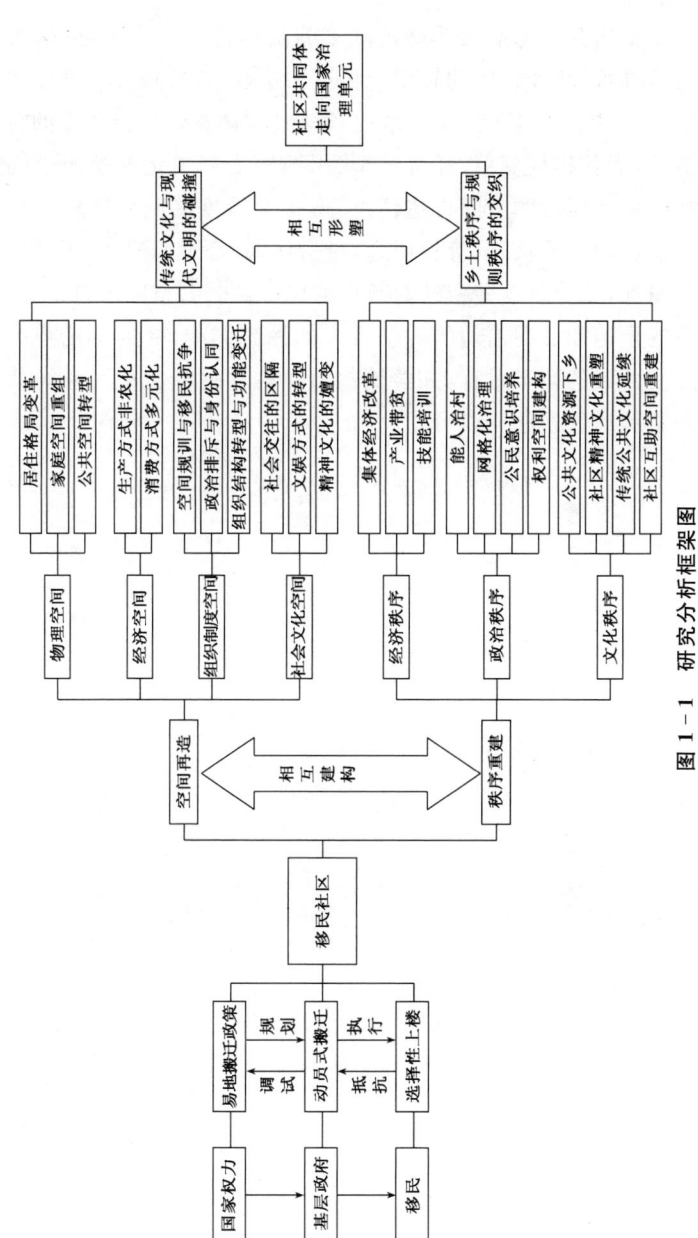

二、分析框架

图1-1 研究分析框架图

本研究以易地搬迁移民政策的贯彻落实为背景,以移民上楼为基础,以移民社区的转型与再造为主线,以移民社区秩序重构为核心,剖析国家权力、基层政府和移民群体在社区再造中的行动逻辑,从居住格局变革、经济转型、组织嬗变和文化置换四个维度考察移民上楼后的空间再造样态,从多个维度对照和比较了移民搬迁前后的生活状态、价值观念、身份认同、心理归属、组织结构等变化情况,并分析这些变迁对新型移民社区公共空间的再造、社区秩序的重构和基层治理的转型带来的深刻影响,探索移民社区实现由乱而治的动态过程,并尝试提出建构移民新型社区空间共同体和重构社区秩序何以可能。

第二章
研究区域背景及移民搬迁过程

本章主要描述田野调查点所在地陕南西乡县的历史沿革、自然人文生态和搬迁村落概况等,展示移民搬迁前后时空场域的变迁背景。以村落或社区为单位的人类活动是一个地区地理环境的文化产物,村落的地理位置、房屋建筑结构和布局、生活习惯和常识等都受气候、地形等自然因素的影响。

第一节 田野呈现:田野调查点概况

一、自然地理状况

西乡县属于汉中市,位于陕西省西南部,地处汉江支流牧马河南北两岸。汉中"北瞰关中,南蔽巴蜀,东达荆襄,西控秦陇",自古以来就是形胜之地。这里,秦岭横亘其北,大巴山屏障其南,长江的重要支流——汉江自西而东贯通全境,其间是呈东西向带状分布的汉中盆地,构成典型的"两山夹一盆"的地貌特征,号称"西北小江南",汉中盆地也被誉为"金瓯玉盆"。西乡县境东界石泉县,南接镇巴县,西邻城固县,北毗洋县,东南与汉阴、镇巴县相连,西南和南郑区及四川省通江县接壤。总面积3 204平方千米。

(一)区位与交通

西乡县位于汉中东部的汉江谷地,地当川陕要冲,历史为兵家所必争。西乡公路交通便捷,截至目前,全县公路总里程达2 332

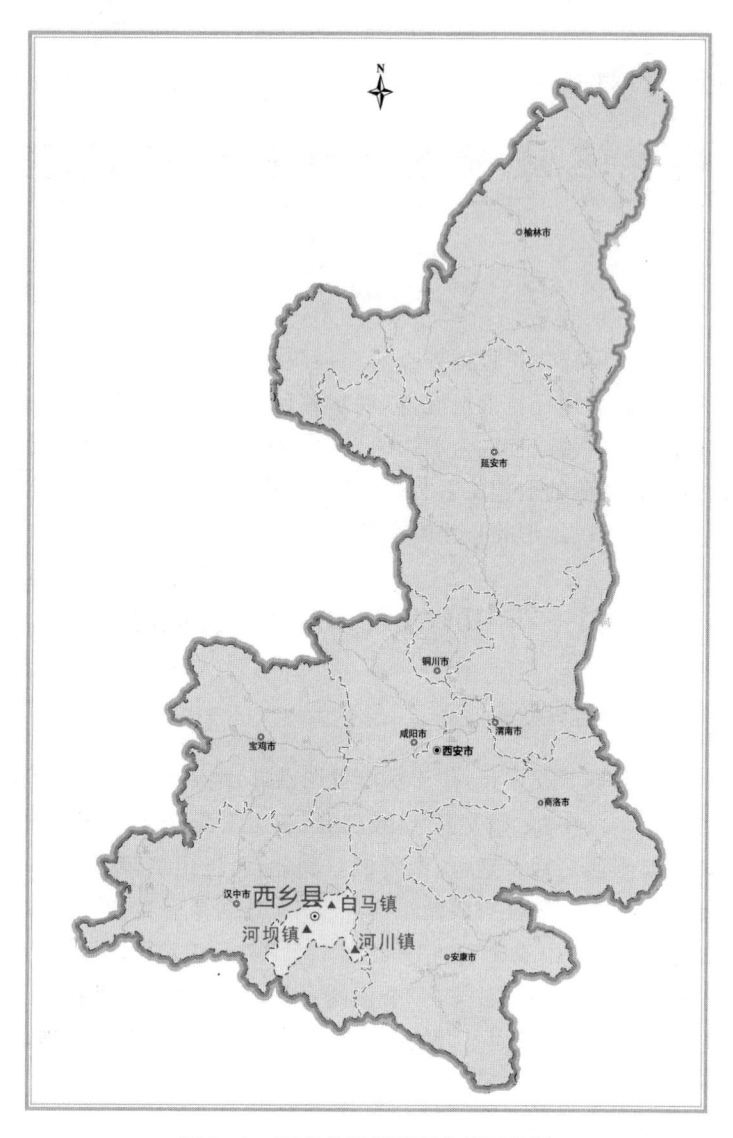

图 2-1 西乡县及所调研乡镇区位图

千米,实现了100%的镇通油路、100%的行政村通公路,100%的镇通班车、91%的行政村通客车。其中省管干线公路主要有汉中—白河、西乡—镇巴、茶镇—高川三条,境内里程为162.7千米。汉(中)白(河)公路在县境内全长89.3千米,系本县境内最长的一条干线,也是公路交通运输的主要动脉。西(乡)镇(巴)路由西乡古城,经堰口、罗镇、司上,至镇巴交界处柳树垭,境内全长39.4千米。茶(镇)高(川)路由茶镇经木竹坝、上高川、下高川,至龙洞河村,全长34千米,该路是本县东南隅连接各乡及镇巴观音寺、碾子垭等区的主要公路。另外县内还有多条古道,如子午道(从汉中直达长安,全程近3504千米)、荔枝道(南越巴山、北翻秦岭,西乡为此道之中心)、郡道(兴安府即安康至汉中府即汉中的大道,也称古之襄鄂西达甘陇之驿道)以及西乡至石泉、西乡至镇巴、西乡至城

图2-2 深山区海拔1000多米的村落

固、西乡至四川通江、西乡至洋县等多条县际大道。[①] 这些都极大地方便了村民和市民的生产生活和日常出行,为建设汉中东部区域强县提供了坚实的交通保障。

(二) 地形地貌

西乡县地势中部相对低浅,东北平缓,西南高峻。巴山主峰绵亘于南,秦岭支脉插入东北角,隔汉江与巴山相对峙。满眼望去四周高山环绕,山峦叠翠,沟谷纵横。境内有中山、低山、丘陵与盆地,海拔在371.2米~2 413米之间,相对高差2 041.8米。山地占总面积的60%以上。

中部盆地亦称西乡坝子,是人们进行农耕生产(尤其是水稻种植)的重要空间。西北丘陵境内沟梁相间,湾、沟、坝等低凹地貌多。山与山之间或者同一座山上都会形成一些小沟壑,这些都是山上的雨水流下而逐渐切割而成的。耕地质量较好,土层较厚,主要土壤是黄褐土。热量条件较好,年均气温13 ℃,有利于农作物及经济作物生长。东部低山面积148.37万亩,沟梁相间,其间亦有小面积坝子,土地坡度较大,平均坡度28.4°,田少,地多,耕地质量较差,地陡土层薄,肥力不足,土壤以黄褐土、黄棕壤为主,亦有少量水稻土、紫色土,年均气温10 ℃,低温为主,灾害多。南部中山属中温带地区,面积166.44万亩,麻柳乡所在的巴山林高2 413米,为县境内最高峰。中山地貌多由灰岩组成,因山势陡峭,河谷深切,形成许多狭窄的V形山谷,属于典型的石灰岩地貌,多出现陡峭谷峰、干沟、落水洞、溶洞、地下暗河等。该地区地多人少,耕地质量差,气温低,年降水量大,低温和湿害等自然灾害多。[②]

[①] 西乡县地方志编纂委员会:《西乡县志》,西安:陕西人民出版社,1991年,第365-366页。

[②] 西乡县地方志编纂委员会:《西乡县志》,西安:陕西人民出版社,1991年,第67-75页。

表 2-1 西乡县地形地貌分布概况

地形地貌	区位范围	海拔高度	相对高差	占地面积
中部盆地	县城中部牧马河沿岸	450～550 米	低于 50 米	6.86%
西北丘陵	牧马河以南过渡到大巴山中山地带	500～900 米	50～200 米	28.35%
东部低山	盆地东,包括茶镇、高川两区及碾子沟、马家湾等乡的部分村	低于 1 200 米	200～500 米	30.54%
南部中山	位于南部米仓山一带	1 200～2 400 米	500～1 000 米	34.25%

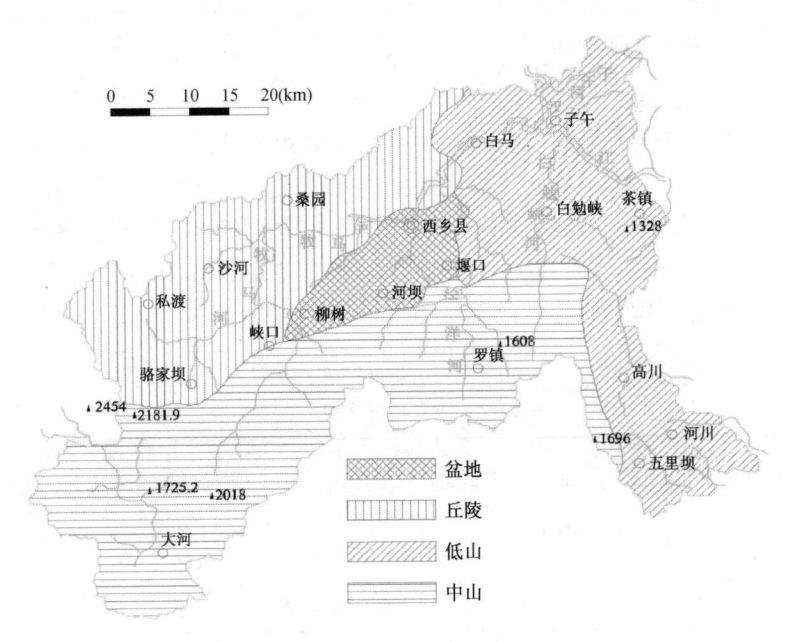

图 2-3 西乡县地貌分区

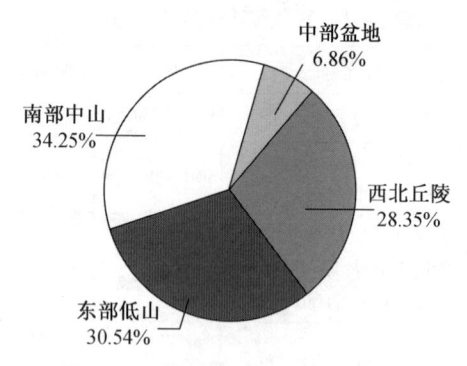

图 2-4　西乡县地形地貌分布比例

（三）气候条件

一个地区的气候条件与其处于地球上的位置有密切关系，同时，也因地形地貌有所不同。西乡县地处秦岭、巴山之间，位于秦岭—淮河以南，属北亚热带半湿润季风气候区，总的气候特点是：气候温和，四季分明，降雨充沛，光照不足；春季气温回升快，多春旱；夏无酷暑，常有初夏干旱和伏旱；秋季多连阴雨，降温早；冬无严寒，少雨雪。平均气温 14.4 ℃，最高气温 39.7 ℃，最低气温零下 10.6 ℃。

表 2-2　西乡县气候变化规律

节气	气候现象
立春前后	杨柳发芽，多偏东风，俗称"摆条风"
惊蛰前后	常有转冷现象，并伴有霜冻，俗称"反春"
春分至清明之间	常有黄沙弥漫，日月不明
清明以后	气温回升快，乍暖还寒
立夏前后	多旱，盼雨栽秧
小满至芒种之间	常多阴雨，间有山洪
夏至前后	多雷阵雨，兼有短时大风和暴雨，局部地区偶降冰雹

(续表)

节气	气候现象
小暑至大暑	常有伏旱发生
立秋前后	高温持续,俗称"二十四个秋老虎",昼热夜凉,遇雨气温骤降
白露至秋分	淫雨经旬,甚者历月方晴,常有"秋霖"雨发生
寒露后	高山初雪
霜降前后	多晴朗天气,俗称"十月小阳春"
立冬至冬至	雨雪稀少,天气干冷,多生雾气

西乡县降水时间分布特点是夏秋多、冬春少。夏季多达415.1毫米,占年降水量的44.9%;冬季降水仅有21毫米,占年降水量的2.3%,年均降水量1 100～1 200毫米,地域差异明显,年内分布不均。年均无霜期246天。年日照1 628.3小时。年平均气温14.4℃,最热7月,平均气温25.7℃;最冷1月,月均温度2.3℃。气温垂直差异明显,随海拔升高而气温降低,海拔1 000米以下地区四季分明,1 400米以上地区没有夏季,春秋相连,冬季偏长。该地区具有南北兼有的气候类型。①

表2-3 西乡县海拔与气候层分布情况

海拔高度	气候层	总面积占比
800米以下	北亚热带气候层	56.6%
800～1 400米	暖热带气候层	30.5%
1 400米以上	中温带气候层	12.9%

---

① 西乡县地方志编纂委员会:《西乡县志》,西安:陕西人民出版社,1991年,第79页。

(四) 资源植被

西乡地阜物华,自然资源丰富,境内3 000亩的白皮松是亚洲之最,樱桃沟是全国第二大樱桃基地。矿藏已探明的有27个矿种,产地59处,大小型矿床16个,花岗石、大理石质地纯净,绚丽多彩。西乡素以农业为本,农产资源较为丰富。全县484.1万亩土地中,农耕地50.83万亩,林地266.56万亩,牧地75.61万亩,水面16.5万亩,其他民用地及山坡等76.4万亩,森林覆盖率33.11%。栽培作物主要有粮食类(稻、麦、玉米、高粱、粟米、黄豆、胡豆、豌豆、小豆、绿豆、红薯、洋芋、芋头等)、油料及经济作物(棉、麻、油菜、芝麻、花生、甘蔗、茶、枸橼、花椒、烟叶、黑木耳、香菇等)、蔬菜(萝卜、地瓜、芥菜、菊芋、藕、魔芋、茭笋、竹笋、莲花白、菠菜、辣椒、苋菜等)、水果(桃、李、樱桃、枇杷、苹果、柑橘、荸荠等)、绿肥及饲草(紫云英、苕子、草木樨、水葫芦等)、花卉及观赏植物等。野生植物丰富,森林树种品种多样,主要乔木树种近300种(杉木类、栎类、桦类、柏类、杨类等),全县有草场70多万亩,是发展畜牧业的广阔资源。西乡县野生动物也很多。[①]

(五) 自然灾害

据有关史志的历代灾情记录,西乡县灾害频繁,特别以干旱、秋季连阴雨和狂风暴雨为甚。大灾5～10年一遇,贫穷人民经常处于逃荒与饥馑之中,如明成化、崇祯及清同治、光绪年间均有"树皮草根食之殆尽"甚至"人相食"的记载。当时虽有官府开仓赈粮和富户施粥之举,但杯水车薪,弊端又大,饿死人依然不免。西乡县由于地质、地形地貌复杂,地质灾害多发,主要有:滑坡[②]、崩塌

---

① 西乡县地方志编纂委员会:《西乡县志》,西安:陕西人民出版社,1991年,第310-314页。

② 滑坡集中分布在西乡盆地及东部茶镇、高川等地,分布相对集中,活动性强,危害严重。

灾害①、地面塌陷灾害②、泥石流灾害③、洪涝灾害。西乡县地质灾害比较严重,灾点类型多,成片成带分布,依城、附路、沿河相对发育,规模差异大,影响和受控因素多,发生频率高。另外还有干旱、秋霖、暴雨与洪涝、倒春寒与秋封、冰雹等④。

如上分析,西乡县的农民处于山水之间的自然环境中,广泛居住在河谷宽阔地带、山腰甚至山顶。西乡县复杂的地形为人们的生产生活带来诸多不便,直到现在,还有一些农户住在不通车的山坳里,人们依然行走在那些由人们随意行走出来的山间小路上。地形状况影响着交通发展状况,交通条件又对农民的生产生活造成影响。如果从总体上看该地区的农业生产,不同区域的农民所从事的农业生产都有其特殊性,如牧马河两岸较宽阔的地带是水稻主产区,这里地势相对平坦,水源丰富,对水稻生产有利。这一河谷地带向两侧延伸,是一些或平缓或陡峭的山地,那些平缓的山地,人们通常将其开发为梯田,进行旱作生产,主要种植玉米(包谷)⑤、薯类⑥、豆类植

---

① 崩塌灾害主要发生在南部中低山区内的碳酸盐岩分布区,因地形陡峭,沟谷切割深,山体坡度均在50°以上,容易使斜坡体受阵雨或振动等其他地质因素影响脱离母体而崩落形成灾害,堵塞河道,阻断交通,并危及下缘住户生命财产安全。
② 地面塌陷灾害主要是因为矿山盲目采矿,不按规范施工造成大面积采空区致地面塌陷。
③ 该地曾发生多次因矿渣淤塞河道遇强降雨而引起的泥石流。降雨是触发崩塌、滑坡及地质灾害的主要因素,它控制了灾害形成的时间主要发生在七、八、九三个月内。
④ 西乡县地方志编纂委员会:《西乡县志》,西安:陕西人民出版社,1991年,第101页。
⑤ 本县山区喜种苞谷。据清代《三省边防备览》记载:"西乡数十年前,山内秋收以粟谷为大庄,粟利不及包谷,近日满山遍谷皆种包谷。""(山民)视包谷为一年庄稼,两年性命。"
⑥ 薯类主要包括:洋芋(马铃薯),清康熙年间,本县招徕客民垦殖,曾大面积种植洋芋作为主食,洋芋独具稳产高产特点,常年种植;红苕(甘薯);芋头、山药(薯蓣)等薯类作物种植面积不大,主要供作菜食,白马、沙河等地较多。

物①、杂粮②、油料作物③等,当然山地中也有种植水稻的,通常是在山地的向斜面上,这里能够汇聚流水,为水稻种植创造水源条件。除此之外,茶叶种植在当地历史悠久,最早记载于秦汉时期,唐代属山南道茶叶主产县之一,所产茶叶被列为土贡④,直到目前,茶叶都是西乡县主导产业之一,山区的气温条件、空气、水分以及养分含量等都对茶叶生产有影响。自然条件对农民的影响较为复杂,尤其体现在农业生计上。尽管现代的农业生计在一定程度上与传统农业生计有不同程度的变迁,但依然没能改变其依赖于自然生态的传统。所以,直到今天,在调研中依然可以听到农民"靠山吃山、靠水吃水""靠天吃饭"等类似的表达。而且当地的自然灾害随时可能降临,对农业生计造成一定影响,使原本可以算是最稳定的农业生计在复杂的自然环境中也变得不可预测。

二、社会经济状况

(一)历史沿革与文化底蕴

西乡县建制较早,自蜀汉章武元年(221年)建制至今,已历1797年。西乡古属梁州,设城置县起自东汉。蜀汉刘备封张飞为西乡侯。至西晋武帝太康二年(281年)即以西乡定为县名,属汉中郡。隋炀帝大业二年(606年)复称西乡,历经唐、宋、元、明、清、民国迄今,县名及隶属汉中均相沿未变。

西乡县文化积淀深厚。以距今7 000多年的李家村遗址、距

---

① 本县豆类品种多,种植范围广,主要有黄豆、胡豆、豌豆、绿豆、兵豆、巴山豆、打豇豆、四季豆等,除胡豆、豌豆有单作习惯外,其他多与包谷等混种,产量很低。

② 杂粮包括:荞麦、燕麦(莜麦)、高粱、大麦等。

③ 油料作物以油菜为主,花生、芝麻少量,向日葵、小麻、蓖麻等,只在园边地角零星种植。油菜多集中种植于中部平坝、丘陵地带,栽培历史悠久,东汉已有种植。

④ 本县产茶历史悠久,唐代时由于有子午道直通京城长安,且距离最近,运送方便,使当时宫廷内外、文武百官都嗜饮西乡等县"山南茶"。目前主要品种有:炒青、秦绿及陕西特炒、仿制龙井、午子仙毫茶、午子翠柏茶。

今 6 000 多年的何家湾遗址为代表的人类历史文化,以土地革命战争时期的红二十九军会议遗址等为代表的红色文化,以茶叶节、樱桃节为代表的节庆文化,以康熙年间建成的鹿龄寺、午子山为代表的宗教文化,具有丰富的文化内涵。

(二) 人口与经济发展状况

清代以前,西乡县境内人口稀少。康熙年间,战乱连连,民逃田荒,招徕外来移民,拨至山区垦荒种地。民国时期,又有躲避兵伕者隐居山林,致使山区人口逐渐增加。新中国成立后,山区人口较前发展,但仍比川坝子少,特别是大河镇和高池、罗镇一带,山大林深,至今仍有大片地区无人居住。按地理区划为平川、丘陵、浅山、中山四类地区。平川面积小,人口集中,占总人口 32.72%;中山面积大,人口只占 11.68%;丘陵、浅山的人口介于二者之间。按民族划分,该地区汉族占 98.85%,其余有回族、藏族、苗族、满族等 13 个民族。[①]

目前西乡县辖 15 个镇 2 个街道办事处 179 个村 36 个社区居委会,有汉、回、苗等 14 个民族。2017 年末,全县总户数 153 534 户,户籍总人口 414 861 人。其中,男性 220 128 人,占 53.06%;女性 194 733 人,占 46.94%,性别比为 1.13。人口年龄构成为:0~17 岁人口 82 736 人,占 19.94%;18~34 岁人口 113 912 人,占 27.46%;35~59 岁人口 151 307 人,占 36.47%;60 岁及以上人口 66 906 人,占 16.13%。全部户籍人口中城镇人口 141 134 人。年平均常住人口 344 790 人,人口出生率、死亡率和自然增长率分别为 10.25‰、7.35‰ 和 2.9‰;常住人口城镇化率为 43.71%。

西乡县是国家级贫困县。据《西乡县 2017 年国民经济和社会发展统计公报》显示,2017 年,完成生产总值 101.73 亿元,比上年增长 8.7%。人均生产总值 29 504 元,比上年增长 12.1%。其

---

① 西乡县地方志编纂委员会:《西乡县志》,西安:陕西人民出版社,1991 年,第 132 页。

中:第一产业增加值20.31亿元,第二产业增加值39.83亿元,第三产业增加值41.59亿元。农业产值如下:种植业产值20.03亿元,增长9%;林业产值0.88亿元,增长51.1%;牧业产值13.07亿元,下降2%;渔业产值0.95亿元,增长10.8%;农林牧渔服务业产值1.32亿元,增长0.6%;茶叶产值7.93亿元,增长4.3%;蔬菜和食用菌产值5.11亿元,增长10.1%;烤烟产值0.58亿元,增长42.4%;生猪产值11.16亿元,下降3.1%。

随着现代化的发展,人们逐渐意识到新的求生方式,随着交通的发展和人口的外迁,年轻人纷纷走出农田,进城务工。也就是说,对农民的生存环境造成影响的不仅仅在于自然条件,还在于社会环境。该地区在不同历史时期所占据的交通和行政区位情况,都可以对农民生计产生影响,如位于交通方便的地域,市场经济的影响在很大程度上促进了这些地区人口的大规模流动,所以,交通对于现代农民十分重要,现代的物资与人口流动都得益于交通的便捷程度,比如西乡县高速公路、村公路的修通也为当地农民的远距离流动以及物资往来提供良好条件。笔者选取的三个乡镇,正是由于交通区位的差异,其经济条件等各方面发展情况差异明显。不同的地理条件提供给人们不同的区位优势,使中心与边缘之间形成差距,又使得边缘各区域之间也存在明显差异。

三、贫困状况与田野调查点的选择

西乡县属国定贫困县,被列为秦巴山集中连片特困地区区域发展与扶贫攻坚规划扶持范围,县域立地条件恶劣,自然灾害多发,经济欠发达,交通等基础设施建设落后。山区和丘陵面积占93.13%,相当部分群众居住在山大沟深、自然条件恶劣的地区,发展生产、脱贫致富的空间受到严重限制。西乡县贫困人口主要分布在中高山区,生存条件差、贫困程度深;贫困人口文化素质低,缺乏致富技能;农业生产效益低,产业规模小,产业链短,未形成发展优势;加之自然灾害频发,持续增收基础薄弱,导致返贫现象突出。究其原因,一是部分脱贫人口收入水平较低,虽然已解决温饱,但因家底薄、收入结构单一,农产品就地加工转化不足,只能维持简单再生产,加之居住在边远高寒山区,自然灾害频发,遇到灾害极易返贫;二是处于贫困线边缘的人口极易因病、因教育再次陷入贫困;三是部分脱贫人口因物价水平提升等因素再次成为贫困对象;四是公共服务设施欠缺,农村服务体系不健全,群众创业技能差,致使贫困人口脱贫致富难度加大。面对以上问题,要实现整体脱贫难度较大,扶贫攻坚任务十分繁重和艰巨。

2011年启动陕南避灾移民搬迁以来,"十二五"期间,西乡县累计完成投资42.56亿元,实施搬迁17 019户56 173人,其中,避灾搬迁5 728户19 632人,扶贫搬迁10 504户33 687人,生态搬迁787户2 854人。建设集中安置点122个,安置15 852户50 552人,集中安置率90%;城镇安置率75%,地灾、洪灾搬迁安置率23%,特困户安置率10%。易地扶贫搬迁作为实施"五个一批"精准脱贫工程的一项重要内容,做到"通过易地扶贫搬迁工程脱贫一批"的目标顺利实现。习近平总书记和李克强总理提出将易地扶贫搬迁工作作为实施精准扶贫、精准脱贫的有力抓手的重要指示。国家五部委提出了《"十三五"时期易地扶贫搬迁工作方案》。"十三五"期间西乡县需完成移民搬迁13 433户40 464人,其中易地扶贫搬迁6 605户19 180人,占全部搬迁人口的47.4%;避灾搬迁4 923户15 242人,占全部搬迁人口的37.7%;生态搬迁1 905户6 042人,占全部搬迁人口的14.9%。

为了更全面深入了解易地扶贫搬迁移民搬迁过程与搬迁后居住社区的空间再造和秩序重构的真实情况,笔者尽可能地多选择一些乡镇进行走访,试图在研究中建立一种关于移民社区空间再造和秩序重构的具有普遍解释力的理想类型。这种理想类型不是哲学家塑造的抽象骨架,而是活生生的人物和故事,是生活的提炼和综合,这些人物和故事不是杜撰出来的,也不是捕风捉影,而是经过实地考察而真实可靠的。为了追求"更普遍的解释力"和"更广泛的对话能力",笔者选取了距离县城远近不同、地形地貌有差异、经济发展状况不同的三个乡镇展开田野调查,即白马镇、河坝镇和河川镇,每个镇分别选取4～5个村(社区)进行实地考察,力求寻找更多的故事,也想通过对不同移民安置点的对比获取一些类型化的发现。

(一) 白马镇

白马镇位于县境北部,距县城9千米。面积166.1平方千米,人口1.9万。属浅山丘陵地区,植被面积大,矿产、农业资源丰富。工业以采矿、食品加工为主。农产以水稻、小麦为主,种植五倍子、龙须草,盛产木炭。阳(平关)安(康)铁路横贯境南,城(关)白(龙)、白(龙)碾(子沟)公路通达。辖龙沟、何家山、朱垭、贯溪、碾子沟、响洞、田坪、沈垭、丰宁、柳园、白马社区11个村(居)委会。白马镇农业用地16 728.07亩,林业用地232 620亩,为全县之首。

"十三五"期间该镇共实施11个集中移民安置点,分别是朱垭一组移民安置点、朱垭五组移民安置点、田坪续建移民安置点、田坪村玉元安置点、沈垭村安置点一期、碾子沟村仁义安置点、上庵白家坝安置点四期、丰宁续建安置点、龙沟安置点、贯溪村安置点、沈垭村续建安置点,易地搬迁共搬迁安置348户919人。

(二) 河坝镇

河坝镇位于西乡县西南7千米处,辖14个村(社区)179个村民小组,人口3万余人。地势南高北低,南部为高寒山区,分布2个行政村2 000余人,面积69.4平方千米,最高海拔1 437米;北部为平川丘陵地区,面积49.9平方千米,最低海拔500余米。河坝镇属北亚热带半湿润季风气候,年平均气温14.6℃,绝对最高气温39.7℃,最低气温-10.6℃,全年无霜期245天,最大降水量1 173.6毫米,最小降水量573.2毫米,降雨时空分布不均匀,全年降雨量多集中在七、八、九三个月。主要移民安置点有高坝社区、石桥社区、土地坪村、蒿坝台移民安置点等。2011—2016年共搬迁移民2 108户6 538人:2011年共搬迁267户894人,2012年共搬迁351户737人,2013年共搬迁395户1 529人,2014年共搬迁244户792人,2015年共搬迁535户1 436人,2016年共搬迁316户1 150人。其中高坝社区是全市升级晋档、新农村建设、农村清洁工程、美丽乡村建设示范社区,距西乡县城2千米,共辖16个居民小组1 918户6 699人。该社区北有食品加工园区、花卉苗木基地,南有建材工业园区,东有大棚蔬菜园区,西有河坝万亩观光茶园,为群众提供了丰富的就业岗位。2017年社区通过引资建社区工厂"谯氏变蛋厂""汉中欧特沃家具建材有限公司""汉中市雅寇雨具制品有限公司",提供多个就业岗位,贫困户务工优先,逐步形成高坝社区创业就业园。

(三) 河川镇

河川镇地处秦巴山区腹地,中低山区丘陵地形,镇政府距离县城97千米,地理位置偏远,自然条件有限,该镇海拔405米至1 080米之间。地理情况较复杂,生态环境较差,近些年随着气候的变化,局地性恶劣气候反复出现,不是因汛期容易造成山体滑坡、突发山洪灾害,就是造成群众减产减收,对人民群众的生命安全和经济增收带来了严重威胁。全镇总面积129平方千米,耕地面积28 479亩,其中水田7 825亩,林地239 394亩,人均耕地1.7亩,主要种植水稻、玉米,经济作物以油菜、魔芋、茶叶、经济果木、旱烟为主,生猪、茶叶是全镇的支柱产业。产业发展相对薄弱且滞后,基础设施条件同群众生产生活需求还有一定差距,部分村组交通不便,电力设施落后,通讯覆盖有限。该镇辖9村1社区,共69个村民小组,全部为贫困村,其中2个为深度贫困村。全镇总人口4 696户16 634人,建档立卡贫困户1 768户4 614人,贫困率近28%。其中五保贫困户269户,低保贫困户771户,一般贫困户728户,低保贫困户和五保贫困户占总贫困户数比例为58.8%。① 贫困程度较深,贫困面积大,贫困人口主要集中在深山区、生态环境脆弱地区,零星分散居住,脱贫任务十分艰巨。

其中太平村和河川社区为深度贫困村。太平村距县城103千米,地形地貌以山区为主,全村有7个村民小组,总人口303户1 012人,建档立卡在册贫困户173户513人,其中一般贫困户77户234人,低保贫困户73户253人,五保贫困户23户26人,贫困发生率50.7%。2016年全村人均可支配收入4 670元。河川社区占地12平方千米,辖8个居民组,共有833户2 722人,建档立卡贫困户207户563人,其中一般贫困户83户288人,低保贫困户82户229人,五保贫困户42户46人,贫困发生率20.7%。2016年末农民人均可支配收入5 260元。

第二节 陕南移民搬迁的实施:从宣称到政策实践

一、易地搬迁工程实施的现实背景

陕南地区地处秦巴山区集中连片扶贫开发重点地区,贫困程度深,地质灾害多。摆脱自然灾害从而脱贫致富,与全国人民同步进入小康社会,是当地人民的强烈愿望。为改善山区居民生产生活条件,消除自然灾害等因素对人们生命和财产造成的损害,陕西省政府于2011年5月6日正式启动了号称"新中国成立以来最大的移民工程"——陕南移民搬迁工程,计划用10年时间(2011—2020年)对陕南安康、汉中、商洛三市63.54万户240万人进行搬迁,远远超过了三峡工程移民规模。这一政策的出台并不是横空出世,而是有着深厚的现实背景。

---

① 数据来源于对河川镇扶贫干部的访谈和其提供的材料《河川镇建档立卡贫困户信息统计表》。

(一) 自然背景

应对自然灾害造成的经济损失和生命损失是这一政策出台的直接动因。陕南地区地质环境脆弱,地形地貌复杂,山地和丘陵地带多,以泥石流、滑坡、山洪为主的地质灾害易发区占总面积的一半以上,平均3.5年会发生一次大的洪涝灾害。据不完全统计,仅在2001—2010年间陕南地区共发生地质灾害2 000多起,因灾死亡或失踪的人数达590多万,直接造成经济损失460多亿元。2010年夏季陕南多处暴发特大洪涝和地质灾害,遭受重大人身和财产损失,成为陕南移民搬迁直接的导火线。经过多次考察和论证,省政府决定实行陕南移民搬迁,以走出"受灾—重建—再受灾—再重建"的恶性循环。

(二) 经济背景

除了深受自然灾害破坏外,陕南地区还具有"深度贫困"的特点,陕南地区28个县区中有24个属于国家级贫困县。陕南地区土地贫瘠,耕作方式传统,增收困难,素有"九山半水半分田"之称,农业基础薄弱,抵御自然灾害的能力低,一方水土实难养活一方人。据2014年贫困识别,陕南贫困人口占全省贫困人口的67%,其中因灾致贫和因居住条件差致贫的人口占95%。这些贫困人口基本上生活在偏远深山,基础设施落后,建设和维护成本高,长期以来发展受限,因灾致贫和返贫现象突出,是扶贫的重中之重和难中之难。只有实施易地搬迁,彻底改善他们的居住环境,才能从根本上帮助他们脱贫致富。

(三) 社会背景

陕南地区由于自然地理环境制约,居住分散、密度稀疏的聚落特点是移民搬迁的人文地理背景。这种传统的散居以及与之相应的生产生活方式不从根本上进行改变,就无法实现基础设施和公共服务的改善和均等化,也难以实现产业的集约和规模发展,更难以实现到2020年与全国人民一道进入小康社会。引导居住在深山区的人们进行搬迁下山,适度集中居住,有利于完善公共服务,让公共资源发挥最大效益,进而促进和加快实现城乡公共服务均等化,而且陕南移民搬迁也是实现新型城镇化的有效形式。随着人口外流和农村逐渐"空心化",居住在深山的绝大多数年轻人有着强烈的意愿走出深山进入城镇,特别是常年外出务工人员,他们耳濡目染了现代文明和生活方式,思想观念和认知水平也得到深刻变化,通过移民搬迁有助于提高人口素质。

(四)政策背景

陕南地区不仅是秦巴集中连片特困区域,贫困程度深,贫困人口比重大,收入水平低,还是南水北调中线工程上游水源地,也是国家生态保护功能区。如何推进陕南地区精准扶贫是摆在我们面前的重大课题。作为秦巴山区的核心区域和腹地之一,陕南还肩负着"一江清水送北京"和保护生物多样性的重任,通过移民搬迁、退耕还林和生态环境保护,推进秦巴集中连片特困地区脱贫攻坚,促进区域协调发展,确保南水北调中线工程的优质水质。

二、从理想到现实:易地搬迁工程诞生过程

我国扶贫移民政策已走过40多年历程,大致经历了三个阶段。第一阶段是政策执行初期。20世纪80年代国家开展了开发式扶贫的实践探索,在河西、定西、西海固"三西"地区进行我国第一个有计划、有组织、大规模的农业建设计划和区域开发式扶贫行动,也是扶贫移民的早期探索。[①] 20世纪90年代,《国家八七扶贫攻坚计划(1994—2000年)》提出,我国贫困人口分布在地域偏远、交通不便、生态脆弱、经济发展滞后、文化教育落后等集中连片地区,广西、云南、湖北等多地出台有关扶贫移民的政策,对生活在深山、石漠区的贫困人口实施移民搬迁。

[①] 陆汉文、覃志敏:《我国扶贫移民政策的演变与发展趋势》,《贵州社会科学》2015年第5期,第164-168页。

第二阶段是深化扩展期。2001—2012年国家颁布一系列文件,对易地扶贫搬迁政策进行了详细阐述和细化,扶贫工作开始走向规范化、制度化和系统化。[①] 2001年《中国农村扶贫开发纲要(2001—2010年)》论述了自愿扶贫移民政策。2007年《异地扶贫搬迁"十一五"规划》系统论述了扶贫移民的形势、指导思想与原则、搬迁对象、搬迁与安置方式、搬迁目标与任务、主要建设内容、资金筹集等内容并提出相关保障措施。2011年,《国民经济和社会发展第十二个五年规划纲要》提出,"加快解决集中连片特殊困难地区的贫困问题……启动集中连片特殊困难地区扶贫攻坚工程,加大以工代赈和易地扶贫搬迁力度"。集中连片特困地区成为国家扶贫开发的重点区域。同年《中国农村扶贫开发纲要(2011—2020年)》确定将扶贫移民作为集中连片特困地区专项扶贫的主要任务。2012年《易地扶贫搬迁"十二五"规划》确定了对生存条件恶劣地区的240万农村贫困人口进行易地扶贫搬迁。

第三阶段为易地扶贫搬迁与增减挂钩政策相衔接时期。全国各地纷纷出台增减挂钩与易地扶贫搬迁的地方政策,如贵州《关于进一步加大扶贫生态移民力度推进精准扶贫的实施意见》与新型城镇化建设密切联系,移民安置以县城、集镇、旅游服务区、中心区、有就业岗位的产业园区为主,确保每户移民家庭至少一个劳动力实现城镇就业,强调老房子宅基地拆除复垦与土地增减挂钩相结合。

陕南易地搬迁工程经历了一个由宣称到具体实施的过程。尽管真正的工作是从2011年开始的,但其前期的基础奠定和社会效益的长远性不得不与20世纪90年代末的西部大开发联系起来。从1997年"再造一个山川秀美的西北地区"的伟大号召,到"退耕还林还草、封山绿化、个体承包、以粮代赈"政策的实施,为西北地

[①] 邹英、向德平:《易地扶贫搬迁贫困户市民化困境及其路径选择》,《江苏行政学院学报》2017年第2期,第75-80页。

区的环保工程拉开了序幕。根据这一精神,陕南地区生态环境保护工作已列入重要日程。陕南移民搬迁工程的酝酿和产生,主要因为2010年7月陕南多地遭遇特大洪涝和地质灾害,遭受严重损失,这成为移民搬迁的直接导火线。此后,经过多次调研论证,陕西省政府于2010年12月6日通过《陕南地区移民搬迁安置总体规划(2011—2020)》,计划用10年时间,实施陕南地区60万户240万人的搬迁工程,对秦巴集中连片地区进行扶贫攻坚,将移民搬迁与新型城镇化建设、现代社区发展、特色旅游等产业发展相结合,把扶贫开发与防灾减灾相结合,确保"搬得出、稳得住、能致富"。2011年5月陕南移民搬迁工程正式启动,将陕南三市生活在深山老林、自然灾害严重、生态环境恶劣地区的240万山区农民搬迁到生产生活条件较好的平川河谷地带。搬迁主要有避灾移民、生态移民、扶贫移民和工程移民等几类,统称为易地搬迁。之后《国务院关于丹江口库区及上游地区经济社会发展规划的批复》(国函[2012]150号)等文件对包括陕南地区在内的生态治理和经济发展做出了部署。通过易地搬迁,减轻生态环境压力,减少人为对生态环境的破坏,保证南水北调水质清净。陕南移民工程搬迁总体目标是"搬得出、稳得住、能致富",近期目标是"搬得出",目的在于保障灾区人民的生命安全;中期目标是"稳得住",目的在于兴建基础设施保障移民生活;长期目标是"能致富",搬迁以后必须重视发展后续产业,提高移民生活水平,这也是移民成败的关键。

  2013年精准扶贫政策提出以后,将易地扶贫搬迁作为精准扶贫"五个一批"的重要手段和方式,国家出台了《全国"十三五"易地扶贫搬迁规划》,着力解决居住在"一方水土养不起一方人"地区贫困人口的脱贫问题。《中共陕西省委陕西省人民政府关于贯彻落实〈中共中央国务院关于打赢脱贫攻坚战的决定〉的实施意见》明确提出,加快实施易地扶贫搬迁,坚持"靠近城镇、园区、中心村"的原则,做好移民搬迁补助工作,完善移民搬迁规划。此后,陕南移民搬迁工作的重点对象在于"一方水土养不活一方人"地区的建档立卡贫困人口,以及确需同步搬迁的其他农户①。在陕南,易地扶贫搬迁是2016年开始实施的,2016年出台了关于易地扶贫搬迁的补助政策;之前建档立卡贫困户和其他避灾移民搬迁享受一样的补助政策,2016年以后,搬迁补助政策因是否纳入建档立卡户而有所不同。

第三节 顶层设计:搬迁政策与空间规划策略

列斐伏尔通过空间三元辩证法的三个维度来分析空间生产问题,即空间再现、空间实践与再现空间。空间再现也被称为"构想的空间",指理论家、规划者、城市学家以及政府官僚等通过制度、规则等秩序符号对日常生活进行规训,体现支配性的社会秩序,构想的空间是关于社会空间的意识形态。② 顶层构想的空间也被称为"抽象空间",更多是基于构想而产生,并非实际生活空间,诸如社区规划图,用国家权力意志定义移民社区物理空间结构。空间贫困在本质上是空间不平等与社会公平正义区域差异组合的产物。易地扶贫搬迁政策本质上体现的是政府权力对空间不平等的一种干预,陕南地区贫困面广而且贫困程度深,成为全面建成小康社会的突出短板,国家出台的易地搬迁政策试图打破空间制约下的贫困固化现象。③

---

① 包括居住在环境恶劣、生态脆弱及不具备基本生产和发展条件的边远地区、高寒山区和陡坡峡谷地带的农户,远离集镇和交通干线,修路、通电、通水一次性投资成本过大,群众就医、小孩上学不便的自然村组和单庄独户,地裂、滑坡、崩塌、洪涝等自然灾害多发区或地方病区,无法在当地生存的农户,以及无劳动能力、无家庭积累、无安全住房的农户。
② 潘可礼:《亨利·列斐伏尔的社会空间理论》,《南京师大学报(社会科学版)》2015年第1期,第13-20页。
③ 邢成举:《搬迁扶贫与移民生计重塑:陕省证据》,《改革》2016年第11期,第65-73页。

一、易地搬迁与土地增减挂钩

《关于做好移民（脱贫）搬迁用地保障的指导意见》（陕国土资发[2016]48号）的文件指出："要加强移民搬迁总体规划与土地利用总体规划、城乡建设规划、产业布局规划、基础设施规划、新型农村社区建设等规划的有效衔接。""用好用活城乡建设用地增减挂钩、工矿废弃地复垦利用、城镇低效土地再开发利用等土地政策。""城乡建设用地增减挂钩政策"是我国在工业化、城镇化和现代化为特征的社会变迁中，为缓和工业用地、城市建设用地与农村耕地宅基地之间的矛盾而出台的，其目的是希望在土地资源总量有限情形下，调和经济社会发展与耕地资源保护之间的关系。[①] 增减挂钩在促进城乡统筹发展、保护耕地、易地扶贫搬迁、生态文明建设中发挥重要作用。

陕南地区是国家精准扶贫的重点区域，易地搬迁对象更是脱贫攻坚中"短板的短板"。移民搬迁是新型城镇化的有效实现形式，陕南移民搬迁政策与新型城镇化密切相关，也与土地增减挂钩相衔接。主要表现在：一是安置方式，以社区化集中安置为主，包括进城入镇安置（城市、县城和集镇规划区新建房或购买商品房）、农村安置（新建集中安置点、在经认定的中心村续建安置）等，特别是对主要从事二三产业的移民户实行楼房化安置，有利于节约土地资源和管理费用，集约公共投入，有利于提高城镇化水平，提供就近就业机会，促进移民生存发展；二是用地标准，集中安置户每户建设用地（含基础设施和公共服务设施用地）控制在0.2亩以内，分散安置每户宅基地用地（含圈舍、厕所、厨房等）控制在0.25亩以内，提高土地利用率；三是建房面积，坚持实用够用原则，易地扶贫搬迁户建房面积人均不超过25平方米，户均不超过125平方

[①] 叶敬忠、孟英华：《土地增减挂钩及其发展主义逻辑》，《农业经济问题》2012年第10期，第43-50页。

米,分散安置户建房面积最大不超过140平方米;四是移民的就业保障,确保移民户至少一个劳动力实现非农就业,进一步完善移民安置点基础设施和公共服务设施建设;五是强调迁出地宅基地拆除复垦与土地增减挂钩相结合,对于地灾、洪灾、危房户、采煤塌陷区搬迁户在搬进新房后就得拆除老房,建档立卡贫困户旧房拆除腾退复垦后,政府按人均1万元的标准给予奖励性补助。

易地搬迁是新阶段扶贫攻坚的重头戏,增减挂钩是中央政府明确支持扶贫开发及易地扶贫搬迁的重要措施,是实现移民"搬得出、稳得住、能致富"的"血液"。应充分发挥增减挂钩政策对易地搬迁的重要作用,激活贫困地区土地资源优势,让资源变成资本,凸显扶贫开发用地和增减挂钩相结合的效果。

二、搬迁规划与安置形式

国家规划移民安置点体现了政府的空间治理策略,政府通过权力实现对移民物理空间的规划与改造,其过程充满了各种政治与社会力量的冲突和妥协。空间的生产成为不同社会行动者互动和博弈的结果。[①] 国家权力精英和知识精英作为"空间的组织者和权力者",通过对空间规划的话语建构,采用同质性、层级化等方式塑造人们对空间的认知,实现权力的干预和渗透,将移民社区作为其统治活动的地域基础。政府对于移民社区空间的干预主要体现在《西乡县"十三五"移民搬迁安置专项规划》。

(一)搬迁对象的识别

移民搬迁工作首先要做的是如何界定和选择搬迁对象,只有确定了搬迁移民户,才能推动政策的落地生根,实现权力的干预。陕南易地搬迁工程主要涉及四类搬迁:以扶贫搬迁为主,同步进行避灾搬迁、生态搬迁和其他搬迁。

---

① 吴莹:《空间变革下的治理策略——"村改居"社区基层治理转型研究》,《社会学研究》2017年第6期,第94-116页。

1. 扶贫搬迁

此类搬迁涉及人口最多,比重最大,任务最艰巨。[①] 扶贫搬迁人口指建档立卡贫困户中需要易地搬迁的农村人口,是优先搬迁的重点对象。这首先涉及了精准扶贫中对贫困人口的精准识别。贫困对象的精准识别是指以贫困者个人或家庭为瞄准单位,使扶贫资源传递"精准到人"或"精确到户"。西乡县在贫困人口识别认定程序上要求做到"两公示一公告",即通过农户自愿填表申请,各村召开小组会议、村民代表大会进行民主评议,形成初选名单,针对初选的贫困户,由村委会和驻村工作队进村入户调查核实后进行第一次张榜公示,经公示无异议后报乡镇人民政府审核。入户调查内容主要涉及家庭组成人员情况、家庭收入及人均收入情况、家庭主要经济收入来源及类型、导致贫困的原因等方面的详细调查,形成入户调查摸底表。镇政府对各村上报的名单进行审核,确定全乡镇搬迁户名单,在各村进行第二次公示,经公示无异议后上报西乡县扶贫办复审,复审结束后在各村张榜公告。

西乡县在贫困人口的识别上遵循了"八不准"原则[②],另外还有脱贫攻坚精准识别"十不算""八不脱"原则。在 2016 年底人均收入达不到 3 015 元的家庭列入贫困户。在识别过程中,五保户

[①] 郑娜娜,许佳君:《易地搬迁移民社区的空间再造与社会融入——基于陕西省西乡县的田野考察》,《南京农业大学学报(社会科学版)》2019 年第 1 期,第 58-68 页。

[②] 贫困户识别标准——"八不准"原则,即(1)现有住房装修豪华、家用电器豪华、自费参加高消费娱乐活动的,家庭日常生活消费支出明显高于扶贫标准的;(2)家庭拥有小轿车、大型农用车、工程机械的;(3)家中有现任村党支部书记及村主任的;(4)家庭成员或法定赡养人、抚养人中有在国家机关、事业单位、社会团体等工作,由财政统发工资的,或在国有大中型企业连续工作十年以上,收入较稳定的;(5)家庭成员中有担任私营企业负责人的,长期从事各类工程承包、发包等盈利性活动的,长期雇佣他人从事生产经营活动的;(6)未如实提供家庭收入,隐瞒生活财产,故意放弃或转移生活财产的,家庭成员中有自费出国留学或购买商业养老保险的;(7)家中长期无人和无法提供其实际居住证明、人户分离的;(8)因违法行为被公安机关处理且拒不改正的;对符合贫困户识别标准的社区矫正、服刑在押人员家庭和刑满释放人员家庭,可纳入贫困户识别范畴。(资料来源于西乡县精准扶贫宣传手册)

和低保户被确定为贫困户没有问题,但对于经济收入相当的移民户特别是在3 015元贫困线左右的人群之间识别往往存在很大争议,农户的收入主要来源于不稳定的务工收入和受天气、市场影响极大的种植业收入,这些都是很难估算的。也许这一户只是比另外一户少一个三轮车,那就列入了贫困户,享受贫困户的一系列优惠政策;而另外一户就被排斥在贫困户之外,什么政策都享受不了,反而生活质量相对来说更加低下。也存在一些村干部"帮亲"不"帮穷"。从以下访谈可以看出,硬性规定识别标准有时候也会出现一些贫困户瞄准偏差的问题。贫困户确定以后,才能确定需要搬迁的对象。对于纳入建档立卡扶贫系统的人口进行房屋核查,确实存在住房不安全、地质环境恶劣、生产生活条件艰苦、生产资源匮乏、发展空间受限、基础设施差、交通不便等情况的"生存型贫困"或"发展型贫困"的人口才可以进行易地扶贫搬迁,享受易地扶贫搬迁政策。"十三五"期间,西乡县扶贫搬迁6 605户19 180人,占全部搬迁人口的47.4%,其中所调研的河坝镇283户826人,河川镇497户1 370人,白马镇322户874人。

我家和他家情况是差不多的,都是种了几分田,养了一些鸡。我家以前住的和他家一样都是土坯房,墙体裂缝严重,我家儿子在外地打工,前年家里借钱盖了这几间房子,塌了十几万的窟窿,现在还没还上。但是谁知道现在就有这个扶贫搬迁的政策了。我家刚盖好的房子,不能列入贫困户,也不能享受搬迁政策了。我和老伴都常年生病吃药,身体不好,一个孙娃子还要上学,就靠他爸爸一个人打工收入,还要还债。以前家里是吃低保的,自从借钱盖了这个房子后,低保就被取消了,感觉日子还不如吃低保的时候。他家儿子每天打牌,不务正业,游手好闲的,也娶不上媳妇,倒是赶上了好政策,不花什么钱就住进了新房子,还讨到了媳妇……

——白马镇白马社区农户访谈,2017年11月

这个国家政策是好的,但地域差异大。精准扶贫,如何算精准?这个很难的。大家都差不多。他一个人评上贫困户了,其他人就有意见。而且国家政策这几年特别明细、精细,能理解的老百姓不多,好多人不理解,争先恐后千方百计想当上贫困户。现在都不考虑这个自主性了,都成依赖性了,我就愿意当这个贫困户了,你得补助我。国家政策这么好,对不愿意劳动的这部分人,你还不能不给他纳入贫困户,他是贫困,但他是因为不愿劳动啊。今年国家有一个产业扶贫资金,政府把苗子给他们,动员他栽树,他不栽,他说我没地方栽;给他们养鸡养猪,他不养,他说没地方养。但知道国家有产业扶助资金,就来要钱了,说是看电视十九大报告里有这个政策。代表们说什么,他们都知道,钻空子,来给我们闹,说我们都是贫困户,这个钱就是给贫困户的,这是国家的钱,你给谁不是给啊……

——白马镇白马社区党支部书记访谈,2017年11月

2. 避灾搬迁

避灾搬迁的对象主要是指生活在工程措施难以有效消除灾害隐患的地质灾害隐患点、山洪灾害频发和采煤塌陷区,且户籍在当地的农村人口。避灾搬迁按照户申请—组评议—村级初审、公示—镇(办)复审、公示—县审定、公告的程序,广泛接受监督,公开透明、公平公正,精准识别避灾、生态等同步搬迁对象,逐户签订搬迁协议。对象识别后,由县移民办统一汇总并会同相关部门审核后报市移民(脱贫)搬迁办公室核定。"十三五"期间,西乡县避灾搬迁4 923户15 242人,占全部搬迁人口的37.6%。其中,河坝镇

365户1 162人,河川镇218户697人,白马镇259户829人。

3. 生态搬迁

生态搬迁指生活在省级以上自然保护区的核心区和缓冲区、生态环境脆弱区、风景名胜区、文物保护区、重要水源保护区等,对生态环境影响较大,且户籍在当地的农村人口,包括自然保护区和生态脆弱区两类。"十三五"期间,西乡县生态搬迁1 905户6 084人,占全部搬迁人口的15%。其中,河坝镇105户336人,河川镇213户681人,白马镇206户659人。

4. 其他搬迁

指国家及省级公路、铁路、水利等重点工程建设涉及的搬迁群众,以及城镇化和镇村综合改革等涉及的需搬迁农村人口。

陕南地区同步推进四类搬迁,最大的优势是便于统筹规划建设、资金、管理,促进人口聚集和资源集中,实现各类搬迁的协同推进、相互带动、和谐"共振"。但统筹不是搞均衡和平均发力,必须突出重点。在搬迁时序上,扶贫搬迁是首当其冲优先搬迁的对象,其次是地质灾害威胁群众,直接关系到人民生命财产安全。在政策衔接上,根据不同的类型采取不同的移民搬迁政策,尤其体现在资金补助、建房面积、责任主体等方面。在统筹安排上,既要防止因搬迁出现空心化引起非贫困户致贫等问题,又要做好贫困户的插花安置,避免贫困户过度集中,形成"贫民窟"。

(二) 安置方式的规定

1. 集中安置与分散安置相结合

综合考虑基础承载、人口结构、产业布局等因素,鼓励移民以集中安置为主、分散安置为辅,集中安置率不低于85%。根据《陕西省移民(脱贫)搬迁工作实施细则》和《关于规范移民搬迁集中安置社区建设有关问题的通知》,集中安置主要包括进城入镇安置、依托中心村庄插花安置和已建集中安置点续建安置、新建农村新型社区、跨区域集中安置四种方式,坚持靠近城镇、中心村、农村新型社区和产业园区(旅游景区)的原则布局集中安置点,通过集中安置,实现集中资源投入,为群众提供均等化公共服务。对于不具有集中安置条件的移民户,可采取插花安置、梯次搬迁、投亲靠友等方式进行分散安置,避开地质灾害和洪涝灾害威胁区,在有一定聚集规模和基础及公共服务设施条件好、交通条件好、住户相对集中、有增收致富条件的地方进行分散安置,坚持3~5户联建或连片居住,但选址必须安全,水、电、路等基础设施配套完善。分散安置总数不得高于年度总任务的15%。分散安置也要相对小集中,而不是在不具备条件的地方单庄独户原址重建。对建档立卡的特困户,通过"交钥匙"工程实施住房兜底保障。

2. 有土安置与无土安置相结合

有土安置主要指以耕地为生产资料的安置方式。对于土地资源较多、有条件进行土地调整和开发的村组,宜采取以土地为主的安置方式。无土安置指移民利用所得补偿资金自发选择从事非农业生产活动的安置方式,如从事第二、第三产业,投亲靠友,自谋出路或创业等。

3. 就近安置与跨区域安置相结合

陕南移民大部分是在本村、本镇或本县范围内安置,尽管安置规划也鼓励"跨区域迁移",但大部分移民还是选择就近搬迁安置。

(三)资金补助标准规定

资金补助主要涉及该移民工程的资金筹集方式、建房补助标准和基础设施配套资金三方面。

在资金筹集方面,陕西省采取了中央统筹、地方配套与群众自筹相结合,同时通过项目支持、对口支援等多种方式向移民安置点倾斜。作为国家推动的大型移民搬迁工程,政府的资金供给起了主导作用。2016—2020年,西乡县规划移民安置点114个,总投资约为26亿元。其中建房投资共18.3148亿元,包括易地扶贫搬迁安置房建设投资7.0486亿元,避灾、生态和其他类搬迁安置房建设投资11.2662亿元。配套基础设施投资5.2亿元,移民搬迁产业扶持投资0.959亿元。

在建房补助方面,对于建档立卡贫困搬迁户建房实行按人补助、资金兑现到户政策执行。集中安置的,建房补助人均2.5万元;分散安置的,建房补助人均1.5万元。旧房宅基地腾退复垦奖励性补助人均1万元。对避灾和生态移民搬迁对象,2016年度执行按户补助:集中安置的每户建房补助4.5万元,上楼安置的(四层及以上)每户再增加0.5万元补助资金;对分散安置的,每户建房补助资金3万元。从2017年起执行按人补助:集中安置每人补助1.3万元,上楼安置(四层以上)每户增加0.5万元建房补助资金;分散安置每人补助0.8万元。对于重点工程搬迁的,由工程建设单位与拆迁户签订协议,由工程建设单位补助。城镇搬迁由县财政负担。对于筹集标准,易地扶贫搬迁人均出资不超过2500元、户最高出资不得超过10000元,切实减轻搬迁群众负担,杜绝因搬迁致贫。避灾生态搬迁按照建设成本,减去财政补助,剩余资金全部由搬迁户承担。虽然移民社区中住着的都是移民,但搬迁对象不同,补助标准不同,也就是扶贫类搬迁比其他类型的搬迁补助标准相对高一些。一个家庭属多种类型的搬迁户,就高不就低,只能享受一项补助政策。

在基础设施和配套方面,建档立卡扶贫搬迁户基础设施配套(含"大配套")资金按每人2万元标准筹措,全县统筹安排使用。对于避灾、生态和采煤塌陷区搬迁的移民户,基础设施建设资金按每户2万元标准给予"小配套"建设补助,全县统筹使用。

(四)土地建设用地和建房面积标准

在建房用地上,政策规定,一是尽可能利用闲置低效的国有或集体建设用地,严禁削山填河、破坏生态环境,确有不足的,再按新增建设用地办理,避开地质、洪涝灾害威胁区,避开生态保护区以及永久基本农田;二是节约土地,不搞宽马路、大广场和大花园等。在安置点的选择上,对于不完全依靠土地生存的农户,鼓励跨村、跨镇选择搬迁点,对于部分仍需要依靠土地生存、务工经商能力较弱的农户选择在本村本镇就近搬迁,达到"能进城的进城、能进镇的进镇、能进中心村的进中心村"。

在集中安置社区建设规模上,将移民安置点分为大、中、小三类:100户以下为小型移民安置点,101—500户为中型移民安置点,501户以上为大型移民安置点。在建房面积上,结合土地增减挂钩政策,坚持扶贫搬迁集中安置户用地不超0.2亩/户、分散安置不超0.25亩/户的政策红线,建档立卡扶贫搬迁户住房面积严格执行中央规定,人均住房面积不超过25平方米,对于家庭人口在3人以上的,按人均25平方米的标准确定,最大不超过100平方米。

第四节 搬出大山:动员式搬迁与移民迁移策略

空间实践是日常生活中人们感知和使用空间的经历,指人们依据一定空间生产方式对具体场所的生产和再生产,是移民进行使用、生产和改造的场域,是社会行动者感知和行动的空间。空间实践与移民的日常生活联系紧密。

一、基层政府的行动策略:动员式搬迁

地方政府承担着国家代理人和农民代理人的双重角色,既要代表着国家层面的利益,还要肩负本地经济和社会发展的重任,是地方老百姓的父母官,也有着自身的利益诉求。德国社会学家韦伯认为官僚制组织具有"理性主义"逻辑,严格按照设定好的程序和非人格化规则运作,从而使组织的行为模式具有稳定性和可预测性。[1] 而乡镇作为官僚制体系的末端,体现着现代官僚组织色彩。但在实际中,乡镇组织的权力运作充满着变通性。基层政府在贯彻执行国家意志的过程中运用大量非正式因素的方式和策

---

[1] [德]马克斯·韦伯:《经济与社会》,林荣远译,北京:商务印书馆,1997年,第248页。

略,欧阳静将这种运作逻辑称为策略主义。乡镇基层政权面对的不是一个抽象的国家与社会,而是迁入在国家自上而下的压力型政治体制和自下而上的非正式规则的乡土社会中。为了贯彻国家政策意志,基层政府以各种随意的、具体的策略来实现眼前的短期目标。①

易地搬迁作为一种大规模的有计划的人口迁移,是政府权力的一种空间规划,具有显著的动员特征。然而,在同样政策背景下,同样采用社会动员推动移民搬迁,各地搬迁情况却不尽相同。有的地方移民搬迁是民心工程,使农民体会到了获得感和满足感;而有些地方却成了闹心工程,农民迁而不居或上访不断,这和各级政府的行动策略密切相关。基层政府是移民搬迁的主导者,承担着利益协调等责任。在动员移民搬迁的过程中,政府主要通过行政命令、宣传引导、经济激励、政策供给等方式进行。行政命令主要是上级政权对下级具体执行部门提出要求并监督执行,通过指导、监察、考核等方式推动政策目标的落实。宣传引导通过试点示范、政策宣讲等方式,对政策目标进行推广,营造政策实施的有利环境。经济激励以经济手段鼓励动员移民参与政策。政策供给针对政策目标,通过提供各种相关优惠政策为目标实现提供保障,消除政策藩篱。

(一) 行政命令

我国政治体制一直遵循着科层制的权力分配体制,科层制塑造了一种层层负责、逐级监督的权威秩序。目标管理责任制作为在各级政府中流行的动员机制,通过将上级政府所确定的行政目标逐级细化,分解成具体的、可操作的指标体系,再按照详细的指标体系对下级执行情况进行考核,对于能够高效完成任务的干部,上级以职务晋升作为奖励,以此调动基层政府官员的工作积极性。

---

① 欧阳静:《压力型体制与乡镇的策略主义逻辑》,《经济社会体制比较》2011年第3期,第116-122页。

"我们这里现在乡镇叫战区,比如河坝镇叫河坝战区,将脱贫攻坚作为坚决要打赢的仗,我们这里每个村干部都要手写'扶贫军令状',激发村干部扶贫工作的积极性和主动性,时刻提醒着我们扶贫工作的责任意识和担当。"这体现了压力型行政体制与目标管理责任制结合,折射了层层传递的扶贫工作压力。通过明确责任目标,在扶贫干部间形成"锦标赛"体制,刺激基层政府足额或超额完成目标任务,以获得晋升的政治资本。行政发包权使行政任务在向下发包的过程中容易出现层层加码、逐级加压的问题,也有学者称之为"压力型体制"。强大的行政压力,有助于政策快速向下传递,且得到高效执行。所以易地搬迁政策也通过自上而下的行政命令得以层层传递和实施,主要通过以下方式强化其目标性:

一是频繁的高密度的会议。调研中一个镇的党委书记开会时说道:"我算了下,这个月大大小小的会议已经参加了 42 个了,大都是和扶贫有关的,宣传引导,传达任务,定期汇报工作;有在县上开的会,有镇上、村上的会议,还有电视会议。"会议的高密度表明上级部门推进该项任务的决心,让基层干部认识到完成该项目的重要性和紧迫性。

二是频繁地检查。易地搬迁工程既是中央到地方部署的政治任务,又是地方治理的中心工作,因此各级县政府、镇政府及基层组织都立下"军令状",由上级一层层对搬迁涉及的各方面内容进行分项检查,将易地扶贫搬迁工作纳入重点检查督查对象,检查结果作为年终考核的重要依据。对落实不力的基层政府追责,对工作进度滞后的实行约谈提醒、预警通知,对推进不力、未按期完成搬迁任务的启动问责程序。"这个检查工作太多了,我们感觉 2/3 的时间都在应付检查。今天国务院扶贫办的派人下来抽查了,做第三方监测评估呢,明天省里、市里扶贫办的来考察了,县里过来的更多。应付不完的检查,平均一周就会有一次检查,各种表格要填写,连扶贫的各种档案整理都要检查评比。"

三是定期汇报和考评。"我们要定期写工作汇报、工作总结,定期向上级汇报移民搬迁情况和安置情况,每周汇报一周工作开展情况,每月开会讨论工作情况,根据入住率来考核移民搬迁工作是否做到位,连扶贫移民的档案都要参加评比,我们哪里有精力去应付这些形式化的东西。"

通过开会、检查及考核评比,易地搬迁政策超越了科层系统的传统,各级政府按搬迁政策和安置规划开展集中、高强度的动员程序,调动基层干部的工作积极性和移民搬迁的主动性。

(二) 宣传引导

虽然基层政府对移民搬迁政策认识不一,但他们还必须执行这项既定政策。除了遵循压力型体制和科层制的"命令—服从"关系外,还在于移民搬迁给地方政府带来了一定的预期性利益,如移民建房补助金以及这项政策带来的提高城镇化率和促进农村现代化等收益。通过调查走访发现,山区农户了解移民搬迁政策的最主要渠道是通过乡村干部以及驻村工作队宣讲,或开村民大会,或入户或田间地头进行跟踪宣讲,其次是通过宣传单(明白卡),再次是电视广播,此外也有亲朋好友之间的交流以及互联网渠道获取信息的。宣传的内容主要包括移民搬迁政策、移民搬迁的特色做法和亮点举措。具体宣传方式主要有:(1)各类帮扶干部运用群众语言,进村入户宣传解读政策和各项指标,调动广大群众参与热情;(2)动脑用心钻研搬迁政策,因村因户因人做好政策解读,对群众中优先搬迁从而改善生活的先进典型加大宣传;(3)采用定期会议日、庭院说事会、建立微信群、记录民情日记等形式,与移民户多见面,广泛宣传政策,充分调动群众参与的积极性和主动性;(4)采用群众喜闻乐见的形式,充分发挥好大喇叭的宣传作用,也可以请典型移民搬迁户现身说法,还可以组织村上的秧歌队、锣鼓队、快板书、自乐班等,讲好身边搬迁故事,开展群众宣传发动工作;(5)在村委会等群众集中的地方,开设移民搬迁专栏,刷写搬迁标语,对移民搬迁对象进行公告公示;(6)采用"先住带后住、现身说法"等方法,做好典型示范,组织将要搬迁的移民,实地观摩安置房的住房质量、配套设施和外部环境,带他们参观已入住家庭的新生活,激励他们实际入住的意愿。

大部分农户还是愿意接受政策进行搬迁的,但也有一部分是难以搬迁的,不少农户虽然表面臣服于既定规则,但也流露出一些有意无意的不满情绪和反抗意识,主要在于对搬迁后生活的担忧和无奈,他们对住楼房这种新的居住形式的陌生和不适应使他们望而却步。有的老人虽然从山上搬下来了,离开了以前的住房,但并没有搬进新房子,而是在山下又找了一间破土坯房住着,经营着门口的一点菜地,养一些鸡鸭。移民干部多次动员其搬进楼房,但是独居老汉依然不肯搬迁,问其原因,是想把新房子给小儿子做婚房。

> 我这么大岁数了,住楼房不适应,我没法生活,吃饭都吃不上,这些个农具也没地方放。我还有个幺儿(方言:最小的儿子)在外地打工,还没娶媳妇,我想把那房子给老幺娶媳妇用,我住这土坯房挺好的……
> ——河坝镇高池村移民访谈,2017年12月

(三) 经济激励

为了鼓励易地搬迁移民能够积极主动按时搬迁,各乡镇也给予了各种奖励政策,利用院落会、"主题党日+"等活动向移民宣传政策,动员群众积极搬迁入住。各乡镇对按时入住的群众进行资金发放。"政策太好了,按时搬迁,还有1 000元奖金。"镇政府在讲解奖励政策的同时,也鼓励了未入住的移民户尽快入住、领取奖金,另外,也对易地搬迁拆旧复垦给予了资金奖励,鼓励其尽早拆除旧房、搬入新居。还有的对特困群众实现"拎包入住",对一般群众满足室内"地平、墙白、灯明、水通"的基本需求。

> 大部分移民还是愿意搬迁的,毕竟国家补助很多钱。但也有一些移民是不乐意搬迁的,大部分都是老年人,在

老房子住习惯了,宽敞,到安置点受限制,嫌面积小。政策规定25平方米每人,统一住进来。生产生活方面,一些人不能接受,想养个鸡了,没地方;想养个猪了,没地方;想种个小菜,没地方;这个也是现实问题。"十二五"期间,移民搬迁的住房是自筹自建,一家两层,这个老百姓还容易接受;2013年开始统规统建,提倡上楼,集中安置,节约土地节约资源,最高不超过6层,贫困户搬迁一户不超过1万块钱就可以入住了。但让移民搬迁没那么容易,做工作都要好几个月,群众思想难统一。根据绝大多数人意见确定安置点,有人不满意就不搬,不搬的话他住房安全问题解决不了,脱贫任务就完不成。对待这些移民留守户,只能反复做工作,讲道理,要不就是再给一些优惠政策,给予一些生活用品,电视啊,床啊,这个钱镇上出,解决他们的安全住房。为了完成脱贫任务,镇上也想了很多办法……

——西乡县移民办统计规划股股长访谈,2017年11月

2011年开始陕南移民搬迁,当时我刚到镇上工作。摸底调查,各地都觉得这个是非常好的机会,国家政策这么好,年年给我们下达行政计划,搬迁多少户,有避灾搬迁、生态搬迁、工程搬迁,一户补助3万。一直到2016年下半年精准扶贫实施后,全国实行了易地扶贫搬迁,就把陕南移民搬迁叫法改了,成了易地扶贫搬迁。又分了分类,对贫困户就是这个建档立卡的是易地扶贫搬迁,也有避灾搬迁,政策不一样,但都实行集中安置和分散安置,30户就可以集中安置,但安置点离老百姓住的地方远的,不愿意去,老百姓离不了地。但凡是贫困户没房子的或房子不安全的必须搬,不贫困的自愿搬,但对于很多老百姓来说,不让他花钱,他也不愿意搬,老房子拆不了,你

给他讲政策,讲半天,一会儿就忘了,接受能力差,你说再多,他理解不了,也记不住。政府给他们买床买家具,窗帘都装好了,铺盖枕头都买好了,只需要拎包入住,还找车给他们搬家,就这还要请着去住,在山上住习惯了,保证安全的情况下强行搬,太苦恼了……

——白马镇镇长访谈,2017年11月

笔者在调查走访中,发现大部分移民还是愿意搬迁的,无论是何种类型的村庄和搬迁户,他们从移民搬迁中还是获得了很多实实在在的利益。作为天生的务实主义者,农户在是否搬迁的问题上也做了一番算计,很多移民也都是基于经济上的理性思考做出搬迁决定的。有移民认为:"反正我家早晚要盖新房子的,借着这国家政策还有住房补助金,享受几万元的补助总比没有好,而且补助这么多钱,一年打工都不一定能挣这么多。"也有移民认为:"我家儿子30多岁了,还没娶媳妇,就是因为住得太偏远了,住的土坯房。没房子,没有女子愿意嫁过来,现在正好借政策换新房子了,儿子娶媳妇也有望了。"也有村民认为:"山上太不安全了,特别是下暴雨,都不敢睡觉,生怕发洪水或者地质灾害,随时会有泥石流和滑坡,而且在山上收成也不好,土地产量低,还有野猪侵袭,偷吃粮食,搬下来感觉踏实多了。"还有移民认为:"我现在最大的愿望就是搬离这深山沟,每次下雨,我就没法出门,门口都是泥泞的山路,雨大路滑的,而且房子还经常漏雨。现在这么好的政策让我搬到有路的地方,平坦开阔的地方,这么好的事做梦都没想到呢。"农户搬迁的动力是从自身需求和利益出发。笔者调研中也确实了解到当地野猪繁殖能力很强,主要源于迁出地人口活动稀少,生态环境好,随着很多坡地退耕还林,出现了"人退林进"和"人退兽进"的现象。虽然生态环境得到改善,但也给尚未搬迁的移民户带来一定安全压力,在各种压力之下,移民选择了搬迁。不管这种抉择是被动的还是主动的,但在客观上也促进了移民搬迁政策的落实和搬迁效果的体现,政府的宣传动员和移民的理性选择强化了移民搬迁的行动。

(四) 政策供给

国家为了促使移民"搬得出、稳得住、能致富",出台了一系列配套措施,主要体现在对于移民搬迁安置的补助政策和搬迁后的优惠政策,如产业扶持政策、就业培训政策、劳动力转移政策、创业小额贷款政策等惠民政策,来保障移民搬迁后的生活,以政策来诱使移民主动搬迁。另外该地区为了让移民早日搬迁,将旧宅基地腾退复垦项目优先纳入城乡建设用地增减挂钩交易,可提前补贴拆旧腾退补助费用,让移民用于安置房的装修和家具购置以及后续发展。还以安置点为核心,充分结合市场需求,打造社区工厂式、劳务派遣式、依托园区式、公益岗位式、依托景区式、三产服务式等多种移民稳定脱贫模式,力促有能力的移民每户至少参与一项脱贫产业、有一人稳定就业、有一人掌握至少一到两门脱贫发展技能,努力搭建移民的产业体系、就业平台,积极确保就业、医疗、教育等脱贫攻坚措施精准到人,以此促进移民积极搬迁。

二、空间资源的分配:抓阄分房

在移民搬迁的过程中,待安置点小区建好以后,分配安置房时,几乎所有移民安置点都不约而同地采用了抓阄法,在抓阄具体方法上大同小异。抓阄之所以在移民群体资源分配中得到广泛应用,是因为抓阄与人们的社会记忆、可行能力、公共参与方式、社会公正观、地方性知识以及资源分配难题六方面紧密联系,是乡土社会中人们一种共有的习惯,而并非一般意义上的习俗或习惯法。[①]笔者在河川镇走访时亲自参与了移民安置房屋分配钥匙领取大会,为保证分房过程公开公平公正,让贫困户满意,除个别老年贫

---

① 程军、陈绍军:《由共有的习惯:"抓阄"引发的社会学想象——基于T县丹江口水库移民土地分配实证研究》,《中国研究》2014年第2期,第84-104页。

困户或残疾移民户等被村两委提前安排在一楼等出行便利的地方外,其他所有移民户都很有默契地选择了中国传统中认为最公平公正的方式——抓阄。[①]

> 这个安置房的分配在开会时都要说清楚的,都有编号,抓阄,你抓多少号就是多少号,先把老弱病残的安排到一楼,剩余的抓阄。房子是根据人数修的,有多少人修多少房子,三个人、四个人以上的才修这个户型,但是家里常住的人没这么多,可能出去务工,不仅要看户口本,也要看常住人口,有的是在一个户口本,但长期不在一起生活。开会之前都要说清楚,你抓到多少号(如果)你不愿意,你可以和别人商量看是否愿意同你换,我们是定了户,修的房,这个就是你的房子,除非你没了,才能换其他人……
>
> ——河川镇移民办主任访谈,2017年11月

抓阄是乡土社会中的人们共有的习惯和地方性知识。以该镇安置房分配为例,主要表现在:(1)在分配前需要根据政策规定对家庭人口数和房屋面积大小进行识别和分配,比如2口人的家庭分配60平方米的房子,3口人的家庭分配80平方米的,4口及以上的分配100平方米的,对不同面积的房子要在阄上写清楚"几号楼几单元几号房间";(2)在抓阄的轮次上也要达成一定共识,比如先对家庭人口数少的搬迁户进行60平方米的小户型安置房分配,再依次对80平方米、100平方米安置房进行分配,分层次抓阄;(3)抓阄以后,领取相应房屋钥匙,村干部按照抓阄的结果在

[①] 郑娜娜、许佳君:《易地搬迁移民社区的空间再造与社会融入——基于陕西省西乡县的田野考察》,《南京农业大学学报》(社会科学版)2019年第1期,第58-68页。

每家每户门上贴上户主照片,以防农户跑错家门。[1] 当然,这个安置社区主要是针对本村的移民,如果针对多个行政村搬入同一个社区中的移民房屋分配,该地区采用"大杂居小聚居"的模式,同一个村落中的移民在搬迁时无特殊要求的情况下应被安排在同一个生活区域。比如石桥社区居住的有高池村、中雨村以及河坝村多个行政村需要搬迁的移民,那就要让同一个行政村的移民集中居住在同一栋楼或者相近的楼,这样移民既能延续传统熟人社会的交往方式,也便于基层政府进行社区治理。这样的空间分配策略具有一定的合理性,一方面移民从村落分散居住形式过渡到集中上楼居住的方式是一种社会性脱域,移民社会交往范围从彼此熟人社会的地域性关系中脱离出来,进入一个由多个小熟人社会聚居而成的半熟人社会,面临一系列的不适应,可能会引起空间转型风险,局部熟人社会小聚居能最大程度保持移民传统的互动规则和社交方式,使移民能更好适应新环境;另一方面,"大杂居小聚居"的模式作为一种空间营造和资源分配的手段,能避免社会性脱域导致的基层治理危机[2],充分发挥传统权威和乡贤在基层治理中的基础作用,并辅以网格化管理模式,实现社区整合和秩序重构。该地区不强迫迁移户籍,所以移民还保持了原来的村籍,可以归原来村管理也可以归新社区所在的社区居委会管理,有属地管理也有户籍管理。

简坪村移民搬迁交钥匙工程房屋分配实施方案

为了便于管理,便于交流和相互照应,达到和谐的目的,把群众关心的好事办好,经三委会与广大住户充分协商,探讨订立以下分房实施方案:

---

[1] 郑娜娜、许佳君:《易地搬迁移民社区的空间再造与社会融入——基于陕西省西乡县的田野考察》,《南京农业大学学报》(社会科学版)2019年第1期,第58-68页。
[2] 田鹏:《转型抑或终结——新型城镇化社区实践逻辑》,博士学位论文,河海大学,2016年。

一、16户1人的住户,分住16套一室一厅的套房;其余均为两室一厅一厨一卫的房屋。

二、按一至九组不打乱的要求,以一至九组(从下到上)按单元分配户数后,实行抓阄的办法进行分配,抓多少号是多少号,一抓定终身。

三、此住房是交钥匙工程房屋,需要自行打灶、添置必要的生活设施,但必须遵守房屋管理规定,不得私自改墙和移动厨房、厕所位置,不得堵塞下水道。遵守村上的规章制度,不得改变房屋的原貌。

简坪村村委会
2017年7月6日

移民集中上楼在一定程度上改善了其居住条件和生活环境,但也造成了居住时空的变迁,体现了空间实践的一些特点,即空间是权力分配的产物。易地搬迁是国家配置型资源分配的过程,受"权力—文化"和利益结构网络的影响。陕南移民搬迁首先要解决的是危困贫困户的移民搬迁问题,但在实践中也存在"关系户"优先搬迁的情况。在农村一些社区,政策执行不仅依靠正式的科层制行政体系,也融入了当地很多地方性知识或村规民约等非正式规则因素。它往往要经过一个"中央政府—地方政府—镇村社区—当地群众"之间讨价还价的博弈过程,才可以达成一种类似于经济领域中的"交易"活动。[①] 比如在安置房资源配置中,一些精英人物享有优先挑选安置房的权利,他们所选的移民安置房位置好、结构合理,而一些普通搬迁户则因参与缺失、能力有限,只能在精英们之后选择。尽管采取抓阄的方式进行房屋分配,但房屋分配的规则也是由乡村精英人物制定和具体实施,乡村精英具有明

[①] 何得桂:《山区避灾移民搬迁政策执行研究——陕南的表述》,北京:人民出版社,2016年,第152页。

显的主导权。① 通过调研中移民户的反映来看,这其中难免有暗箱操作的成分。移民作为空间的使用者和居住者,但其话语权微弱,乡村精英往往操控了很多配置性资源,移民群体出现相对剥夺感而进行上访,造成不稳定现象。

三、移民搬迁的行动策略:选择性迁移

移民在分配到安置房以后是否按规定时间搬迁?作为理性人的农民在面对移民搬迁活动时,他们以家庭为单位进行策略的选择,或主动或被动参与其中,在此过程中彰显了农民的理性与智慧。无论是波普金所强调的"理性小农",还是斯科特所指出的"道义经济",都在强调农民有根据自身需要选择行为方式的能力。调查中,笔者了解到移民安置房入住率并不高,存在多种现象,具体有如下几种情况。

(一) 搬少不搬老

在陕南移民搬迁社区的调研中,笔者发现住进安置房的新主人大都是年轻人,老年人大多还住在老房子,安置房成了"青年房""结婚新房"②"春节房"③等。大多数老人并没有从山上搬下来,依然住在旧房子里。除了一些家庭需要老人帮忙看孩子或者年轻人外出打工需要老人看护家庭财产的,大部分老人依然住在原村庄中"比较偏僻、自然灾害可能性大"的老房子中。也有学者称陕南移民搬迁安置房成了"青年房"。当然,这与老人自身的因素以及家庭代际关系是否融洽有一定关系。不少老人认为住进楼房后不能适应,特别是离原来居住地远的地方,种地养殖都很难继续,而

---

① 郑娜娜、许佳君:《易地搬迁移民社区的空间再造与社会融入——基于陕西省西乡县的田野考察》,《南京农业大学学报(社会科学版)》2019年第1期,第58-68页。
② 很多老人分配了新房子不肯居住,主要考虑儿子没结婚,留着作为儿子的婚房。
③ 很多年轻夫妻搬进新房后同时外出务工,一般只有过年时回新房子住几天,使新居成为"春节房"。这种情况在陕南移民户中占85%以上。

且家里的农具、农产品甚至备好的棺木都无处存放；他们也不适应住在封闭的小区，还是觉得山上的庭院房子比较宽敞，房前屋后可以种菜种地。也有一些老人是不愿意与子女同住一个屋檐下，代际矛盾多，分开住更有利于代际关系的和谐相处。虽然年轻人大都搬进了安置房，但笔者走访的过程中发现这些安置房大都是空房，新房的主人都外出打工了，很多年轻夫妻同时外出，一般只有过年才回来住几天，当地村民戏称为"春节房"。还有一个更普遍的现象，很多老人之所以选择搬进安置房的原因是因为安置房硬件条件好，交通便利，基础设施较好，方便给子女娶媳妇或者招女婿，因此也有人称安置房为"婚房"，很多房子空很多年没人居住，就是为了给儿子娶媳妇当新房。当然，对于这种拒不搬迁的老人，政府也不能强制搬迁，只能做工作，实在做不通工作的只能实行危房改造。危房改造分为危房加固和危房重建，危房加固

图 2-5 动员老汉搬入新房

就是在原来基础上换个房顶或者刷个墙;还有一部分确实住着不安全的,只能拆了重盖。农民是否愿意"上楼",关键取决于新的居住空间是否拥有产业支撑、能否带来稳定的经济预期和维持移民基本生计的社会网络,很多移民在搬迁后失去了既有生计资源和生计环境,致使"上楼"后就失地和失业。又加上生活方式的改变带来的水电气网等生活开销的增加,使得缺乏应对策略的移民面临一个充满不确定性的风险世界,导致许多移民对"上楼"望而却步。

(二)搬房不搬地

土地对中国农民的重要性是不言而喻的。"认真考虑传统中国社会的方方面面,我们能够感到在血缘和地缘背后还有某种更为基本的东西,这就是由农耕或'种地'的要求产生的择地而居或曰乡土关系……他们不愿轻易改变自己的生活和居住地,因为那里不仅有他们的亲戚、邻里和朋友,有他们熟悉的山和水,更重要的是有他们生存的依托——土地。"[①]对农民而言,失去土地绝不仅仅意味着没有住处,更为重要的是失去了以土地创造财富的机会和环境。虽然陕南地区山大沟深,耕地面积有限,而且最近几年政府大力推进现代农业园区建设,不少地方纷纷尝试烤烟、茶叶、香橼、吊瓜、药材等经济作物种植,尽管一些地方有土地抛荒或流转现象,但这些土地所有权大多数没有改变。移民安置点一般没有多余的土地分配给移民,迁入地的土地资源本身就很有限,更不可能分给外来移民,所以移民搬迁户难免就出现了依然耕种原来土地维持生计,而居住在安置点,经常两头来回跑,老房子放置农具和农产品。

(三)搬家不搬产

移民搬迁意味着移民生活空间的变革,移民搬迁安置点与老

---

① 周晓虹:《流动与城市体验对中国农民现代性的影响——北京"浙江村"与温州一个农村社区的考察》,《社会学研究》1998年第5期,第60-73页。

房子之间的空间距离大都在3公里以上,但农民搬进新房子的大都是生活必需的用品,而他们的老房子则成了放置生产农具、农产品等家产的空间。绝大多数农民搬迁到新房子以后还是要依靠原来的耕地和林地作为他们生活及财富的来源,在原居住地有他们祖祖辈辈经营的耕地以及种植和养殖需要的大部分自然条件,这些成为移民"家产"的一部分。笔者调研中发现,很多移民虽然生活在安置小区,但其生产生活与迁出地的村庄还有千丝万缕的联系,有一部分农户经常从原来村庄获得蔬菜、水果、鸡鸭等各种生活物资以及相应的经济支持,以此保障在迁入地的生活质量,[①]特别是对于老人而言具有很大吸引力。虽然随着城镇化的发展和人口流动性的加强,很多陕南农村出现了"农村空心化、农户兼业化、人口老龄化"的现象,但上述"家产"依然是农村"369"人群(留守老人、儿童与妇女)的主要生活来源。虽然移民搬迁到新居,但放置这些"家产"以及平时干农活的工具只能在老房子,这就出现了"新房子用来放生活用品、老房子用来放生产农具"的现象。

移民的这种钟摆式迁移之所以存在,最主要的原因在于旧房的存在以及宅基地尚未腾退。虽然政策规定,搬迁新房以后必须当年拆除旧房完成宅基地腾退复垦,但考虑到移民的生计转型需要一个过渡阶段,允许他们在搬迁后三年内腾退宅基地。但顶层设计者只是出台了一个理想化的规划政策,未考虑到政策在基层执行实践中缺乏具体的可操作性。作为理性人的农户对宅基地腾退政策无动于衷,大都作为生产用房继续保留着。但宅基地不按期腾退直接影响着移民社区的入住率,影响移民搬迁工作的考核绩效。

---

① 何得桂:《山区避灾移民搬迁政策执行研究——陕南的表述》,北京:人民出版社,2016年,第138页。

第五节 移民社区空间解读

一、社区空间概念

"社区"概念最早由德国社会学家滕尼斯在《共同体与社会》中提出。他认为,人的意志区分为本质意志(自然意志)和选择意志(理性意志),由自然意志占支配地位的联合体被称为社区,是指由具有共同价值观念的同质人口所组成的关系亲密、守望相助、存在富有人情味的社会关系的社会群体。人们加入这种群体,并不是根据自己意愿的选择,而是因为他们生长在这个群体内,是"一种原始的或者天然状态的人的意志的完善的统一体"。与共同体相对的概念是社会,是与劳动分工和法理性的契约相联系,是由异质人口组成的具有不同价值观、重理智轻人情的社会群体,具有"人为建构"痕迹。城市化瓦解了传统乡村社会秩序,使社区向社会转化。[①] 之后费孝通"重返空间社会学"给我们的启发是重新重视帕克提出的社区的两个维度:物理维度和社会维度。[②] 人们普遍认为"一定的地域""共同的纽带""社会交往"以及"认同意识"是一个社区最基本的要素和特征。一定的地域指社区形态都存在于一定的地理空间中,然而"区"并不是纯粹的自然地理区域,从社会学角度看,它是一个人文区位,是社会空间与地理空间的结合;共同的纽带是社会中共同生活的人们由于某些共同利益,面临共同的问题,具有共同的需要而集合起来进行生产和其他活动;认同意识指这一过程中产生了某些共同行为规范、生活方式及社区意识,如传统文化、民俗、归属感等,它们构成社区人群的文化维系力;社会交往是社区的核心内容,指社区中人们的各种社会活动及其互动关

[①] [德]滕尼斯:《共同体与社会》,林荣远译,北京:商务印书馆,1999年,第58页。
[②] 刘能:《重返空间社会学:继承费孝通先生的学术遗产》,《学海》2014年第4期,第16–23页。

系,人们在经济的、政治的、文化的各项活动和日常生活中产生互动,形成了各种关系。因此,社区是进行一定的社会活动,具有某种互动关系和共同文化维系力的人类群体及其活动区域。[1]

二、移民社区空间维度

从宏观层面看,国家权力和资本对人们的社会生产生活的地理空间进行改造,实现了更大范围内的资源获取和社会地位的获得。从中观层面看,居住空间的改变在很大程度上决定了人们社会互动关系的建构,即社会空间的再造影响社会交往以及其他社会关联度。从微观层面看,空间环境的改变及社会空间关系与人们日常生活的紧密联系,也影响着人们的空间认知、感受及自我身份认同的建立。因此,本研究采用的是一种社会建构主义方法论视角看待社区空间再造的实践过程。社区空间既是满足居民日常生活和交往需要最基础的平台,也是各类社会组织和机构活动的场域,人们在改变其居住空间物理形态的过程中,也从经济生产活动、社会关系、组织制度、文化生活、基层治理、心理适应等各方面展开了社会空间的形塑。因此移民社区空间主要包含以下几个层次:物质或地理空间、经济空间、制度空间、社会空间、文化空间,详见表2-4。

表2-4 移民社区空间维度及具体内容

空间维度	包含内容
地理/物质空间	居住社区、基础设施、公共服务设施、自然资源、生态环境、生产用地、社区工厂等
经济空间	农业工业生产、服务业、生计活动、就业、培训、消费活动等

---

[1] 郑杭生:《社会学概论新修》(第三版),北京:中国人民大学出版社,2004年,第227页。

(续表)

空间维度	包含内容
制度空间	公民身份、正式组织、非正式组织、临时组织等
社会空间	日常生活、社会交往、社区认同等
文化空间	精神生活、心理、宗教、教育等

第三章

从散居到聚居:物理空间的置换

从社会学视角看,空间的社会本体论意义意味着任何实践活动都要以空间场所为依托,并且以不同的方式参与空间的构建。[1]空间是一种社会产品,正如列斐伏尔所强调的,空间富含社会性,体现了生产关系与社会关系的脉络,是一个社会关系重组和社会秩序建构的过程。因此,空间布局、房屋样式的变化对移民的生产生活实践必然产生重要影响。本章主要讨论易地搬迁政策给移民带来的物理层面居住空间的变革,从传统村落到移民社区的空间置换是新型社区空间秩序重塑的基础条件和物质载体。本章主要论述移民社区物理空间的变迁过程和呈现样态,包括社区居住格局的变革、家庭空间变化以及公共空间转型三个方面。

第一节 居住格局变革:从水平分散到垂直集聚

一、转型中的传统村落

陕南地区"八山一水一分田"的地貌特征和小农经济自给自足的生产模式形成了偏僻山区空间典型的分散性,表现为以家庭为基本单位的分散居住格局。朱晓阳在其著作中提出:"从过去到现

---

[1] 郑震:《空间:一个社会学的概念》,《社会学研究》2010年第5期,第167-191页。

在,家宅都是农民的时节秩序观念和宇宙观的体现。"①传统村落格局是自然演变的结果,受地势地貌、环境气候和地方历史文化影响和制约,自然演化形成的村落大多依据地形地貌呈散点状分布。各地中心村落多建于交通要道,附近吊庄独户与零散村院,皆以中心村落为政治、经济、生活的联络枢纽,而小农经济的思想观念,要求生活住地离不开生产土地,因此,布局无章,形成各自封闭式的建设格局。农户住房楼上住人楼下养家畜的两用棚楼,随处可见。陕南地区多山和丘陵,大多数移民搬迁前居住在山区农村,根据地形地势的走向分散在各条沟道之中,户与户之间距离较远,整个村庄呈现出零散的形状。这种居住格局和方式也是农民在与自然环境长期互动中形成的,符合山区农民的生产生活方式,是传统乡村共同体的物质载体。在建房上,地理条件不同,农民收入悬殊,建房材质也多有差异,如河坝镇等水田多的地区用水胡基砌墙,瓦房多于草房;沙河镇、茶镇等地区取土筑墙,盖草为主;高川、五里坝农户喜欢土板墙、吊脚楼,上住人、下养牛;黎家庙地区的农户就地取材,石板盖房;大河镇等山区多是泥笆墙、茅草房,不少穷苦人还住千脚落地的窝棚或崖洞。②笔者调研的河川地区由于山高沟深,散居在山间的村落分布零散,房屋左右和后面基本上都是靠山而建,只有前面是高坎,"开门见山",可看到几十里外的群山。这种独特的建筑样式和聚落格局也是因势而建的,当地人居住在山坡上,其房屋方向基本上是背靠山上而面朝山下,屋后高而屋前低,在较为开阔平坦的地方,四面都建房子,只选择其中一面开一道门或者根本不需要院墙。这样的一个居住模式是生产生活场所相互结合的有机统一体,兼具农耕生产和生活休闲功能,农民的传统院落空间是村落的一个微型生产空间,在日常生活和农耕生产

---

① 朱晓阳:《小村故事:地志与家园(2003—2009)》,北京:北京大学出版社,2011年,第185页。
② 西乡县地方志编纂委员会:《西乡县志》,西安:陕西人民出版社,1991年,第478页。

中发挥着不可替代的作用。① 在更深层次意义上,村落表征了以其为基础的传统组织构造和文明形态。②

个案 3-1 传统村落的布局——生产生活一体化

陈德培是太平村的护林员,50 岁,小学文化程度,在村委会帮忙填写贫困户精准帮扶纪实簿和贫困手册。对他进行访谈才知道,他家里有 8 口人,一个 80 多岁的父亲,之前母亲瘫痪六年后于去年去世,两个哥哥都有残疾,一个智障,一个聋哑,妻子在家里种菜,大女儿高中毕业后外出打工,小女儿还在上学,因为妻子是独女,还有一个丈母娘需要照顾,属于典型的贫困户,又居住在深山区的土坯房,交通不便,是典型的易地搬迁移民户。由于家里人口众多,他只能参与分散安置统规自建房子,才刚打好地基,依然住在老房子。他带我们去参观他的土房子,弯弯曲曲的山路高高低低地环绕在山沟里,一路下坡又上坡地沿着树林里自己走出来的山路走了半个小时才走到他家里。由于是深秋,满地落叶,走路不停打滑,路两旁不少竹林。半山腰上看到他 80 多岁的老父亲还在砍柴。房子依山而建,后面是山,左边右边也都是山,前面是一道坎。可以看到山坳里智障哥哥在放牛。房前屋后种满了油菜、黄豆、小青菜、萝卜、辣椒等各种蔬菜,房前搭建了鸡圈、猪圈、羊圈,大箩筐里晒着萝卜干和板栗,门前散养着鸡鸭和羊,墙上挂满了一串串编织的玉米和辣椒,一看就是比较勤劳的一家。房子前后有六七间屋子,中间是堂屋,放满了粮食和土豆、白菜,左边是两间卧

---

① 田鹏:《转型抑或终结——新型城镇化社区实践逻辑》,博士学位论文,河海大学,2016 年。
② 文军、吴越菲:《流失"村民"的村落:传统村落的转型及其乡村性反思——基于 15 个典型村落的经验研究》,《社会学研究》2017 年第 2 期,第 22-45 页。

室,右边也是两间卧室,左边卧室门出去是厨房,墙上挂满了农具,厨房烧着火塘还有堆砌的烧柴灶。家里养了八头牛、三十多只羊、十几只鸡和十几只鸭,收入主要靠养殖和孩子外出务工以及他做护林员的300元工资。家里老的老,残的残,陈德培无法外出打工,只能在家里搞养殖。另外住在这深山里,野生的东西比较多,比如野生板栗,每年板栗落得满地都是,他们一家就去捡板栗,3天能捡1000多斤,用个三轮车拉到集市上去卖,2块钱一斤,能卖2000多块钱;家里还在房前种了几亩茶,但收茶的时候没有劳动力,很多茶叶收不了,浪费了,也就清明前后茶叶能卖个好价钱,又没人来村里收购,卖不出去。从该贫困户搬迁前的房屋格局可以看出,这样的房屋是生产和生活空间的统一体,庭院经济也是该户人家不可或缺的主要收入。

图 3-1　搬迁前居住的土坯房

移民搬迁后,这些因时因地形成的、各具特色的村落形态和建筑样式被标准化的统一规划社区所取代。政府综合考虑基础承载、人口结构、产业布局等因素,鼓励移民以集中安置为主、分散安置为辅,集中安置率不低于85%。移民搬迁以村民自愿就近安置、搬迁户承包责任地不改变、维持行政所属不变、农户户口不迁移为原则,重新布局和规划后的移民社区相对以前散居在深山老林的居住方式来讲变得密集且整齐了许多。从空间社会学角度看,移民社区是一场国家视角下的现代性空间生产的过程,从传统村落到社区的置换过程中出现了急剧的空间重组和景观再造,传统村落的自然边界逐渐模糊。

图3-2 移民安置小区

二、标准化的空间布局

陕西省根据家庭人口数量对易地搬迁社区主要规划和建设了60、80、100平方米面积的主导户型,最大不超过120平方米,建房面积坚持实用够用的原则,分散安置单户最大不超过 140 平方米。对于搬迁对象中的鳏寡孤独、残疾人等特困户(单人户和 2 人户),符合集中供养的,按人均 20 平方米标准纳入迁入地养老院等民政部门集中供养;对有劳动能力的特困户,实行"交钥匙"工程,提供免费住房,"交钥匙"安置房按照家庭人口、辈分确定面积户型,采用"一室一厅一厨一卫、45 平方米"和"两室一厅一厨一卫、55 平方米"两种户型,原则上不超过 60 平方米。从以上建房标准可以看出,移民面临着全新的空间布局,大规模建设的社区需要强调通用性和标准化,避免不规则性带来的浪费。

集中居住的社区营造策略,改变了传统村落散居的分布结构。从审美的角度看,"规则的街道,路旁的建筑物立面,以及规则有序的檐口线"等设计强化或塑造人们的某种审美体验。这些要求造就了一个共同的结果,即移民社区的标准化布局。社区的道路宽度和走向、住房的形状和朝向等都变得更加规整和标准化。小区内道路基本上为正南北或正东西走向,所有居民楼大都坐北朝南,并有绿化带相隔。社区内都规划了一条主要通道作为社区中轴线,房子沿着这条中轴线整齐排列。楼房一般不超过 6 层,大都在三四层的样子,每户的居住空间是有规划的,住房面积根据家庭人口而定。通过空间的集中规划,安置点为移民配套建设了交通、通信、电力、人畜饮水等基础设施。除社区的整体布局更加标准化外,移民居住模式也从不规则平面散居格局向标准化的立体集中格局转变。为了方便管理,一幢幢高楼被整齐的道路分割为若干区块,构成社区网格化管理中的一个个网格,每幢大楼又进一步分解为一个个独立的家庭空间,整幢楼由多个相对封闭的小单元格构成。社区的道路、住房的形状等使移民居住空间更加规整和标准化。

图 3-3　集中安置小区

很显然,上述安置规划是一种十分理想化的制度安排,是政府进行的空间规划,但在实际执行中并非一定能够达到规划要求,遭遇规划与现实的碰撞和矛盾也是不可避免的。

规划设计太不合理了。制订规划的(部门)不太了解基层现实情况,比如政策要求集中安置率在85%以上,但对于我们这儿的一些偏远山区,比如太平村,根本不具备集中建房的条件。我和江镇长前段时间开车把村里的角角落落都走遍了,走一里或者几里就停一下看看地况,实在找不到一块可以集中建房的平地,连建三五户都很难有合适的土地。大都是山地,好不容易找到一块平地又触碰了国家保护耕地的红线。但这些在这深山里住习惯的村民,你让他迁移到外镇或者县城去,他又不乐意。他们很多人一辈子都没出过深山,怕见人,怕与人交往,搬出去无法生活。前几天领导过来考察扶贫工作,说谁负责太平村的扶贫搬迁就自求多福吧,这里贫困率在60%以上,还都是老弱病残……

——河川镇移民办主任访谈,2017年11月

当然,社区建设时也考虑了社区治理和平稳过渡的现实,对集聚化居住的移民安置采取了"大杂居、小聚居"的方式,安置到同一个社区的移民可能来自不同村落,一般是同一个村落的移民安置到同一幢楼或就近安置,这样既延续了原有村落熟人的社会互动也便于新社区的移民管理。"社区安置房分房时,我们也考虑了同一个村的农户安置在同一座楼或相近的楼,这样大家之前还熟悉一点。这里不是城里的商品房,大家按照价格选定区域,农村的事比较复杂,说不清,这样安排一是方便管理,二是大家之间都不是完全陌生的,也便于他能和别人交流,更认同这个安置点。"从访谈中也可以看出来,"大杂居"保证了居住空间集聚的整体性实现,拉近了社区居民之间的物理空间距离;"小聚居"最大程度上保留了原有村落熟人社会之间的交往模式,也便于他们尽快适应新的生活环境,降低他们因上楼而面临的由于空间置换引起的不适应的风险,也能有助于社区治理,实现社区认同和社区整合。

三、逐步完善的基础设施

基础设施和公共服务是农户生产生活的基本条件。习近平总书记在多次讲话中强调,要把基础设施和公共服务建设放在重要位置,加快道路和交通设施建设,加快水利、能源、通信、市场等建设,加大医疗、教育、文化等公共服务的投入,更要解决他们在入村入户的"最后一公里"问题,从根本上改善生产生活条件。对于易地搬迁农户,在实现居住空间的转型过程中,也要加大对基础设施等配套服务的建设,这是保障他们基本生活以及实现就地城镇化的物质基础,不仅可以改善他们的生产生活条件和居住环境,还对

贫困劳动力就业、带动贫困地区相关产业发展、加快农村现代化和缩小城乡差距等具有显著效果。

在搬迁前,移民的基础设施条件普遍较差,特别是交通条件,无法满足移民需求。

> 那时候根本没有路啊,一下雨就是泥,根本没法出门啊,孙娃子上学要步行2个小时才能到学校,翻山越岭的,太不方便了。平时基本上不下山,下山2个小时,上山六七个小时,一天都走路了,没有路,不通车。
>
> 以前在山上住,没有电,基本上是日出而作,日落而息,天黑了就要睡觉了,整个村庄都是黑漆巴乌的,孩子下午放学没法写作业,天黑了要点个蜡烛写作业。也没有水,都是自己打的井水,更别想着通自来水了,洗菜做饭都不方便。
>
> 山上没有网络覆盖,村委会办公没法办,现在很多要求无纸化办公,都要输入电脑的,没网络没法进行,只能搬下山了,现在村委会在山下镇上租了个办公室。
>
> ——石桥社区安置点移民访谈,2017年11月

从多个移民户的访谈中得知,之前住在山上的时候,他们遇到了诸多因基础设施不完善而带来的生活上的不便,道路质量差,供电供水不足,严重影响生活质量。搬下山以后,移民普遍对基础设施感到满意。移民社区楼房明亮干净,小区地势平坦。走访中笔者也在很多移民小区看到楼房下面有阳光的地方经常坐着一排老人在晒太阳,从自家搬个小板凳,坐在一起聊聊天。当问及搬下来生活如何,有的老人笑着说:

> 搬下来好,以前住山上都没路,我们这个年纪了,摔一跤不得了,半天爬不起来。现在搬下来路好走了,也有

人聊天了。以前在山上住得远,不好串门,现在有人坐一起说说话,住的房子也好多了。以前房子随时都会塌,现在你就是用轿子抬我上去住,我也不去了……我在山上住了几十年了,听说要搬下来,我们都非常支持。山上都是泥巴房子泥巴路,一下雨就怕房子漏雨,还怕房子突然塌了,一下雨屋里都是水,更不能出门,都是泥路。现在各种设施都非常好,路也修了,路灯也有了,供电也稳定了,也有自来水了,垃圾都有人管了,对社区居住环境挺满足的,感谢政府。以前看病难,主要没路,下山不方便,有个啥病就自己扛。现在有家庭医生签约,村里也有医务室了,有病了给家庭医生打电话,2个小时内上门服务,方便多了。

——石桥社区安置点移民访谈,2017年11月

总体来说,移民搬迁后在居住环境、基础设施、地理区位等方面与搬迁之前有天壤之别。从享受公共服务看,搬迁前存在"上学难、就医难、购物难、饮水难、用电难、出行难"等一系列问题,"门前小路弯又长,上街赶场鞋两双,一双用于泥巴路,一双用于逛街上",这是当地村民对搬迁前出行状况的描述。搬迁后,上面的问题迎刃而解,无论是规划整齐、卫生良好的社区环境,还是采光通风良好、取暖更加方便、空间功能分割清晰的住宅环境,都给移民带来更好的居家环境,无论是交通出行还是就医上学都得到很大改善。但也出现很多新问题,比如卫生问题,村庄公共卫生系统建设不完善,露天的垃圾堆和简便厕所缺乏规划仍是常态,还有生活适应问题、人际交往问题,特别是生计可持续发展问题。

现在对移民社区,上面都要求提高基础设施建设和公共配套服务建设、村委会建设、卫生室建设、活动场所建设。集中居住以后,这些设施都要同时投入使用。我

们还在社区建敬老院,对五保户集中供养,五保户你给他修房子,人均一万五,他也修不起;你给他搬入集中安置房,人均25平方米,他一个人占一套房子也浪费,而且他老了也没人照顾,只能集中供养,集中安置成本低,配套服务设施成本低。修的一些活动室,方便移民户聚在一起活动一下,但现在基本上成棋牌室了。

——河川镇扶贫办主任访谈,2017年11月

易地搬迁全面改变了贫困户所拥有的地理空间资本及构成,较好处理了自然生态因素给贫困户发展带来的制约,但忽略了移民易地搬迁过程中社会因素对贫困人口形成的束缚和阻碍。在空间被重新规划和建设的过程中,移民是基本上被排除在决策程序之外的。即使在实施过程中,国家规划部门也考虑了自然环境、交通条件和基础设施建设等条件,以便进行适当设计和规划,但实施的过程和结果仍然是一种国家角度"撰写空间故事的方法"[1]。由此可见,国家的行动逻辑在空间重建过程中一直处于主导地位,在政府主导的"空间规划"场域中,在一定程度上忽略了空间居住者和使用者的现实需求和对新生活的感受。

第二节　家庭空间重组:从扩大家庭转向核心家庭

一、生产空间式微:土地从生计变成景观

传统村落中家庭院落是兼具农耕生产与休闲生活空间的有机统一体。搬迁前,移民散居在深山老林中,陕南地区由于"八山一水一分田"的地理条件限制,农村聚落分散自由、密度稀疏,形成比

---

[1] 吴莹:《空间变革下的治理策略——"村改居"社区基层治理转型研究》,《社会学研究》2017年第6期,第94—116页。

第三章　从散居到聚居：物理空间的置换

较松散的聚落,村落与村落之间物理距离较大,村庄面积较大,每个村落地广人稀。这些村落格局和民居都带有浓郁的乡土民情和地方特色。从功能上说,传统村落形态也十分符合一家一户的生产生活方式,如靠近村庄的田地山林便于农业生产活动,村庄内部的"换工"等可进行生产生活方面的互助合作,以及面积宽敞的农村庭院便于存放生产工具、饲养家畜,房前屋后的自留地能够种植瓜果蔬菜、满足日常消费,①房前屋后只要是空地都可以用来晾晒衣服、粮食及进行种养殖活动,村民们饲养的鸡鸭羊牛等家禽牲畜也基本上都是以放养为主。只要不侵犯村落中其他成员利益,村民们可以在任何地点进行活动。

搬迁后,移民上楼,远离土地或者土地减少、撂荒,小区中的土地是作为景观绿化带出现的。芒福德指出:"可以充分调动现代文明资源的城市并不是指能够通过伸缩的飞机和轮船将货物从地球的另一端带回来的城市,不是指充斥着令街道阴暗拥挤的摩天塔楼的城市,也不是指那些拥有最宽阔的水泥马路、最长的双层巴士,以及最拥挤的地铁的城市,而是指那些每个区域都会被带状的花园和公园环绕。"②从现代社区规划的角度看,绿化带建设是构建城市生态网络和城市开放规划的核心。在移民安置小区,笔者也看到了不同样式和风格的绿地和社区花园的设计,但并非所有绿地都能在实际使用中按照设计者初衷,作为一种现代社区的必备景观。将土地作为一种景观使用也常常成为移民和社区管理者矛盾的焦点。③ 在实际调研中,笔者了解到,很多绿化带因无人打理而变得杂草丛生,成为移民眼中"荒在那里的空地",常被破坏或

---

① 刘奇:《"灭村运动"是精英层的一厢情愿》,《中国发展观察》2011年第1期,第37—40页。
② [美]刘易斯·芒福德:《城市文化》,宋俊岭、李翔宁、周鸣浩译,北京:中国建筑工业出版社,2009年,第459页。
③ 吴莹:《上楼之后:村改居社区的组织再造与秩序重建》,北京:社会科学文献出版社,2018年,第97页。

私人占用,用以种菜或堆放杂物。

> 小区配套设施也是有的啊,但没钱啊。绿化带是设置了,但想栽树,没钱;想修个红白理事的,没钱。没经费,又不能问移民收钱,一般人不能理解;想修个车库,也没经费,现在都种菜了,谁先抢到谁先种,这个也需要一个循序渐进的过程,生活习惯难改……
> ——石桥社区安置点移民访谈,2017年11月

搬迁后,空间规模缩小成为社区居民争夺小区绿地并私人化的主要原因。村民通过占用房前屋后的公共空间来解决自家空间狭小的问题,最典型的行为就是安置社区内占地种菜现象比较普遍。一些移民在自家单元楼前后利用空着的绿化带种菜,也有一些移民破坏绿化带种菜,仅有的花圃被种上了各种的蔬菜,移民们还陆续将小区内没有被利用的边角地及附近的荒地开垦为"私家菜地",移民甚至在自己种的菜地上圈上篱笆或者用绳子围一圈以示主权。因为对于移民来说,他们没有很强的空间权益意识,不像购买商品房的城市居民一样在购买房子的时候就明确了自己的私人空间、公共空间以及自身的权利和义务。作为典型的农民,移民对新社区的空间认知就是"占用一块,围上栅栏,标上记号,就是我的",对于移民来说除了个人住宅是私人空间外,其他公共空间没有明确的权属,谁先占着就是谁的。菜地的主人利用"栅栏"等符号将公共空地成功地占为私有,特别是菜地栏杆的围插,直观体现了移民的主权意识,向社区其他居民表达了菜地主人的空间使用权。搬迁后不到几个月,安置点的大部分空闲绿化带和未利用的荒地已"遍处是菜"。也有居民在房前通道见缝插针地封闭出一个小空间来建牲口圈或者放置自己家的物品,也有在新社区继续烧柴的,就有人圈地放柴火。

这些空地说是种花草的,可是也没人管,荒在那儿,也没见搞什么绿化,我见荒着也是荒着,就种起了菜,还上了肥料,菜长得很旺呢。但有人养狗,还有野猫,怕它们祸害菜地,我在四周围了栅栏……
——河坝镇石桥社区移民安置点移民访谈,2017年11月

　　没搬来之前,我在老家有6间房子,5分宅基地,房前屋后种满了菜,有土豆、萝卜、毛豆、大蒜、辣椒、小青菜等,另外还养了十来只鸡,就散养,家里基本上不用买菜,种的菜都吃不完,吃不完的还会拿到集市去卖,换点零花钱。搬这儿以后,眼看着这空地闲着,种什么不是种啊,种点花草也没用,还不如种点菜,能够自己吃就不用买菜,再说种菜也是绿化,有地种,生活就没那么无聊了,心里也踏实了……
——河坝镇石桥社区移民安置点移民访谈,2017年11月

　　从访谈可以得知该移民户在搬进社区前种了很多菜,多余的还可以换取额外收入补贴家用,可见移民在小区占地种菜也是庭院经济的延续。传统院落是一个微型生产空间,农民种植蔬菜以及养殖家禽自给自足或做商品销售,利用家庭生产要素发展庭院经济。然而上楼后,微型生产空间随之消失,移民生计空间被压缩,所以安置点的绿化带及未利用的闲置地就成了家庭生产延续的物理空间。他们秉承着"先占为主"的地方性共识,以老年人为主的种菜群体一致认为"谁先占有,谁先种上菜,谁就拥有对该地的主权",可以一直使用和占有,其他移民也默认了这条不成文的规则。[1] 上述行为使安置点内充满了各种材质和形制的非正式建

---

[1] 卢义桦、陈绍军:《农民集中居住社区"占地种菜"现象的社会学思考——基于河南省新乡市P社区个案研究》,《云南社会科学》2017年第1期,第134-140页。

筑,空间的整齐规划受到了挑战,空间变得拥挤杂乱。

农民上楼也被称为"洗脚进城",生动表达了农民脱离田间劳作,过上现代城市生活的景象。但农民原有的生产方式和生活习惯,尤其是关于土地的使用方式并不能随入住新居而自然改变。因为在乡土村落中,土地是农民生存来源的根本,其理性使用主义倾向明显。在传统村落,大块公共绿地是不存在的,房前屋后的小块绿地通常是各家用于种植瓜果蔬菜的自留地,不存在作为景观的用地。从公私空间转换角度看,村落中村民拥有对其房屋和院落的所有权和处置权,在房前屋后的空地上种点东西完全是个人的权利。[1] 基于这种理念,移民认为在社区土地上种点菜是个人的权利,是最大限度发挥土地的价值,而不是对公共空间的侵占。而且移民对于物业费的收取意见颇多,特别是对这种景观式的、付费管理的土地使用方式无法接受。

二、生活空间压缩:居住模式多元化

家庭是社会的基本单元,承担着生产的经济功能与生活的社会文化功能。因为家庭成员同吃一锅饭,故"灶"成了家的代名词。家户就是吃住在一起、共同生产和消费的家庭成员的集合单位,通常为一灶一户,只要家庭成员未分家产,未另立炉灶,他就被认为仍是家中的一员。正如滕尼斯所说,炉灶就是家庭的核心与本质,旺盛的炉火具有重要象征意义。在古典中国,家庭是社会的、经济的及政治的单元。[2] 但随着现代社会分工扩大,家庭成员的分工与合作原则得以显化,包括夫妻之间分工、同辈之间分工以及代际分工。家庭形式由原来的扩大家庭转变为现在的主干家庭或核心家庭。

笔者走访了不少搬迁前的村落,也参观了不少以前的旧房子。

---

[1] 张青:《农民集中居住——居住形态与日常生活》,载陈映芳等著《都市大开发:空间生产的政治社会学》,上海:上海古籍出版社,2009年,第57页。
[2] 金耀基:《从传统到现代》,北京:中国人民大学出版社,1999年,第66页。

房子都散落在半山腰或者山坳里,走访一户人家需要沿着弯弯曲曲的山路走很久,最远的要走好几个小时。这里空气清新,鸡鸣犬吠,颇有"世外桃源"的清幽,但沿着弯弯曲曲、高高低低、凹凸不平的山路或自己开辟出来的泥泞小路一路上山或下到山沟里去,生活在平原地区的我走山路着实没那么灵便,走一会儿就气喘吁吁,而当地村民早就走习惯了,80岁的老人都能很轻松地爬山砍柴、锄地种菜种田。房子大都是毛坯房,但里里外外有好几间套间,空间宽敞但屋里大都黑暗,光线不足,而且比较脏乱。几乎家家屋里都有火塘,火塘一年四季烟火不断,当地人用吊锅做饭,吊壶烧水,墙上挂着熏肉、腊肉、咸肉。堂屋一般堆满了农具和农产品,比如半屋子的土豆、白菜、萝卜、魔芋或者红苕,墙上挂满了辣椒或者玉米。房前屋后是菜地或者田地,也搭建有各种牲口圈,养猪的、养鸡的、养牛的等,院子里堆满了砍好的柴火。走访中也看到很多农户正在砍柴,他们主要的燃料就是柴火。屋前的树上会挂满晾晒的干菜,各种萝卜干、四季豆、土豆片等。房子占地可达100多平方米,一般分为四个房间:堂屋、厨房以及两个卧室。房屋分两层,上一层主要储放杂物和粮食,下一层住人,很多家卧室挂着蚊帐。当地移民干部告诉我,蚊帐不是用来挡蚊子的,而是用来挡烟灰的,屋里烧火塘做饭取暖,会有很多灰。传统的开放式院落居住格局是典型的一户多家的家庭结构,能同时满足一家两代或三代不同的居住需求,尤其是庭院经济在满足老人自给自足的基本需求时也减轻了子女的赡养压力,有利于代际关系的良性互动。这种以户为本,既满足生活空间的私密化,又实现家庭经济利益最大化的实践形式,也是众多移民上楼前生活世界的真实写照。搬迁前,移民中扩大家庭较为常见,父母和已婚儿子,特别是小儿子,吃住在一起,形成三世同堂或者四世同堂的扩大家庭模式,即使分家也是分灶吃饭,而不分开居住,一般父母居东侧卧室,子女住西侧卧室。传统的居住模式使移民家庭成员日常生活在一起,在空间形态上表现为较为鲜明的实体。

易地搬迁使传统家庭形态及其居住结构发生多元转型。搬迁以后，随着生活空间的集聚化和居住结构的社区化，家庭居住结构出现多元化模式，生活空间出现了转型。政策严格规定的住房面积无疑为村民日常生活带来了挑战。首先，小区住房空间封闭，不适合烧柴，于是作为家户象征的火塘只能取消，也有移民将厨房移到了阳台上烧柴做饭。其次，安置房内没有放置农产品和农具的空间，移民们不得不腾出专门的房间用来放粮食蔬菜。再次，移民面临的更大挑战是规划空间缺乏扩展性。安置房根据搬迁时的家庭人数来分配，随着人口的繁衍和家庭成员的成长，年轻人面临着结婚分家建房的问题，有的几代人住在同一空间内，空间极为拥挤。搬迁前，移民在山上自行搭建土坯房，不用担心房子空间的问题，空间不够，人们可以在房前屋后或者其他地方建房子，面积不受限制。搬迁以后，居住空间十分狭窄，国家规定了人均不超过25平方米的居住面积，规划了60、80、100平方米的户型。从数字

图3-4 正在建设的移民安置房

看，这种户型安排也是可以居住的，但这一做法是将搬迁农户抽象为同质化的群体，而忽视了移民家庭内部的代际冲突。调研中，笔者发现集中安置点居住的移民户很多是举家搬迁，但由于生活习惯差异和价值观念代沟，家庭矛盾较多。

  我们简坪村移民安置点还是比较典型的，一共400多户，191户贫困户。经济达到了，得有安全住房才算脱贫。家里基本收入都没问题，主要是安全住房这块，问题隐患的地方多了。咱这个村修保障房96户，统规统建，还有11户统规自建，这块也存在很多问题。去年政府没下文，让老百姓修房，老百姓就修了，现在这个房子面积都修超标了。今年文件出来了，本来是补助人均2.5万（元），现在统一一户4.5万（元），不管你多少人。现在统规自建这块，两层修起来至少得20万（元）吧。他本身就是贫困户，他有好多钱修房？（意思是他能有多少钱修房呢？）说白了就是全靠国家那点补助，我们哪个贫困户修了二间一层的？按人口去修，一人25平方米，家里只有一个人的没法修啊，保障房按规定也修不了25平方米的，最小的修的也是50平方米，太小了没法修啊。这样贫困户肯定不愿意搬了，最小50平方米，最大55平方米，人家怎么去住？人家人口多的，五六口，最大两室一厅一厨一卫，如何住？修太大了，老百姓修不起，超标了，就得自己出钱。如果家里人口多，按户口本来的，也不能申请两套房，所以矛盾就多了。保障房修好了，配套设施又跟不上，道路硬化也没弄好，电也没接通，很多报了名要搬迁的，最后因为种种原因又不搬了。比如本来是没路，现在路修到家门口了，他就不想搬了。如果危房他不搬，只能给他改造，最多一户不能超过1.3万（元）费用。1.3万（元）是政府出面给改好，换个盖，不漏雨，墙体粉刷一下,门窗刷个漆。
——河川镇简坪村驻村第一书记访谈,2017年11月

移民上楼后主要有两种居住模式:老人与年轻人共同居住或两代人分开居住。两代人共同居住又可以分为老人与其中一个儿子住一起或老人在多个儿子间轮流居住两种形式。这种主要是老人年纪大,生活不能自理,或者年轻人需要老人看家或照顾孩子,主要体现在老年人与最小的儿子一起居住。政策规定老人特别是独居老人跟子女户口捆绑分房子,而不允许老人单独分房子,如果老人无子女或其他赡养人,那就列为五保户,进社区养老院统一供养。

两代人分居基本上就是年轻人搬进了新房而老年人依然住在老房子,有的是因为老人不适应住楼房,有的是因为老人个体意识增强,追求个体自由做出的理性选择。这也充分说明了移民的个体化特征越来越明显。家庭成员的个体化还表现在居住模式上,很多老人不愿意与子女一同搬进移民社区,宁愿自己独居,也不愿意与子女一起生活,很多老年人与子女生活在一起是迫不得已要照看孙辈,并非是真心的选择。在自己有劳动能力的情况下,他们大都选择单独生活,自己种点地,自力更生。调研中我也看到很多七八十岁的老人还在田间地头除草种菜。当地的村干部说:"在这里,六七十岁的老人还正当年呢,干活利索的,上山砍柴没一点问题,有70多岁还能出去打工的呢。我家种植香菇木耳,椴木种植,自己加工,忙的时候请人帮忙,都是70多岁的来干活,干得挺好的。"直到老人丧失劳动力生活无法自理的情况下,才会享受子女的供养,也就是说一个正常的活动自如的农村老人只有因病因残或高龄而无法种地时才会从农业劳动中解脱。调研中也了解到年轻人的独立性使老人基本上靠自我养老或者政府供养。"现在的年轻人都越来越独立了,有的出去打工几年不回来,老人也不管了,你打电话给他说父母生病了,他说不是有政府的吗?现在政策越好,年轻人越没有责任心。但也有一些因为照顾老人而无法外出务工的。"

三、代际关系转换：代际剥削或经济文化反哺

当前几乎所有的青年男女都外出务工，或者丈夫外出务工、妻子留在家中照顾老小，或者夫妻共同外出务工、子女留给老人照顾，一家人两地分居乃至三地分离的情形成为当前乡村日常生活的常态。部分家庭成员从传统家庭和村落环境中脱离出去，进入现代城市社会，原来的农业生产、抚育孩子等角色转移到留守妇女或者留守老人身上，外出务工者通过现代通讯和交通工具保持与家人的联系，家庭关系被延伸到一个更广阔的空间进行建构。外出务工的移民已经不熟悉村庄事务，也不经常参与村里的人情往来，对田间地头的事务也渐渐陌生，这是由空间上导致的家庭成员的个体化。搬迁后，移民新房子空间狭小，很多老年人是不愿意搬迁的，年轻人也不乐意老年人跟自己同居一室，他们也想保留自己独居的自由权利。

农村家庭结构关系转变的一个重要原因在于老人权威的式微和年轻人个体意识的觉醒，导致夫妻关系高于亲子关系，个体化的核心家庭日益增多，他们更注重个体家庭的感受。首先表现在家庭子女收入支出的独立性增加。传统家庭中财产分配权由家长主管，年轻人很难有自己独立的财产，传统的家长在家中享有无比尊崇的地位和经济上的支配权；如今随着劳动力的商品化、家庭的核心化，移民个人的生产和生活可以相对脱离家庭而自由流动，个人的收入保持了一定的独立性，老人在家庭中的地位和经济状况有所下降。传统农业社会中，老人掌握着有关生产生活的丰富经验，而这方面的经验在如今的农村生活中已经不那么重要了，家庭小型化以后，分家之后的老人不再有经济"霸权"，也就是缺少了影响年轻人行为选择的能力，[①]即韦伯定义的"权力"。有的老人说：

[①] 李洪君：《一个新型移民社区的村治模式——吉林枣子河村调查》，济南：山东人民出版社，2009年，第153页。

"孩子出去挣钱也不容易，基本上也不给我打电话。现在有这个养老保险，一个月60块钱，政府比儿子给钱都勤快呢。给的钱也没地方花，最多是看个病，平时都给孙子买东西了。儿子给就花，不给不花、少花，高兴了给点钱，不高兴了不给。现在我们哪里有地位啊，都是看人家年轻人的脸色，所以还是自己住着舒坦。自己种点地，吃喝都是自己的，也不用看他们脸色了。"可见老年人在家中居于边缘地位，经济上没有权利，更缺乏精神慰藉。尽管老话说"养儿防老"，在一般研究中也强调子女供养老人，"反馈模式"的家庭养老依然在农村占主要地位。但实际情况是，很多地方老人到六七十岁还在供养子女，为保障子女在婚姻和就业市场的优势地位，家庭资源会向下倾斜，比如支持年轻人买房、帮助年轻人照看孩子以支持儿子儿媳有时间出去务工挣钱等，从而形成"恩往下流"的家庭资源分配格局。

我今年65了，年轻的时候在北京做过钢筋工。现在老了，出去找活没人要，就在家养了80只鸡，两头猪，还种茶、油牡丹、吊瓜和香橼，但一些是长效作物，几年以后才能看出来收益。平时自己在家一个人生活，每天上山砍柴烧饭，我老伴在城里给人家当保姆，一个月2000。一个儿子在西安读书，毕业后留在了西安，去人家女方家过日子了，我们没钱给他买房子，我们还要挣钱贴补他一下。西安房子那么贵，他也有孩子了，也需要养孩子，趁还能动，能为孩子多挣点就多挣点吧。至于养老还是靠自己吧，儿子一年回来一次，基本上也指不上啥，我们还要想办法贴补他呢。

——白马镇柳园村移民访谈，2017年12月

第三章 从散居到聚居：物理空间的置换

图 3-5 村中留守老人

图 3-6 村中留守老人

111

居住空间的压缩使很多老人失去了从土地上获益的机会,大部分移民家庭出现了"经济反哺"和"文化反哺"。"经济反哺"指移民上楼后导致村庄农业生产功能部分丧失和宅基地庭院经济收益的丧失,老人无法通过其他方式谋生,只能依赖子女,且需要通过家庭交换如隔代抚养等形式实现代际互动。[①]"文化反哺"是指在文化变迁时代所发生的年长一代向年青一代进行广泛文化吸收的过程。[②] 移民上楼后,生活空间所依赖的土地基础得以改变,乡土的、同质性的、单一的文化逐渐向现代的、多元的、异质性的文化转变,年老的移民需要通过向年青一代学习新的生活技能才能更好融入新社区。

> 自从搬到这里来,我就没法种地了,也没收入了,其他技术活咱也不会干,最多在家看看门,做做饭了。做饭也做不好,电磁炉不会用。老了就要乖了,指望人家年轻人就得听人家的。以前在山上没用过手机,这搬下来孩子给买了个手机,不会用,就会接电话。孩子教了好多次还是不会用,主要不识字,这些功能都用不来。
> ——河坝镇石桥社区安置点移民访谈,2017 年 11 月

> 现在年轻人和以前不一样了,什么敬老爱老的,国家政策越好,他们越没有赡养老人的责任心了。很多年轻人一出去打工几年不回来,老人一个人在家,就靠我们村委会扶持。有啥事给儿子打电话吧,都是说不是有政府的嘛,把养老责任都推给了政府。这搬进楼房,老人基本上还都自己住在旧房子。第一个不想和年轻人搅和在一

---

① 郑娜娜、许佳君:《易地搬迁移民社区的空间再造与社会融入——基于陕西省西乡县的田野考察》,《南京农业大学学报(社会科学版)》2019 年第 1 期,第 58—68 页。
② 周晓虹:《文化反哺:变迁社会中的代际革命》,北京:商务印书馆,2015 年,第 2 页。

起,自己生活自由,不受约束,除非是哪家需要老人看门的或者看孩子的,才会一起过去住;第二个搬过去住对于老人来说不舍得这门前的菜地,吃饭都成问题……

——河川镇松园村村主任访谈,2017年11月

居住空间和家庭形态及代际关系的变化,一方面说明年青一代对个体权利和私人空间的追求,家庭模式越来越由扩大家庭变为核心家庭,夫妻关系成为家庭生活的轴心;另一方面个体化意识的崛起也使两代人之间避免了家庭内部矛盾。移民前后的居住空间差异是前所未有的,乡土记忆形成了移民特有的实践感,特别是老年移民对乡土社会的深深依恋,而在新社区生产出一道无形的边界,加剧了移民对原来生活环境的思念和对新环境的排斥。

第三节 公共空间转型:公私分离

一、空间结构变化:公私空间分明

传统村落中,农民生活空间主要由私人居住空间和户外公共活动空间组成;搬迁后,移民基本上集中上楼安置,空间的变革使移民居住社区公共空间与私人空间界限分明。公共空间从与日常生活联系紧密的生活区域分离开来,不像以前传统村落居住空间布局那样触手可及。搬迁后,移民原来开放式或半私密性的田园居住格局消失,居住空间逐渐私人化和闭合化,移民公共空间与私人空间被分置于不同地方从而失去联结,尤其是单元楼居住空间的封闭性前所未有,移民生产、生活和社会交往有了公共空间和私人空间上的条理性。

搬进这里,家家都装修得很干净。不像以前随便串门,哪个屋都可以坐着聊天,坐床上看着电视都可以聊

天。现在家家都铺着地板砖,去谁家都怕把人家地面弄脏了,还得换鞋子。夏天还好,冬天太麻烦了。而且家家进门都锁着门了,也不知道谁家有人没,所以也不好串门了。有空就在小区广场坐坐,或者我们这楼下面坐坐。谁有空就搬个小板凳下去晒晒太阳,坐一起聊聊天,很少去家里的。去家里上楼下楼的也不方便。像我们年纪大了,上个楼腿脚不便利,怕摔了,还是在小区广场坐坐好。

——河坝镇石桥社区移民访谈,2017年11月

从移民访谈可以看出,串门聊天的交往方式和互动行为随着封闭性空间的居住模式而逐渐消失,移民搬进新房子后居住空间呈现立体化和封闭化,不像以前住在村落中院落式的半围合和半公开性的居住空间那么自然方便。移民搬迁前居住方式是村落式居住格局,鸡犬相闻,守望相助,便于人们之间交往;而移民社区更多是多层建筑,像筑起的堡垒,每家每户被置于特定网格中,日常往来和走家串户日渐减少,人际交往不再是村落门前地头偶遇时的几句寒暄和闲聊,而变成必须跨越区块分割、打开封闭单元格的一种克服重重障碍的努力。整齐密集的空间,也令一部分移民所习惯的各种功能性空间无处安置,私人空间固定且面积狭小,楼与楼之间留有的公共空间有限,有限的公共空间是小区居民停车、放置杂物及休闲娱乐的场所。移民安置点的规划体现了清晰化、简单化的社区秩序,但任何正式项目的生产和规划过程都依赖于许多非正式的过程。①

二、公共空间功能转型:功能单一化

公共空间是在公共活动和集体行动基础上形成的,具有广泛

---

① 何得桂、党国英、张正芳:《精准扶贫与基层治理:移民搬迁中的非结构性制约》,《西北人口》2016年第6期,第55-62页。

公共性。乡村公共空间可以为农民社会资本的建构提供良好平台,也对建构乡村秩序具有促进作用,比如祠堂在乡土社会中承担着社会教化、传承文化的职能。但移民搬迁后,这种社会教化、社会整合、秩序建构的功能不断降低。

第一,公共空间对移民的道德教化和监督约束功能弱化。在以前的熟人社会,碍于人情和面子,移民会自觉遵循村中自发形成的地方性约束和规则,不会轻易或随便破坏规则。乡土场域中的"差序格局"所规制和形塑的理念是"情理",处于这一"情理"社会中的村民为人处世的原则以人情、面子等文化传统为基础,通过找关系、求情或者还人情等方式进行关系运作。① 乡土社会中的"无讼"传统自动调节着农村人际交往的和谐与稳定。一旦村庄有纠纷,人们首先考虑的是破坏了的关系网如何修复,而不是单纯的利益获得。而搬入新社区后,这些乡土社会中的处世规则失去了赖以生存的环境,移民原子化程度越来越深,公共空间对移民的约束力越来越小。调研中河川镇松园村书记谈到:"以前村落中孝文化还是很浓厚的,现在不行了。移民社区基本上都是空心化的,很多年轻人出去打工一年或者三年不回来的,老人在家没人管,你给他们打电话,他们说不是有政府的吗?他们指望政府为老人养老。所以说现在社会的风气越来越不好了。以前在村里,如果不赡养老人,自己都会觉得抬不起头,怕被人指指点点。现在都出去了,谁也管不着谁了,很多人就不尽孝了,基本上靠老人自我养老或者政府统一安排进养老院。政策越好,年轻人越只顾得追求自我的感受了,传统的养老观念也淡化了。"乡村公共空间的逐渐衰弱使移民社会关联度日益降低,不利于社会秩序稳定。

第二,现代新社区的公共空间很多功能与以前相比更加单一。比如村委会或社区主要承担了政治功能;超市主要承担了经济功

---

① 翟学伟:《人情、面子与权力的再生产——情理社会中的社会交换方式》,《社会学研究》2004年第5期,第48-57页。

能,不像以前的集市还充当着走亲戚、加强联络、交流感情的功能;以前的火塘不仅是传统祭祀空间,还是整个家庭公共交流中心、婚丧嫁娶活动空间,在日常生活中,以火塘为中心的堂屋还具有族群沟通、教化与交流的功能,是构建日常人伦秩序规训和集体记忆传承的场域,现在新社区新房子不适合再烧火塘,火塘的这种融取暖、做饭、聚会、祭祀等多种需求的功能也消失了;以前寺庙承担了民间信仰的功能,现在新社区基本上没有了这项功能,不同公共空间的职能逐渐单一化和出现边界感。此外,茶馆、饭馆、棋牌室等公共空间越来越承载了人们社交空间的功能,人们之间的交往更多在新的公共空间进行。

第三,公共空间的公共性不断流失。首先体现在移民参与公共事务的兴趣减弱。社区流动性和异质性加强,搬迁后,移民缺乏共同的生产和生活经历,从而形成了吴重庆教授提出的"半熟人社会",熟人社会向半熟人社会转变的原因在于移民日常交流机会减少。移民以原子化的家庭为生活单位,大都外出务工,回乡的时间越来越少,人们之间缺乏互相接触的时空,留在家里的"386199"人群既无心也无力参与公共活动,公共空间日益衰落。而且随着社会原子化的加剧,移民对社区公共事务缺乏参与的主动性和积极性,公共空间所具有的秩序建构、社会整合功能日益弱化。吴重庆教授还指出:"半熟人社会揭示了村民互动频率的高低,无主体熟人社会揭示了村民是否在同一场域内进行互动。"年轻的移民已基本上不属于乡土场域,他们游走在城乡之间,大多时间生活在城市,社区流动性增强、异质性显现、社会关联降低、公共权威衰退,共同体逐渐瓦解。在血缘、地缘等基础之上的互相信任的人情关系越来越具有工具理性色彩,越来越少的人愿意付出时间或金钱参与社区公共事业,移民更关注自身的经济发展,对社区公共事务不了解也不感兴趣,很少参与公共议题的讨论。调研中有村干部反映:"以前通知开会,大家都很准时就来了;现在通知开会太难了,你提前几个小时通知都来不了。要不说忙,要不说跟我没关系。除非是发补助或者有奖品的话,才比较积极。"随着社会原子化,移民也逐渐从小农思想转变为理性的经济人,他们在参与这项事务的时候首先考虑是否对自己有利,是否能给自己带来什么利益或收获。

综上分析,随着现代生活方式的渗入,社区在某种程度上只是一个地域的居住空间,与人们的生产无关。有学者指出,转型中的农村社会,无论是生活型、休闲型公共空间,还是事件型、组织型公共空间,都呈现出衰弱的趋势,社会控制功能都在逐渐弱化。①

三、正式公共空间的营造:项目进村

移民搬迁前,村落中随处可见自发形成的公共空间,如集市、寺庙、祠堂、戏台、牌楼、商店、文化广场,哪怕是田间地头、洗衣码头、打谷场、磨盘、大树下空地等都可以作为农民的社会交往和文化活动场所,他们在这些空间中扎堆聊天、集会、祭祀等,并在互动中建构村庄秩序。随着移民搬迁,原有村落集体活动日益减少,祠堂、寺庙等传统公共空间日益萎缩,新社区规划了正式的公共空间。笔者在调研中发现,移民社区的公共文化嵌入主要体现在文化广场、农家书屋、文化活动中心、图书馆、老年大学、儿童幸福家园等现代物理空间的打造。

(一) 文化广场

目前社区公共空间更加注重文化广场、村委会办公楼等体现政府政绩的面子工程,追求审美功能,更像是一种形象工程。比如很多社区都模仿城市的中心花园,打造大广场、文化中心、各种主题公园等,也增设了很多健身娱乐设施、活动场所。如高坝社区打造了"一园三路一堂一厅"(即工匠园、感恩路、书香路、新风路、道德讲堂和文明餐厅),构建了宜居、美丽、文明的新社区。

---

① 何兰萍:《从公共空间看农村社会控制的弱化》,《理论与现代化》2008年第2期,第100–104页。

我们社区建设了很多公共空间,比如在人口密集的安置区新建了2 400平方米的社区服务中心,按规划建设了便民服务大厅、党员活动室、卫生室、图书室、治安监控中心等服务设施,还建有幼儿园、音乐喷泉、超市、老年幸福院、电子图书阅览室、儿童幸福家园、24小时自助银行等。孩子们可以在小区周边500米范围内上幼儿园、小学、中学。还有休闲广场、公厕、湿地公园等,方便居民交流和活动。还建设了老年人和残疾人日间照料康复中心,为老年人提供了休闲娱乐的场所,中心配备男女休息室、多种健身和娱乐器材等,丰富老年人的日常生活。平时社区也会组织一些活动,比如茶文化节或者其他文娱活动。居民自己也会晚饭后在这里跳跳广场舞或散步闲聊,这里成了整个移民安置区的活动中心。

——河坝镇高坝社区第一书记访谈,2017年11月

但笔者在调研中也发现,这些充满着健身娱乐设施的广场人气不高,白天大多空荡荡没有人,晚上基本上成了留守妇女或者留守老人带着孩子玩耍的娱乐场所。一方面因为年轻人都外出务工,本身社区就空心化;另一方面是农民日常文化休闲生活呈现出家庭化、个体化特征,基本上停留在以看电视、打牌、打麻将、聊天、喝茶为主。有的每天就是在家看看电视、玩玩手机,或者几个朋友打打牌,广场上啥也没有,感觉没意思。也有的每天干一天活也够累了,晚上就想在家歇歇,也不想出去活动了。

(二) 农家书屋

每个村委会都设有农家书屋,书柜中也确实摆放了各种政治、经济、历史等专业性书籍以及烹饪、养生等生活方面的各种书籍,但书屋常锁着大门,无人问津,甚至有的已经成为客房或者村干部居住的房屋,并未充分发挥出应有的文化育人和道德教化的功能。有人说,我们都是干粗活的,不是文化人,老农民捧本书看,别人看

到了估计还要笑话。公共空间的分布呈现出从村中心到村边缘的差序格局分布状态,尤其是离村委会较远的地区,严重缺乏公共空间。新社区规划设计出来的正规空间虽然提供了人与人之间的交往场所和空间载体,但与乡村文化要素断裂,农民一时很难融入进去。农民习惯于在非正规空间进行无拘无束的交往,公共空间是自发的,带有很大偶遇性质,因此社区公共空间的设计要与农民日常生产生活需求相契合才能增加人气。

  上面要求每个村都得有农家书屋、文化活动室,我们也按要求设置了,也购置了一些书籍。但农民有几个爱读书的,甚至认字的都不多,文化程度有限。他们空闲时都是打打牌、看看电视。前段时间县上让学习贵州塘约村通过三变改革脱贫的故事,给每个村委配置了几本《塘约道路》,让村干部学习。光这精准扶贫的表格都填不完,谁有空看书啊,再说贵州的经验也不一定适合我们这里。这种书屋对于普通农民来说基本上没啥用,也就返乡大学生会看看吧。
  ——河川镇柏树垭村村主任访谈,2017 年 11 月

(三) 婚丧礼仪场所

移民搬入新社区后,最典型的公共空间不足的表现是办理红白事的场所。婚丧礼仪在一个人生命过程中具有重要地位,也是个人社会化过程中的重要轨迹。[1] 移民搬入新社区后公共场所受限制,有的移民不得不把举办婚丧仪式的场所迁到以前居住的村落中,这个仅限搬迁社区离原来居住村落比较近的移民。也有移民选择在新房附近的饭店举办,但移民反映,在酒店总感觉没有在

---

[1] 郭占峰、娄梦玲:《西部山区移民集中居住与社会文化适应状况调查——以陕西省汉中市 L 县为例》,《中国名城》2016 年第 7 期,第 30-38 页。

老家举办有仪式感，但移民社区安置点与以前居住村落较远的移民，一般还是选择在酒店举办了，因为这样给附近邻居随礼、参与仪式提供了方便，这使得红白礼事的举办反而成为移民的一大心理负担，因此有越来越多的移民选择在新房附近饭店宴请新邻居，在老家请客宴请原来村落中不方便来新安置点的移民，有的干脆就不办理仪式了。红白礼事不仅仅是一种礼仪事项，更是农户加强社会交往、互帮互助的公共空间。因此，移民社区也注意到了移民的这一需求，逐渐开始在新建社区中增设红白理事会，建设专门的房屋用来料理红白事宜。有的移民说，移民社区都让移民上楼了，家里办个丧事没地方放棺木，专门在移民社区旁边设置了两间房，用于移民料理后事，总算有个地方放棺木办事，移民社区的路上也可以摆酒席宴请亲戚朋友。还有的说，我儿子在外地工作，今年结婚回来办酒席，想着在社区办没有氛围，也没地方摆桌办酒，很多亲戚还住在老家，就回老家办了，在家门口搭起了大棚请客吃饭，请了村里会做饭的来帮忙。我们这儿结婚有很多习俗，在老家办比较热闹，在酒店办总感觉缺点啥，都是现代婚庆公司搞的那一套，感觉没意思，不如农村传统的那种习俗热闹，更能活跃下气氛。笔者调研路上也看到过一群背着花圈或者礼品去随礼的移民，他们住在新社区中，但是新邻居在老家办理丧事，他们不得不"远道而来"表达自己的心意。从以上案例可以看出，移民新社区婚丧礼仪空间失去了原有的那种互帮互助和社会交往的功能，也使移民原来共有的传统习俗的记忆逐渐衰弱。过去村落家族内某个家庭有事都是村民互助或者与他人换工，现在更倾向于用钱购买服务，村民之间的联系弱化，家庭与服务提供者之间是纯粹的金钱关系。比如现在结婚这样的大型活动普遍都是"饭店＋婚庆公司"的方式。过去都是请家族里有威望的老人来主持，现在都洋气了，花钱请个司仪，人家会把结婚场地布置得热热闹闹，节目安排得有条有序。过去都是在家搭灶台自己做饭，请村里会做饭的厨师，现在去饭店吃简单省事，也不用到处找人帮忙，现在人都不在家，找人帮忙都不容易的。在市场经济发展影响下,移民的思想观念也发生了变化,最明显的就是逐渐向以利益为导向的理性化转变。

四、自发的非正式空间:角落里的聚会

在乡村,街坊或邻里构成了一个亲密的聚落单元。街坊是地理邻近的家户因频繁日常互动形成的社会共同体。[①] 由于居住上的临近性,街道、小区广场、移民安置区单元口、大树下面等社区最常见的公共空间将人们凝聚在相对固定的空间。社会网络是社会成员在互动与联系中结成的关系体系和社会资本。对于移民群体来说,邻里关系在上楼后在一定程度上仍保持稳定,其社会关系网络仍是以格兰诺维特所说的"强关系"为主,同住一栋楼的移民可能还是来自同一个村落中,移民交往的对象大都还是移民群体,这种相对隔离、规模有限的封闭社会关系网络,容易造成移民贫困亚文化的产生和城镇化的困难,还会限制其社会资本量的增加。对于大部分赋闲在家的老年群体移民来说,由于居住地域的变化,原来的邻里交往频度有所下降,他们交往对象的扩展主要在于移民社区中拓宽的新的邻里关系。在各个移民社区中,经常可以看到老年人或在楼房前,或在小区中心广场,或在花园里,自发聚集在一起。并且由于是多村混居,这些自发聚会的交往范围往往超出了原有的行政村界限,使得同一社区内的各村居民之间建立了更多联系,有助于新社区秩序和共同体归属感的形成。

场景一:单元楼前小聚

午后太阳暖洋洋,石桥社区移民安置点小区楼下,两栋楼之间的空地上,靠着单元楼的墙根,排着队坐了一排的老大娘老大爷。他们都是从附近各个村落搬下来的移

[①] 杨瑞玲:《解构乡村:共同体的脱嵌、超越与再造》,博士学位论文,中国农业大学,2015年。

民户,自己从家带着小板凳坐在一起聊天。他们一会儿交流一下搬迁前山上的居住条件,一会儿聊聊自己的孙子,一会儿分享哪里买菜买肉有优惠,一会儿说说自己孩子在哪里务工,一会儿讨论这个水电费液化气费,反正都是一些家长里短的琐碎的事情。稍微年轻一点儿的留守妇女在纳着鞋底,织着毛衣,分享着育儿经验。还有的妇女从家里端出来了炭盆,几个人围着炭盆边聊天边做手中的杂活,还有的把家里要烧的菜拿下来边聊天边择菜。在聊天中,他们还是习惯地先介绍自己是"哪个村的",然后再就一些共同感兴趣的话题开始聊天,因此他们除了与原来就熟悉的本村村民聊天外,还经常与附近其他搬迁下来的村民一起交流,一来二往就熟悉了。

场景二:社区广场

高坝社区花坛旁边的健身器材活动场地,是广场上最热闹的地方。石桌石椅是大爷们聊天、打牌或下棋的聚集地。树荫下花坛边是留守妇女和老太们聚在一起纳鞋底、聊家常的地方。她们时常带着孙娃子在这里玩耍,三五个孩子在打闹奔跑,一起玩玩具。有的从家里搬来了挖车、玩具汽车,几个小朋友一起抢玩具,广场的健身器材也成了孩子们的玩具。孩子们一起玩着,大人也能稍微腾出手做点家务。天冷的时候,他们就从家里端出了炭盆,虽然搬进了单元房,但很多家为了省电,还是烧炭盆,从山上捡回来的木炭。他们围着炭盆话家常。

移民搬入社区后,交往的对象主要还是同一个居住小区的移民户。笔者在调研中也问及他们是否还与原来村落的亲戚邻居有联系,他们说偶尔联系,离得远走动就少了,也就是谁家有事才去。在问及"是否到邻居家串门"和"到原来亲戚家走动"的问题时,移

图 3-7　楼前晒太阳的老年移民

民户的回答基本上都是一致的，都是由"经常"变成了"偶尔"。由上面场景可以看出，移民社区营造了大量的公共空间和设施，为移民开展新的人际互动提供了便利条件。移民说，以前农闲时候，没地方去，就在家看电视。现在这里修了广场、音乐喷泉、灯光球场，大家晚饭后可以在那儿散步，跳跳广场舞，打打篮球，日子一天比一天红火了。村民们在自发形成的聚会中，不仅可以继续维持以前的熟人关系，也可以结识新的邻居，生成新的人际关系联结，交往范围逐渐扩大。但总体来说，移民交往对象同质性较强，与周围的其他小区居民交往还是很有限。特别是老年移民，他们的社会支持网络还是以原村落为核心的，交往对象也都是同样的搬迁移民群体。

总体而言，正式公共空间移民活动的"中心"，非正式公共空间是围绕"中心"向"边陲"呈散开状分布，正式的与自发的非正式公共空间一起建构为社区公共空间的"中心—边陲"结构，满足了社区不同年龄段、不同职业结构的居民多元化的日常活动和社会交往需求,也为社区公民意识的培育和社区归属感的形成奠定了空间基础。

第四节 小结:过渡型居住空间

20世纪90年代,随着大规模农村劳动力转移使"乡土中国"逐渐向"离土中国"转变,而易地扶贫搬迁更是这一过程最为剧烈的表现形式。陕南移民搬迁人口规模史无前例,将会有众多极度贫困村寨从地图上消失,这些"消失"的村寨意味着搬迁农户主动或被动选择离土又离乡,他们将面临来自传统生计模式转型以及社会融入调适的张力。移民社区居住空间改造和使用的种种特点表明,这是一个由乡村共同体向城市社区的过渡性新型基层治理单元。

首先,社区居住空间的变革。搬迁后,他们从传统村落住宅搬迁到现代化单元楼房,被集中上楼安置在集镇中心、农村社区、县城、工业园区等地,移民居住空间分布结构由水平分散转变为垂直集中形态,俗称"农民上楼"。布局标准化、社区基本单元由平面散点向立体单元格结构转变,这些空间设计是在政府主导下完成的,从一开始就带有秩序化的逻辑。社区内整齐的道路和统一规划的住宅单元,配合规划的绿化带隔离,使得整个空间易于被划分为不同单元格。同时,移民社区居住的是来自不同自然村和行政村的移民群体,不同于城市商品房社区移民之间的完全陌生化,移民社区是一个包含多个局部熟人社会的异质性社区。笔者认为,聚居的移民社区空间的营造为新型农村社区的形塑提供了必要的实践空间,标准化的布局格局、逐步完善的基础设施、均等化公共服务等为移民居住后的社会生活、行为方式及文化心理等市民化进程提供了必要的物理空间。

其次,家庭空间结构的重组。由于居家环境的改变,移民家庭居住空间也进行了重组,家庭规模缩小,家庭的生产生活空间都发生了显著变化,这不仅仅是家庭社会空间的物理形态变化,更是家庭代际关系、生计模式、社会支持网络等的变迁。村民对土地的意识和公共空间的权利认知仍带有过去的惯习,于是出现"种菜"等争夺公共空间的行为。对新规则的接受和使用也是一个渐进的过程,空间生产不是单向的、被支配的过程,而是一个充满矛盾和再诠释的过程。

最后,社区公共空间的转型。公共空间的变化,包括延续的、消失的和迁移的,呈现统一规划社区中的秩序消解与重构。通过打造社区服务中心、文化广场、农家书屋等正式公共空间以及自发的非正式公共空间,满足了移民上楼后不同群体对现代生活方式的多元化诉求以及传统村落社会交往的情感性需求,也为社区居民身份认同建构、社区公民意识培育等奠定了良好的空间基础,促进了农村社会的整合和社会的稳定。移民社区要完成由局部"熟人社会"的居住聚合向互动共同体的转变,就需要营造新的社区秩序。

第四章

萎缩与繁育：经济空间的再造

移民集中居住不仅是农民居住空间和居住场景的改变，还会使移民面临从传统村落"脱域"后进入社区引发的各种生产生活方式的整体性变动，这就要求我们把移民集中居住实践纳入经济社会网络重建的动态过程，在宏观社会结构和微观个体行为互动中重构移民的生活世界。基于人的城镇化理念进行的易地搬迁是国家主导下进行的主动城镇化的有效形式。易地搬迁不仅改变了移民的居住空间形态，也使传统农耕生计模式失去了再生产的根基。本章将从移民生计方式和产业结构变迁、消费生活方式的演化来透视移民社区生产生活空间的变迁，主要体现在自给自足小农经济生产方式的萎缩和非农就业及市场消费方式的繁育。

第一节　空间变革与生计方式转型

生计主要包括资本（自然资本、物质资本、人力资本、金融资本和社会资本）、行为和获得这些资本的途径。本研究中，对于生计的界定主要指谋生的方式，指移民在一定的资源环境和技术条件约束下从事的生产经营活动方式。随着人口流动的加剧和国家权力对空间位移的干预，移民生计方式发生巨大变迁。本节着力探讨国家权力进行的空间规划下，居住环境的改变对生计方式的影响。

根据移民收入来源和就业结构来划分，搬迁前后主要呈现了四种模式：搬迁前务农为主，搬迁后依然务农为主，这部分主要针对移民中的老年群体;搬迁前务农,搬迁后外出务工,这部分主要针对搬迁后居住地离原宅基地较远的人群,不方便进行农业生产,或者农业收成不好;搬迁前外出务工,搬迁后依然外出务工,这部分主要针对移民中的年轻群体;搬迁前外出务工,搬迁后回家务农,这部分人员主要包括因为有国家移民就业创业政策的扶持从而进行农业种植或养殖的专业户。其中,外出务工有全家外出务工,也有年轻人外出务工、老年人在家务农的情形。

一、"农业型—农业型"生计方式

该类生计模式变迁是指搬迁前家庭生计方式以土地保障和小农经济为主,搬迁后仍旧以农耕经济为主的一种家庭生计模式。换句话说,搬迁新房仅仅改变了其居住格局和生活环境而并未改变其生计方式。这种模式主要针对搬迁距离较近的移民群体,搬迁后移民距离原有的土地还比较近,方便耕种。老年群体更倾向于这一模式。

金耀基认为:"古典中国基本上是一古朴的农业社会。它是一个自足性的经济。它的占绝大多数的乡村人口都生活在一个自给自足的基础上。"[1]费孝通认为:"乡土社会是安土重迁的,乡土社会在地方性的限制下成了生于斯、长于斯、死于斯的社会。"[2]他清晰地指出了农民与土地的密切关系,还举例:"……远在西伯利亚,中国人住下了,不管天气如何,还是要下些种子,试试看能不能种地。"[3]费孝通的观点,从一定层面上揭示了中国农民对于土地的依恋程度,以及以农为本的传统民族心理。陕南地区地广人稀,传统村落中人们日出而作,日落而息,靠山吃山,靠水吃水,大部分农民还是以土地作为生计的最后一道保障,或耕种,或撂荒,或转租,

---

[1] 金耀基:《从传统到现代》,北京:中国人民大学出版社,1999年,第9页。
[2] 费孝通:《乡土中国 生育制度》,北京:北京大学出版社,2006年,第58页。
[3] 费孝通:《乡土中国 生育制度》,北京:北京大学出版社,2006年,第59页。

但不退还。土地为农民提供了最基本、最可靠的屏障。传统的小农最强烈的愿望就是"耕者有其田",土地不仅是简单的生产资源,还是一个家族生存延续的根基。

全家务农的家庭在搬迁前数量还是不少的,比全家都外出务工的家庭多。全家务农的家庭除了种地以外,他们也不是完全自足的,也需要有定期的交易,不过他们仍以农耕为主业,一般还会饲养家畜作为副业。河川镇的很多家庭除了种水稻、苞谷等粮食作物外还种有茶叶或中草药如元胡等经济作物。比如茶叶,几乎家家都会种点,供自己喝也可以卖到集市上去,也有专门来收茶的。山区里可耕种土地面积很少,且非常分散,土地贫瘠,土层很薄,水土流失严重,产量有限。农民还会饲养生猪、牛羊和鸡鸭,都是散养在山间。养鸡成本低,大多农户家都会养几只,可以下蛋也可以吃肉,还可以卖钱。养牛虽然很赚钱,但买牛也很贵。如果仅仅种植粮食作物,很难维持家庭温饱,更不会有收入来源。有一些移民还会在务农的同时做零工,主要是农忙时帮助土地较多的、种植经济作物的人家收割,比如很多人帮助别人采茶或者收割烟叶、晾晒烟叶、砍烟叶秆子,获得一些零工钱,也有人参与村中的修路工程或者房屋建造,做建筑工。

> 我家8口人,但不是残疾就是老人,所以无法外出务工,只能在家务农。种植农作物有玉米、油菜、黄豆,主要供自己家吃;还养了8头牛,每头牛能卖三四千块钱,因为养牛就在山里放养,成本低一点;还养了30多头羊,大概300元一只卖掉。今年卖了20只,赚了五六千。但前期投入也需要花钱的,买牛买羊都需要钱。我修圈舍都花了3万块钱。我们这儿养牛、养鸡、养猪,吃的都是绿色的,不喂饲料。这都是养一年两年的鸡,嚼劲特别好,我卖十七八块钱一斤。养了十几只鸡,卖了1 000多块钱。除这些之外,还有野生的山药可以挖了去卖,但很难

挖。野生板栗、野生柿子,山里野生的东西多,都可以捡了摘来去卖,所以都说靠山吃山嘛。总的来说,杂七杂八一年收入能有三四万……

——河川镇太平村移民访谈,2017年11月

我叫刘××,今年45岁,小学文化。家里有4口人,儿子18岁了,在青岛建筑工地打工,开塔吊,一个月收入3000元左右;还有一个女儿11岁,读小学;媳妇在福州工厂务工,一个月收入2700元,已经三四年没回家了。没得房子,媳妇说回来没地方住。家里还有一个光棍汉弟弟40岁了,还有一个老母亲,就这三间破毛坯房。弟弟和母亲住移民保障房去了,我们一家四口还没搬进去,房子还没装修好。我身体不好,胃溃疡,没法外出务工,也没手艺,出去找工作干不了,不适应,就回来了。在家做点零工,养几头猪,养点鸡,种点茶叶。有时间也到附近的农业园区干杂活。

——河川镇松园村移民访谈,2017年11月

二、"农业型—非农型"生计方式

此类家庭生计模式变迁主要指搬迁前依赖土地为生计,搬迁后通过土地流转或进厂务工、自谋创业实现非农就业,最终使得生计模式出现彻底离土化趋势。这也是基于家庭福利最大化和国家制度安排做出的理性选择。笔者在田野调查中发现,搬迁后移民土地面积大大减少,一是由于安置点建设占用一定土地;二是一部分地区实行退耕还林,保护生态环境和水源地;还有搬迁后离原来土地比较远的移民或者土地本来就贫瘠的,直接放弃了土地。土地的减少使移民无法将土地作为社区空间的物质基础,有限的土地面积使得安置点移民无法自给自足,非农就业成为移民搬迁后

的主要生产方式。

移民虽然搬离了高山深沟危险地带,住房安全得到了解决,但这些搬迁群众远离了赖以生存的土地和山林,如果不提供新的就业方式,他们就可能成为"住在楼房里的贫困户"。面对传统农业文化与现代新的生计模式的冲突,移民在生计方式转型的选择和定位上显得茫然而不知所措。根据调研,从移民的就业能力来看,易地搬迁移民可以分为以下几类:第一种是没有任何劳动能力,需要政策兜底保障的人群,如五保户、残疾无劳动能力人群、患有大病的人群;第二种是文化素质较低,但有一定农业耕种技术,可以转化为农业雇工的人群;第三类是有一定文化素质、能较快适应第二第三产业发展需要的人群,可以外出务工;第四类是有一定文化素质,但因病、因灾、因学致贫,在提供资金扶持和政策支持的情况下可以进行创业或产业化发展的人群。

事实上,就世界银行的移民经验来看,在土地稀缺的地方,更应该鼓励移民外出务工来维持生计。移民专家塞尼曾总结道:"在土地短缺的安置地区,移民的生产安置不应依赖土地,而应以就业安置为主,应创造机会让移民在当地的第二三产业中安置下来。"[①]塞尼的观点对当地移民而言具有重要指导意义。从多方面、最大限度地提高移民的生存能力,扩大他们的就业空间,是促使移民社区能够尽快融入迁入地社会的基础,也是保证移民社区稳定发展的前提条件。对于移民搬迁后续生计空间的构建,西乡县基于"挪穷窝、断穷根、避险情"与"搬得出、稳得住、能致富"的思考,采取了多种方式进行扶持。

(一)从田间到车间:发展社区工厂

为破解移民搬迁后续就业难题,实现移民搬迁户就近就地稳定就业和搬迁脱贫目标,促进搬迁户和剩余劳动力就近务工增收,

---

① 迈克尔·M.塞尼:《移民与发展——世界银行移民政策与经验研究》,水库移民经济研究中心编译,南京:河海大学出版社,1996年,第48页。

解决农村"三留"问题（留守老人、留守妇女、留守儿童），带动全县产业的全面发展，政府首先要做的是"非农"安置，鼓励移民进入工厂、企业务工或从事第三产业，尽可能给搬迁户提供一些就业岗位。给无法离乡、无力脱贫的移民贫困劳动力提供一个就业平台，解决农村大量留守妇女的尴尬现状，引进外地有实力、有意愿的企业到移民安置社区投资建厂，是促进移民搬迁后续发展的新路子。2017年7月，由西乡县移民办牵头，国土、住建、环保等部门配合，实地勘察拟定了建厂选址，分类统计了外出务工劳动力的技能状况。依托西乡县茶叶、食用菌、中药材等资源和外出务工技术工人较多的优势，决定在沙河集镇、私渡集镇、峡口集镇、白马上庵白家坝、茶镇渔丰、柳树集镇（2个）、堰口飞凤、杨河高坝、土地坪（2个）、石桥、骆家坝镇集镇13个大型移民安置社区招商建立社区工厂，拟招食品和中药材加工、服装鞋帽加工、手工艺品加工、玩具制造、箱包制造、电子加工、机械制造、生物提取等项目。

由县移民办主管的西乡县移民扶贫有限公司作为社区工厂投资建设主体，对厂房面积超过5 000平方米、投资额超过5 000万元的项目，原则上动员其入驻工业园区，由客商自行投资建设，待投产稳定后按移民搬迁产业扶持资金带资入企的办法给予扶持。在贴息贷款、厂房用地、技术培训以及帮扶贫困劳动力就业的奖补扶持上都有具体优惠政策。①

---

① 具体扶持方法：(1) 在贴息贷款上，社区工厂、就业扶贫基地等吸纳贫困劳动力人数超过其员工总数1/5的劳动密集型企业，给予不超过200万元优先贷款，财政给予2年贴息；(2) 在奖补扶持上，社区工厂吸纳移民和贫困劳动力就业，每吸纳一个贫困劳动力就业，且签订不低于一年合同的，给予一次性岗位补贴1 000元；就业扶贫基地依托就地就近转移就业示范工程，吸纳贫困劳动力就业的，且签订一年以上劳动合同的企业，给予500元/人的奖补性职业介绍补贴；(3) 在厂房用地上，对土地充裕的社区，在规划建设时提供建厂用地指标；对土地紧缺的社区，由政府就近租赁门面房作为厂房，业主免费使用三年；对投资方资金不足，建设厂房有困难的，可采取由扶贫移民搬迁公司投资建厂，投资企业租赁厂房的方式解决；(4) 在技术培训上，整合多部门项目资金用于培训补贴，对贫困劳动力参加80课时以上免费就业创业培训的，每人每天给予50元的生活和交通费补贴。

个案 4-1　高坝社区工厂

高坝社区位于县城以南 2 千米,是一个新型移民社区。该社区 1918 户中,移民搬迁户占 1 204 户,贫困户 141 户。高坝社区党总支部下辖三个党支部,共有党员 140 人。社区于 2016 年获得"陕西省一事一议美丽乡村示范试点社区"、"全省和谐社区建设示范社区"和市级"先进基层党组织"等荣誉称号。2016 年人均纯收入 11 586 元。辖区内有苗木花卉公司、建材公司、塑料公司等企业以及蔬菜大棚、莲藕基地、渔荷产业园区等,已成为社区居民致富的重要就业渠道。

高坝社区工厂属于 2017 年重点项目,在苏陕扶贫协作机制下,积极招商引资,引入了汉中市雅蔻雨具制品有限公司、西乡县谯氏松花变蛋加工厂、汉中欧特沃家具建材有限公司三家社区工厂,通过"支部+社区工厂+贫困

图 4-1　移民安置区社区工厂

(搬迁)户"的模式,有效拓展了本社区贫困移民户的就业渠道。

笔者在调查走访过程中看到,社区工厂刚开始投入运行,工厂内已经有工人在加工雨具,分工合作,流水线生产。高坝社区在移民搬迁安置集中区积极兴办社区工厂,引导移民就近就业,就近吸纳劳动力进行"就业式精准扶贫"。社区工厂大都是来料加工,以件计酬,技术含量低,对工作时间要求不严格,尤其适合留守妇女以及"4050"人员和残疾人等困难群体就业,就业形式灵活,有利于聚合各类人力实现家庭式就业。这些加工好的产品依托电商孵化基地,为社区工厂搭建了广阔的线上线下销售平台。笔者特意参观了这三个社区工厂,其中谯氏松花变蛋加工厂是一位70多岁的老大爷开办的,是私营企业,已经做变蛋生意几十年了。车间里堆满了整齐的大纸箱,里面全是变蛋。老大爷说:"在鸡蛋外面裹石灰、麦秸秆的时候比较忙,请人务工,大都是零工;还有分装箱子的时候,需要几个人请几个人。鸭蛋是从开封尉氏县拉过来的。做变蛋也是需要技术的,一般人做不好,不是蛋变稀了,就是蛋坏了。变蛋批发价是 1.15 元一个,一箱子装 100 个,卖往汉中等地方各大超市、门市部。"另外一家家具厂,主要做衣柜、厨房门、卫浴之类的家居生意。但该企业也存在一定困境,比如缺乏高技术人才和设计师,月薪 6 000~13 000 元都请不到人,现在的设计师都是厂家培训的,找本地人去厂家进行培训。

我们这里高坝社区是陕西省典型移民安置社区,该社区大都是移民搬迁户。2017 年我们社区开始引进外资创办社区工厂,通过招商引资,引进了三家企业入园,可为本社区搬迁户和贫困户提供就业岗位,有效增加了搬迁移民的收入,让他们在家门口就可以挣钱。比如雨具厂,可以提供 100 多个就业岗位。分工精细,有做伞骨的,有做伞布的。工资按件计算,你手快干得多,你工资就高。一般每个月都能拿2 000多,做得快的能拿四五千。伞主要通过网络销售,电商在线销售。伞也有多种类型、花纹,有三折的,五折的,有的贵一点,价格不一。一把伞20多、30多块钱,也有50多块钱的,可以遮雨也可以遮阳。务工的大都是留守妇女,需要照顾孩子和老人,不能外出务工,社区工厂让她们在家门口就可以实现就业。但也存在一个问题,就是社区工厂的人员不稳定,流动性比较大,而且这些人都闲散惯了,上班不能遵守时间规定,迟到早退常会发生。还有一些移民看不上家门口就业,觉得没出息,嫌工资低,不肯干,但又没其他技能干更高级的活……

——高坝社区第一书记访谈,2017年11月

我今年40岁了,和其他妇女年轻时一样,我90年代末就出去打工,先后在广东的电子厂、玩具厂、制衣厂上班。但年纪大了,有孩子了,外出务工总不是长久之计。家里有老人生病,因病致贫,日子过得紧巴巴的。这社区工厂刚开业,我就报名了。现在家门口每个月能挣2 000多块钱,也能缓解一下家里的困难,还能照顾孩子和老人,顾家和挣钱两不误……

——高坝社区工厂女工访谈,2017年11月

社区工厂不仅是移民搬迁的衍生物,更重要的是推动了精准扶贫工作的开展。目前,社区工厂已经成为秦巴连片特困地区可复制的就近就地就业扶贫新型模式。通过兴办社区工厂,把企业开在家门口,利用其就业门槛低、上班时间灵活、工资收入可观等优势,实现了移民"楼上居住,楼下就业",切实发挥社区工厂对贫困移民的"造血"功能。社区工厂还应积极制定可持续发展战略,

积极探索"授人以渔"的途径,实现搬迁移民"助人自助",加快搬迁移民向产业工人转变,实现就地城镇化。

（二）苏陕对接帮扶:转移就业

移民的生产开发是一个变"输血"为"造血"的可持续发展过程,技术培训是移民提高人力资本和实现安居乐业的重要途径之一。为了让搬迁群众原有的生产生活方式与城镇化方式实现对接,确保符合条件的移民贫困户能参加免费职业培训,掌握至少一至两门种养或者手工加工技术,提高移民生产生活水平,适应新的空间环境,让集中安置的移民群众能够维持生计并进一步致富,西乡县根据企业用工需求和产业发展导向,结合雨露计划、新型职业农民培育等项目,建立移民就业培训基地,提高移民自身能力和就业素质,使移民的生计空间实现自我繁育。

> 很多移民上楼后离以前耕种土地远,而且收成不好,也就不种地了,大都外出务工了。村民们外出务工收入还是可观的,主要务工地分布于西安等省内城市或江苏、浙江、福建、广东等沿海一带的工厂,而且各行各业有差别:做建筑包工或工厂管理人员的村民收入较高,一般一个月达 6 000 元,这在村民中占少数;在建筑工地做瓦工等以及在工厂做技术工人的村民收入一般在一个月 3 000~4 000 元,占外出务工人员的大多数。在外务工人员一般维持在年收入 3 万元左右。现在国家搞苏陕对接帮扶,我们这儿很多移民都被送去江苏启东的工厂务工了。大概一半以上的人都外出务工,这也带来一个新问题——移民社区基本上空心化了,留下的都是老弱病残。
>
> ——河坝镇石桥社区第一书记访谈,2017 年 12 月

（三）政府购买服务:公益性岗位

西乡县通过购买环卫、园林、护林员等政府公益性岗位,开发

一批农村环境保洁、公路养护、养老护理、护林防火、治安巡逻等职业岗位,用于扶持贫困户和移民人口就业。调研中移民干部也说:"我们政府提供了很多公益性岗位,比如护林员,一个月几百块钱,平时也没啥忙的,没事山上转转,看是否有放火的、有搞破坏的。还有清洁工,这镇上街道需要清洁,扫扫地,倒倒垃圾。这正在建的养老院,也设置了很多护理岗位,适合村里的留守妇女或者家里有老弱病残无法外出务工的4050后的中年人。"

(四)金融贴息贷款:能人自主创业

县劳动服务局等单位对有创业意愿并具备一定创业条件的移民搬迁户开展创业能力培训,坚持"政府促进就业、市场调节就业、移民搬迁自主择业"的原则,按照"以市场需求为导向,以技能促就业"的工作思路,依据移民搬迁的特点和用工市场需求,为搬迁户提供就业创业服务,帮助他们实现自谋职业、自主创业,多渠道促进移民增收致富。西乡县针对搬迁移民给出了多种创业扶持政策措施,如一次性创业补贴,对有创业意愿的贫困劳动力安排免费创业培训等。成功创业的,在稳定经营六个月以后,给予3 000元的一次性创业补贴;创业担保贷款,移民贫困群体创业个人贷款额度不超过10万元,合伙创业的借款人贷款额度不超过50万元,享受两年财政全额贴息;进行创业培训补贴,创业培训时间不少于150课时,取得创业培训合格证的给予1 200元补贴,并在六个月内实现成功创业的,按每人每期给予2 000元补贴。有一些移民搬出来以后在社区经营门店,做点小生意,维持生计。

个案4-2 跨县域搬迁后自主创业

笔者在高坝社区走访一家面皮店。这家移民户主35岁左右,从镇巴县深山里跨县区搬出来的,一家四口原居住在60多平方米的土坯房,基础设施简陋,水、路不通,年人均纯收入仅有3 500元。经亲朋好友介绍搬迁到高坝社区,亲戚搬过来不少家。两间两层120平方米宽敞明亮的房子是统规自建的新房,花费19万建房,政府补贴了3万,属于陕南移民搬迁政策范畴内的。搬迁后在自家房子一楼开了一家小吃店,经营早餐和午餐,品种多样,有水饺、馄饨、面皮、稀饭、菜豆腐、炒菜、米饭、包子等。社区内居住人口较多,安置户有800多户,这家小吃店既方便了安置移民,又解决了全家就业问题,而且收入还不错,一年下来,纯收入有五万多元。该户主说:"以前受环境制约,在大山里挣不着钱,只能丢下老婆孩子外出打工,一年到头省吃俭用就存个一万多块钱,而且家里完全照顾不到。现在好了,我们搬出来了,修了新房,在自家门口就把钱挣了,对现在的生活非常满意,下一步准备扩建自己的小吃店。"

移民创业往往意味着更大的经济成本、更广泛的信息来源、更复杂的经营策略和更高的经济风险。在这里移民创业主要分为销售类、技术类、餐饮类等,销售类主要是农家超市、蔬菜销售点,技术类主要是理发店、装潢店,餐饮类主要为面皮店、卤肉店等。

另外还有一户来自沙河镇搬迁到高坝社区的移民户,户主叫王××,原来和家里老人一起挤住在老屋,人均住房面积不足25平方米。家里主要经济来源靠外出务工,年收入8 000元左右。搬迁后,修了两间两层120平方米的统规自建房。他看准了高坝社区建设规模大,社区内移民户多,而且家家都要装修的商机,在自家开了一家制作铝合金门窗、防盗门等装修建材的门店。生意火爆。一个人实在忙不过来,就把妻子教会,给他帮忙。两口子既是老板也是伙计,一年下来,纯收入居然有十来万。

——河坝村移民办主任访谈,2017年12月我是2014年从红花村搬下来的,到这20多里路,因为孩子上学不方便才搬下来,孩子要到镇上读书。搬这儿以后没法种地了。以前在山上种一些粮食蔬菜,但野猪太多,种的不够野猪吃呢,就不种了,现在主要经营了这家小百货商铺。家里有7口人,大儿子分家了,主要我和老伴还有未婚的小儿子一起住。大儿子在青岛做建筑工,一个月4 500元左右,不管吃住,都要花钱。儿媳在西乡的超市干活,一个月1 000块钱。两个孙子,一个一年级,一个幼儿园了。现在搬下来是比以前交通方便,但没法种菜。米也要买,菜也要买,以前好歹自己种点粮食,现在就靠这家小百货店维持生计。

　　——河川镇河川社区移民访谈,2017年11月

三、"非农型—非农型"生计方式

　　此类家庭生计模式变迁主要指搬迁前外出务工,搬迁后依然外出务工或者就近就地就业的模式转型。目前该地区大部分青壮年男劳力纷纷外出务工,一半以上的男劳动力外出从事建筑行业,还有一部分青年男女进工厂、开店做生意、进超市做销售服务等非农职业。全家外出务工的家庭收入比较高,村里能翻盖新房子的一般都是外出务工挣到了钱的家庭。该地区村民在改革开放初期一般是到广东、浙江一带的工厂务工。21世纪后村民打工群体逐渐流向全国各地,但以省内居多,浙江、江苏一带也不少。外出打工从事的职业主要有建筑工人、电焊工、来料加工等,而且村民们一般都是几个人一起外出打工,或者老乡介绍老乡,也有把孩子带出去陪读的。但这种全家外出务工的一般是家里没有老人或者残疾亲戚需要照顾的家庭。

　　我外出务工比较早。我是骆家坝第一个走出深山沟

的人。30年前就在山西的煤矿打工。后来干大了,自己承包了两个煤矿,把村里的人都带出去了。当时也挣到了不少钱,也带动了不少村民致富。我现在不包煤矿了,出事故太多,而且常年在外对家庭也不好,现在主要负责在各村修建公路……

——在河川镇修公路的王总访谈,2017年11月

我家有两个娃要上学。大的高三,马上高考了;小的小学五年级,教育压力大。我在新疆当电焊工,每个月收入9 000元左右。那边电焊工工资很高,但不是一年四季都有活儿,一年也就干几个月的样子。我媳妇就在县城的火锅店打工,一个月也就2 000多块钱,主要方便照顾俩娃。这样我俩一年收入也有五六万的样子。因为孩子在城里上学,我家在城里租个房子陪读,也是需要交纳房租的,开销多呢……

——白马镇白马社区移民访谈,2017年11月

改革开放以来,伴随着城市化、工业化进程的加快,以及农村与城市在教育、卫生、医疗、公共服务等方面的差异日趋明显,大量农村年轻劳动力选择进城务工或创业,寻求更好的就业机会和发展空间。

我今年快60岁了,年轻的时候出去务工,跑过很多地方。现在老了,这个年龄出去找工作也不知道干啥了,受很多限制。去工地干个建筑工吧,年龄大了,说老也不算老,给个技术活咱不会干,也不懂电脑。没办法,只能在家搞点种植养殖。这村里没村干部,我就为大家服务,做村书记,做了十几年了。说起这村书记,那一个月就1 000多块钱工资,但事务多得不得了,一天24小时随时有事找你。基层工作不好干啊,天天走在路上都有人找

你,干个啥都找你。今天这家被那家的狗咬了,去调解了半天;明天那家的鸡被偷了。还经常应付上访,今天又一个信访件,好多信访问题都是多年前的遗留问题……

——白马镇白马社区书记访谈,2017年11月

村里1 100多人,三四百人都出去打工了,各地都有,建筑工地多,进厂的也不少。女的出去打工的也很多,年轻的没结婚的出去,结婚的也出去,孩子就由爷爷奶奶带着。村里只有老人和孩子,中年人都出去了,或者在村里做点啥生意的。村里刚成立了合作社,还没开始运营,都是和茶叶有关的。也有留村里搞农业规模种植的,这种少,其他都出去务工了。

——河川镇松园村村书记访谈,2017年11月

从对移民非农就业趋势的探讨中,笔者意外发现移民的流动带来了一定的社会分层,但大都分布在较低阶层中。根据陆学艺关于社会阶层的划分,并结合该地移民离土离乡在外谋生的各种方式,划分为以下几种类型:(1) 个体工商户阶层,这种主要是指拥有一定量的私人资本并投入生产、流通、服务业等经营活动而以此为生的人。比如开饭馆,很多移民进城后开面皮店,汉中面皮是全国有名的,遍布全国各地的汉中面皮店给移民带来了可观的收入,但因为店面经营规模小,抗风险能力较低,外地很多人吃不惯面皮,店面就处于亏损状态。也有经营小商铺、服装店,跑运输的。(2) 产业工人阶层,主要指在第二产业中从事体力或者半体力劳动的生产工人、建筑工人及相关人员,这部分人群在整个移民中占比较大。(3) 私营企业主阶层,这部分指拥有一定数量的私人资本或固定资产并进行投资以获取利润,同时雇佣他人劳动的人。比如河川镇的加油站,是简坪村村书记开的,因为他有本事开加油站致富,老家房子修得又现代又阔气,在县城也有房产,他为村庄

做了不少好事,村民们也比较信任他,就选举他为村书记。这一类属于大家眼中的致富能手、经济能人,属于村庄的精英阶层。这类人在一个村里也就两三户。(4)商业服务业员工阶层,这类指在商业和服务行业等第三产业中从事非专业性的、非体力的和体力工作的人员,也被称为蓝领员工,这类人在移民中占比也很大。多元化、多途径的发展门路,建构了移民新生活的图景,我们透过移民社区,看到了移民丰富的生活百态。

四、"非农型—农业型"生计方式

此类生计模式变迁指搬迁前外出务工从事非农就业的部分农户回乡创业,在国家政策支持和资金扶持背景下通过土地集约经营、从事现代农业生产的一种家庭生计策略。该类生计模式是搬迁后以农业生产为主的一种生计模式,但这种生计模式与传统的农业型生计模式不同,之前只是为自己务农,现在可以成为农业园区的雇工而为别人服务,也可以自己流转土地大力进行产业扶贫或产业带贫,成为新型职业农民。这也是基于农民的理性选择,是缺乏必要人力资本和职业转换能力的农户基于新社区、新生活的不确定而不愿意放弃传统家庭生计模式,继续从事农业生产并以此应对未知风险的一种家庭策略。

(一)"老人农业"的延伸

老人务农是根深蒂固的传统习惯,让老人放下锄头、洗脚上楼是不现实的,有一些老人年轻时外出务工,老了就在家里务农。年轻人外出务工赚钱,老年人在家务农并照看孩子,以代际分工为基础的"半工半耕"生计模式貌似已成为当前农村的真实写照。农村中的老年人由于年老、文化程度低且思想观念闭塞以及缺乏社会劳动的经验和技能,只能被排斥在劳动力市场之外,在家进行农业生产。对于年龄日益增长而在就业市场处于劣势地位的老年群体而言,农业收入是一份相对稳定且具有生活保障功能的收入,这一群体在农村老年人中占据重要地位。在这里,村干部告诉我:"六七十岁的老人正当年,很能干。80多岁的老人上山砍柴一点问题都没有。他们每天做农活锻炼身体,走山路估计比你都利索,吃的都是绿色蔬菜,这大山里空气也好,颇有世外桃源的感觉呢。他们不愁吃,就是没钱花,但除了看病也没地方花……"可见,对于老年人来说,留守经营自己的土地是最踏实的。许多老人表示年老了继续务农只是对劳动习惯的一种坚持,一旦闲下来就会觉得自己没用了。"除了种地外,我还能干啥,我其他都不会啊。"从事农业生产俨然成为中老年农民的一种自然的本能,有学者称其为"路径依赖",让老人转变生产方式特别是放弃耕作基本上不现实,于是就保持了这样半工半耕的家计模式。这一模式中,年轻人务工收入较多,对子代的养育以及建房、医疗等意义重大,而务农发挥着自给自足、维持日常生活和贴补家用的功能。随着年轻人生活压力的增加,农村老人对子女所面临的压力也表示理解和支持,并力所能及地坚持经济独立和养老自主,"不愿意拖累子女,能自己解决的问题就自己解决,孩子自己过得也不容易"。在家务农也能使老人从中获得满足感和尊严感,保持独立的生活空间和自由度,这也是农村家庭理性选择的结果。土地对于农村老人而言不仅仅是维持生计、贴补家用,还是老人精神上娱乐休闲的重要途径,维持老人的权威和尊严。农业劳作已成为他们生活中的一种寄托和调味剂。

我儿子在西安工地上做建筑工,钢筋工,一个月收入大概4 000块钱,一年工作10个月左右。冬天下雪天,冷,不好干活。建筑最早也是2月份开始,一年最多10个月。媳妇在西安的饭店打工,一个月2 000多块钱吧。我在家里种地,种了玉米、小麦、油菜,就自己吃。种点菜,养鸡养猪也都是自己吃。这样也省得儿子寄生活费给我了,他还有一家人呢。孙娃子还小,平时我也帮他照看下孩子。但现在孩子作业我没法辅导,他们就带去西安读书了……

——白马镇白马社区移民访谈,2017年11月

(二)成为农业雇工

成为农业雇工也是很多移民上楼后的生计实践形式。很多移民上楼后缺乏务工技能,愿意继续从事农业劳作的,就被龙头企业或农业公司等农业生产主体雇佣。在传统乡土社会,雇工本不是新鲜事,但传统社会中的劳动力并未完全市场化,而是嵌入在一套社会规则中,兼具经济与社会属性。如今市场经济体系逐渐确立,农民才获得了真正劳动力的商品化。劳动力的商品化使越来越多移民成为农业雇工,不像以前农闲农忙,季节性强,现在一年四季都可以是农忙时节,季节性不再显著,移民也可以每天早出晚归,颇像城里人朝九晚五地上下班,只不过他们工作时间更自由,虽然没有双休日,但不想去只需要跟负责人说一下就可以了,不过一般只要身体没问题或者没要紧事,他们还是很愿意到农业园区务农的。

> 我们鼓励新型龙头企业或经营主体吸纳贫困户入股入社或提供务工机会。对吸纳贫困户或搬迁户务工的农业企业、合作社或专业大户等新型经营主体,按每一户年内入股分红5 000元以上或务工支出达到1万元以上的贫困户给予奖励。比如对带动10户以上的,按每一户500元标准奖励;对带动50户以上的,按每户1 000元奖励;对带动100户以上的,按每户1 500元奖励。奖励资金总额不超过100万元,奖励办法就是按吸纳贫困户数量来计算。
>
> ——白马镇镇长访谈,2017年11月

西乡县推动农业园区建设,加大对安置点周边产业园区的政

策支持，并积极争取上级移民搬迁产业扶持资金，选定符合贴息贷款的企业，支持搬迁群众以带资入企的方式解决就业，即企业每吸纳搬迁群众就业一人，借给企业2万元资金免息使用。比如西乡县河川镇打造茶叶观光园区，建设以"茶园风情"为主的"微田园""观光园"，统一规划建设绿色茶园，规模化生产加工茶叶的同时积极拓宽本地茶叶的销售渠道，打造茶叶品牌，提升当地茶叶的影响力和知名度，进而开发茶叶旅游业，形成"人在园中游、产景相结合"的生态观光园区，产业类型由单一的传统农产品栽植转变为具有区域特色的综合农业产业。在茶叶采摘、加工的季节，各大茶叶加工厂或茶叶公司都需要雇佣农民，比如采摘茶叶，按采摘的重量和质量，当天结算工资。

  我们镇打造了天域玫瑰园，主要进行玫瑰种植及玫瑰系列产品深加工，比如做玫瑰精油护肤品之类的。是汉中市现代农业园区，有2 000多亩食用玫瑰基地和50亩玫瑰良种苗木基地，建成了两条玫瑰纯露、精油加工生产线，有食品车间加工基地，也有营销中心。先后参加了昆山国际芳香展、广州美博会、西安丝绸之路博览会等展会，进行产品推介宣传。公司也积极响应国家号召，结对帮扶朱垭村、贯溪村贫困户和搬迁移民户。每年吸纳移民户到园区内务工，一年田间管理用工要2 000多人次。其中贫困户用工1 000多人次，用工的贫困户通过田间劳作年增收3 000多元，按天数计算工资。精准扶贫以来，我公司结对帮扶的30户贫困户已全部脱贫，2017年也被县政府评为"企业脱贫先进单位"。一般移民工作按天数计算工资，一天70块钱或者根据劳动程度相应增加报酬……

  ——白马镇天域玫瑰园总经理访谈，2017年12月

图 4-2　天域玫瑰园

第二节　空间变革与消费方式转型

马克思指出:"物质生活的生产方式制约着整个社会生活、政治生活和精神生活的过程。"[1]马克思主义创始人提出,生活方式是辨别阶级的有效指标。之后,韦伯对社会地位与生活方式的关系进行了理论探讨,他认为社会地位的尊卑由生活方式的高低所代表。同时,他也指出,特定的生活方式表现于消费商品的特定规律,人们可以根据消费规律认识生活方式。[2] 凡勃伦在《有闲阶级

---

[1] 马克思:《〈政治经济学批判〉序言》,《马克思恩格斯选集》第二卷,北京:人民出版社,1972年,第82页。
[2] 高丙中:《现代化与民族生活方式的变迁》(第六卷),天津:天津人民出版社,1997年,第5页。

145

论》中也是根据商品消费来界定生活方式,进而界定社会阶级地位。[1] 把生活方式转化为消费方式来研究,已经成为当前西方生活方式研究的主流。

消费不仅是经济学意义上人们通过消费品满足个人欲望的一种经济行为,还是社会学意义上消费者进行文化建构和社会关系再生产的过程。[2] 消费方式是生活方式中最基本的组成部分,直接影响着移民生活方式的变化和社会的转型。随着移民居住空间的位移和生产方式的转型,移民的消费方式也随之发生巨大变化。居住空间的集聚使基层市场社会体系在移民日常生活中扮演越来越重要的角色,移民由自给自足的小农生活转向以市场供给为主的生活方式。虽然移民生产交易更加方便,但也存在生计上的"难以承受之重",在居住条件改善的同时,生产生活方式也得到了改变。地理空间的集约化也通过公共服务集约化供给延伸了居民社会经济活动半径,充分发挥了基层市场体系的辐射效应。[3]

一、消费结构的变化

自古以来,衣食住行是人类生存之本,与人们生活息息相关。不管移民如何搬迁,衣食住行的消费都是不可或缺的,它们始终在移民消费结构中占主要地位。根据需求层次,消费可以划分为生存资料消费、享受资料消费和发展资料消费。[4] 从消费的形式看,衣食住行和服务都构成了消费结构。搬迁前,受经济发展水平限

---

[1] 高丙中:《西方生活方式研究的理论发展叙略》,《社会学研究》1998年第3期,第61-72页。
[2] 王宁:《消费社会学》,北京:社会科学文献出版社,2001年,第2页。
[3] 郑娜娜、许佳君:《易地搬迁移民社区的空间再造与社会融入——基于陕西省西乡县的田野考察》,《南京农业大学学报(社会科学版)》2019年第1期,第58-68页。
[4] 生存资料消费是维持劳动者简单再生产所必需的生活资料消费;享受资料消费是满足人们享受需要的生活资料消费;发展资料消费则是发展人们体力和智力所需要的生活资料消费。

制,当地人消费观念还是比较传统,消费多集中于生存资料消费,而发展资料消费和享受资料消费所占比重较小。只有家里有上大学的或者上高中的,发展消费才相对占比较大;而人们几乎不会在享受消费上花钱,也不乏一些年轻人将钱用于赌博和喝酒,这只是个别年轻人的消费习惯有所不同。搬迁后,移民消费结构发生变化,消费观念也发生了改变,吃喝开销增大,为新家添置家具、子女学习教育等方面的消费增加。调研中,笔者了解到,移民消费支出多集中于农业投资、日常消费、教育支出、医疗支出、儿女消费以及各种人情往来的礼金等方面。

(一) 日常生活开销增大

搬迁前,移民生活和自家的庭院经济有密切联系,庭院经济基本上让他们自给自足,花钱消费的地方很少。吃的是自己种的粮食和蔬菜,肉是自己养的家畜,啥时候赶场去集市买点其他菜,但也只是饮食中的点缀。穿着基本上都很朴素,花费在总体中比例很小。加之居住在偏远山区,居住分散、交通不便,消费品供给市场落后,移民日常生活用品基本上是在赶场的时候在集市上买或者偶尔到镇上的店铺或进县城买。移民消费能力不足,食品和日常生活开销比例较低,有时还会"有钱没处花"。移民饮食单一,消费层次低,燃料都是自己砍柴,家家基本上都是烧柴,照明虽然有电,但很少有移民家会开灯,他们依然是日出而作、日落而息。从消费层次看,结构单一,主要用于生存资料消费。

搬迁后,首先,装修房子买家具都是一笔很大的开销。很多移民没有理财理念,不是把所得的钱全部买衣柜、电视、冰箱等家具家电,就是成天消费娱乐,吃喝玩乐,没有规划性地花钱,从而造成后续产业发展没有启动资金。

其次,日常生活开销增加。上楼以后,由于失去土地,人地关系紧张,土地产出几乎没有剩余可用于交换,而且还需要通过市场交换来弥补日常生活所需的粮食、肉菜等,还需要支付更多的燃料费、水电费、通信费等,生活支出明显增加。搬迁后,饮食结构也更加多样化。当地人在山上住的时候大都吃米饭和洋芋、白萝卜、油菜等自己种的一些蔬菜。洋芋是当地十分重要的粮食作物,几乎家家都种有洋芋,村民煮米饭时会放入一些洋芋,这种洋芋饭已成为村民饭桌上必不可少的主食。住在安置区后,交通相对便利,购物也方便多了,这样的便利条件也刺激了移民的消费。从之前家里只有基本农具、基本生活必需品等简单家用,向洗衣机、电视、冰箱、空调等新型电器设备的需求转型和发展。移民饮食更加多样,买菜的品种增多。另外,衣着打扮也更时尚和多样化,购买衣物也比以前增多。

再次,交通的便利、电力设施的改善和市场网络的发展使外界更多新商品流入移民生活中。在市场交换中,移民由原来的商品生产者和消费者转变为纯粹的消费者,生活开销日益增多。移民消费方式逐渐从生存型转向"被享受型",消费习惯和消费观念的转变使消费需求从过去满足衣食住行等单一消费方式转向包括医疗保健、文化娱乐等全面消费方式,无形中加大了移民的生活压力,出现入不敷出的现象,导致移民收支"剪刀差"。

据笔者调研得知,居住消费中水电通信费的开支比以前增加不少。移民之前饮用天然山泉水,烧柴,水电消费很少。现在水电费就是一项以前没有的开销,水电费每家每月从以前10块钱以下到现在30、50、100元不等,没洗衣机和冰箱、没学生的家庭,水电费在30块钱以下,电器多、有学生的家庭一般都在50元以上。特别是燃料的开销,以前烧柴不花钱,现在要用电或者液化气。很多移民依然保持一天两顿饭的习惯,这样可以少做顿饭,可以减少水电燃气开销。"以前在山上从地里随便拾上一些柴火就够烧了,现在都要烧液化气,一罐八九十块钱,烧不了多久就用完了。这房子小点可以凑合,但每天的开销太大,水电费、气费、网费……什么都要花钱,正想着回山上老家种田去呢。"特别是冲水马桶的使用,很多移民无法接受用水冲马桶,觉得上厕所都要花钱。这种变化让很多移民一下子难以适应,"跟火车脱轨一样"。移民医疗保健开支也增多了,以前住得偏远,就医不方便,有病就拖着。而且很多移民到医院不知道如何看病,挂号拿药等在常人看来再普通不过的事情对他们却是一种障碍,他们宁愿拖着不治疗或者到小诊所随便开点药暂时缓解一下症状。现在家家都签约了家庭医生,有病给家庭医生打电话,2个小时内上门服务,移民有病就医的意识也提高了。而且镇卫生室、移民干部常常入户进行健康扶贫政策宣讲以及新型农村合作医疗的讲解,他们也慢慢愿意去医院看病了,也基本上全部参加了合作医疗。

> 以前我们住山上,海拔1 000多米,不通车,没有电,也没水,都是自己挖井打水;山里也没有接通网络,没信号,用不了手机电话,也不会用手机;以前出门都是步行,下山2个小时,上山七八个小时,基本上不下山,几个月下来赶场一次,买点日用品回去。现在搬下来,大家都在用手机,我也学着用了,但是每个月电话费好几十块钱,没事都不敢打电话。现在处处都要用钱,搬下来要花钱的地方太多了,出门坐车需要钱,吃饭买米买菜需要钱,做饭也需要钱,连上厕所都需要钱了……
> ——河坝镇高池村移民访谈,2017年12月

(二)建房支出和装修房子开销增大

农民活着最大的事情就是结婚生子和盖房子。对于农民来说,修房子是人生大事,用当地移民的话说,辛辛苦苦一辈子都修了房子,支出最大的就是住房消费。搬迁前,移民大都住土坯房,修房子成本较低。外出务工的移民挣钱后回家修房子,有的修成两层或三层小楼,贴着瓷砖,这种砖木结构的房子花费要多一点,一座房子建好大概需要十几万元,如果加上装修买家具,得二十多

万元。村民们在外打工挣的钱多用于了建房消费。而且在偏远山区建房子,建筑材料的运输费用比材料本身都贵。家家因为修建新房子而债台高筑。搬迁后,虽然国家对移民搬迁有一定补贴,但也需要自己垫资一部分才能住进新居,而且新房子需要配套现代家具、家电,如落地窗帘、沙发、席梦思床、电视、冰箱、热水器、电磁炉等,这些过去很少家庭拥有的物品,现在飞入寻常移民家。而且在山里居住的时候基本上不需要交通工具,出门靠步行,搬迁以后,很多移民添置了自行车或者电动车、摩托车,也有买小汽车的。

> 我家都搬家好多次了。以前20世纪70年代初期我们这儿是库区淹没区,因为石泉水库搬到山上去了,修房子。这住山上是土坯房,泥巴房子,也没路没水,生活很不方便,地质灾害严重。2015年陕南移民搬迁我们就下山了,然后分散安置。当时补助了3万元,自己贴了二十七八万建房,有银行贷款,无息贷款也贷款,正常也贷款,就拿建的这个房子抵押。看着我们现在这个房子是好的,外债也多了。基本上建好房子就继续出去打工还债,农民啊就是辛辛苦苦一辈子为了房子……
> ——白马镇白马社区移民访谈,2017年11月

(三) 自给自足的农业投资减少,产业化农业投资增多

农业投资主要包括种植业购买种子、肥料和其他农业生产资料,也包括畜牧业的一些投资,比如养猪、牛、羊、鸡、鸭等。但这些投资很多时候是很难计算清楚的,比如种稻谷,每亩投资需要200元左右,买种子50元左右,施肥一次买肥料100元左右。比如养殖,一头小猪1 500元,一头牛需要3 000元,一只鸡10元、20元的,这些都是需要成本投入的。因为土地的减少,移民自给自足的农业开销减少,而如果发展产业化农业,那就需要投入相对比较多

的资金,不过政府对产业扶持有一定资金补助。

> 比如有的村民养猪,买个猪娃子回家1 500块钱,20多块钱一斤,辛辛苦苦养了六个月,卖的时候猪肉降价了,七八块钱一斤,也就卖了1 000多块钱,挣不到钱。你买个猪一千五六,你卖的时候还这个价,中间五六个月你白费精力,还浪费六个月的饲料。种植也不行,没收益,还要买种子化肥,也是需要成本的。而且山上野猪多,种的不够野猪吃的,村民也就不种了。也就一些老人房前屋后种点菜供自己吃,浇灌不方便,基本上是望天田,靠天收成,菜地也就是自己家门口的方便浇灌一下,远了不行……
> ——河川镇党委书记访谈,2017年11月

(四) 教育支出增加

20世纪90年代以来,国家开始推行九年义务教育。在很多贫困山区,因家庭经济困难、思想观念落后、学生厌学等导致辍学和失学的现象普遍存在。[①] 在调研中,笔者了解到,由于当地教育扶贫工作者的入户劝学和当地人教育意识的提高,适龄人口入学率基本上达到要求。搬迁后由于就学方便或者就学条件提高,大部分人认为应该送孩子读书,以知识改变贫穷面貌,因此教育支出在搬迁后相对增加。

---

① 沈洪成:《教育下乡:一个乡镇的教育治理实践》,《社会学研究》2014年第2期,第90-115页。

表4-1 2017年河川镇学生就读情况统计表

学段	学龄人口总数	在校就读人数	入学率	建档立卡贫困生人口数				残疾人口数				留守儿童数	流动人口子女数	住宿生数
				总数	入学数	辍学人数	入学率	小计	已入学数	免缓入学数	入学率			
学前教育	486	463	95.3%	143	133	10	93.0%	1	0	1	0	77	2	8
小学	1 332	1 145	86.0%	350	350	0	100.0%	15	13	2	86.7%	289	16	201
初中	653	640	98.0%	165	162	3	98.2%	8	6	2	75.0%	92	5	464
高中	496	383	77.2%	122	92	30	75.4%	1	1	0	100.0%	90		305
大学	/	68	/	68	68		/	/	/	/	/	/	/	/

备注：学前学龄人口范围为3～5岁，小学学龄人口范围为6～11岁，初中学龄人口范围为12～14岁，高中学龄人口范围为15～17岁。

学校的老师对每个班级建档立卡的学生都要入户，了解详细家庭情况。这里留守儿童比较多，老人思想观念落后。有的觉得读不读书没啥用，还是早点儿外出挣钱好。老师针对每个不来读书的学生都（进行）家访劝学，向他们讲解《义务教育法》和控辍保学的相关规定。很多家长还是愿意支持孩子读书的，毕竟知道自己没文化出去务工有多难，不想孩子再受自己这样的苦，砸锅卖铁也要给孩子读书的……

——河川镇中心小学副校长访谈

我们村撤点并校，没有学校了。现在全镇只有柏树垭小学、黎家庙小学和镇上的中心小学。我孙娃子10岁了，在镇上的小学读书。那边也没亲戚，他妈妈就在镇上租了房子陪读，自己做饭。孩子愿意上学就供呗，长大以后有点文化总比我们只会种地干苦力好。

——河川镇红花村移民访谈，2017年11月

移民搬进安置点以后，教育观念发生变化。教育是贫困人群改变社会地位、向上流动的重要途径。尽管《义务教育法》规定了地方各级政府应保障学龄人口就近入学的权利，但随着农村撤点并校和城乡教育差距的存在，"就近入学"和"优质教育"成为一种两难选择。[①] 许多家庭在乡镇、县城租房陪读或孩子随迁到父母打工地就读，从子女上幼儿园开始便承担较高的教育成本和额外的饮食、租房、交通等费用。"租房陪读"不仅意味着家庭需要承担经济上的支出，也要承担劳动力的支出，陪读家长无法持续性务工

---

① 郑娜娜、许佳君：《乡村振兴背景下教育扶贫的困境和治理路径》，《教育文化论坛》2019年第1期，第62-69页。

获取收入。① 教育收益具有滞后性和间接性,很多家庭在孩子读书期间都陷入了贫困之中,特别是进城陪读的学生,一般家庭每年教育支出都在1万元左右。

(五) 人情支出不断增长

人情消费在当地是较大开支,这是由农村社会特殊的社会关系所决定的。随着新社区社会交往的扩大,人情往来更加频繁,人情支出不断增长。山上的居民尽管下山住进了安置社区,但他们的人情往来还维持着,其中包括各种婚丧嫁娶的礼金,此外,哪家盖房子动土,哪家搬新家了,哪家孩子考上大学了,哪家老人过寿了,哪家生孩子喝"满月酒",村里人都要去送礼金的,哪家生病了探望也要送礼或者送慰问金。礼金的多少要看彼此之间的关系和家庭经济情况,如果没有亲戚关系,只是街坊邻居,一般都会给至少100元,如果是亲戚关系则给得要多一些,几百甚至几千不等。人情消费是村民们不可避免的支出。在中国,每逢仪式性的场合都少不了礼物的交换。阎云翔在《礼物的流动》中将礼物交换的情境分为仪式化和非仪式化,不同情境中,人们的礼物交换也必然存在着差异。他还将礼物交换分为表达性礼物和工具性礼物。② 乡村社会中私人网络的培养不仅涉及理性计算,也涉及道德和个人感情。

调研中,笔者在下乡的路上偶遇了去送礼的村民。他们有的带着一条棉被,有的扛着花圈,有的带着吃的,说是村里哪个老太太去世,需要送礼去。当问及一般要送多少礼金时,村干部跟我说:"一般都要200块钱以上。看情况,一般街坊邻居就是200块钱,亲戚就不好说了,500、800、1 000块钱的都有,一年送礼至少四

---

① 郑娜娜、许佳君:《乡村振兴背景下教育扶贫的困境和治理路径》,《教育文化论坛》2019年第1期,第62—69页。

② [美]阎云翔:《礼物的流动》,李放春、刘瑜译,上海:上海人民出版社,1999年,第58页。

第四章 萎缩与繁育:经济空间的再造

五千块钱,都可以买几头大肥猪了,感觉压力很大,八项规定也不能用到他们身上,不然可以少送点。人家都通知你了,你也不能不去啊。现在农村这种送礼的风气实在不好,要面子。特别是这家去世的老太,5个儿子都是大老板,你看门口停满了奔驰、奥迪,礼少了都不好意思去送。当然这个送礼也不仅仅是情感上的,也有求人办事的,特别是这家老太的儿子都有钱,说不定给村民帮帮忙啥的……"调研中也听到了不同的声音,反映当地送礼风气不好,礼金太重,家庭压力非常大。一家外迁过来的移民户反映:"我从镇巴搬过来。镇巴是有名的送礼很重的地方,搬这儿以后少了很多跟亲戚的来往,因为实在是远了。也有的是实在负担不起那个礼金。多的时候礼金比我一个月卖早餐收入都要多,压力大。""以前每年随礼我家至少5 000块。现在搬进新社区了,既要维持老家的亲戚朋友,还要增添新邻居的份子钱。红白喜事每场最少100块钱,搬新家请客吃饭也要100元。"还有的村干部反映:"作为村干部,我送不起礼。村民们搬新家都通知我,我一家送200、300元。一个村子里搬迁几十上百户的,我送礼都送穷了。我一个村干部能有多少收入,你去这家不去那家,也说不过去,所以当村干部也不好干啊。"甚至还有为了少送礼金而外出打工不回来的:"在家送礼太多了,县城里干点啥活,挣的钱不够送礼呢,干脆出去务工,家里有啥事回不来,也免了不少礼金。"当然,大额礼金的情况比较少,仅限于内亲和血亲之间。一位村民盖房子,亲哥哥支援了2万元作为人情。最大的礼金就在于结婚的彩礼,很多家是因婚致贫,当地彩礼要10万元以上,村里光棍汉很多,娶不起亲。"这里风俗不好,彩礼要得多,订个婚都要10万元以上。比如订婚,给女子6万,给女子父母一人1万,这就8万了。如果有弟弟妹妹,一人至少5 000吧。还有生活费,买衣服裤子,还有那个三金,戒指耳环啥的,也得2万多吧。举办婚礼也要钱,现在农村也流行找婚庆公司,也要花上10万。这一般人娶不起媳妇啊,很多都是贷款借钱娶媳妇。男方条件不好的,特别是两三个弟兄的,女方要求就高些。如果家里只有一个儿子,要求低点。"搬迁后,移民的礼金开销明显增加,至少搬新家送礼这项是不可缺少的。

二、消费观念的转变

消费观念是指消费者的消费价值观,换句话说就是消费者喜欢购买什么类型的产品或服务。[1] 移民的消费观念不仅受社会关系中"场域"的影响,也深受农村习惯的影响。移民空间场域的转换,也改变了他们衣食住行用、教育、休闲等物质和精神消费观念。本研究中,移民搬迁前和搬迁后的生活空间为两个不同的相对独立的社会空间,也是大场域中的小世界。

(一) 场域空间与消费观念转变

人类学家施坚雅认为:"如果说农民生活在一个自给自足的社会中,那么这个社会不是村庄而是基层市场社区。农民的实际社会区域的边界不是由他所住村庄的狭窄范围决定,而是由他的基层市场区域的边界决定。"[2]传统的乡村共同体单位是以集市这种基层市场为边界的,基层市场是农民自给自足的社会单位,满足农民家庭正常的贸易需求。调研中,笔者了解到搬迁前移民家庭的消费通常发生在这几种场景中:赶场、流动商贩和零售店。赶场是这里最常见的一种贸易方式,有固定的场所和集期,以本地市场为主。流动商贩经常具有一定季节性,而零售店相对较少,主要集中于镇上,村子里很少。

赶场是当地村民互动的普遍模式,人们在场中互动、交流,在交换信息的同时也增进彼此的认知、维系浓厚的地域情感。赶场的地点是固定的,通常设在乡镇政府所在地及其周围,很大原因是

---

[1] 杨魁、董雅丽:《消费文化——从现代到后现代》,北京:中国社会科学出版社,2003年,第26页。

[2] [美]施坚雅:《中国农村的市场和社会结构》,史建云、徐秀丽译,北京:中国社会科学出版社,1998年,第41页。

地方政府和贸易场镇的选址都具有一定的类似标准,如交通方便等,所以难免有不谋而合的情况。赶场的日子是确定的,比如河川镇赶场时间在农历的三、六、九进行,扩展开去,十三、十六、十九以及二十三、二十六、二十九都是赶场的日子。通常每月赶场九次,每三天赶一次场。赶场的场所主要分布于乡镇的街道上,街道两侧分布着各种店面,包括服装店、小家电铺、超市、理发店、宾馆、小饭店、茶馆、棋牌室、通信用品店、药店、照相馆、菜籽油榨油店等,这些店面每天营业,不管是否赶场都开门。赶场当天会出现许多流动摊点,主要包括卖肉摊点、蔬菜摊点、干菜摊点(农家自己晒干的萝卜、土豆片、豇豆、竹笋等)、水果摊点、秧苗摊点、种子化肥摊点、豆腐摊点、卤菜摊点、卖鱼卖鸡鸭摊点、调料摊点、烤烟摊点、特色食品摊点(比如魔芋豆腐、香干、土家蜂蜜、吊瓜子等)、服装摊点、鞋子摊点、特色中草药摊点(乌药、元胡、黄姜等)、农具摊点、竹编柳编摊点等,另外还有收购产品的摊点,比如收购村民从山上采集来的中草药、野山菌、野山药、茶叶、野猪肉等。还有一些手工艺人,平时会抽空做一些木器、竹器、刺绣鞋垫、背带等,到赶场的时候拿到集市上卖。这些摆摊的本身不是商人,都是附近山上的农民,一年到头收不了多少东西,他们经常要背着背篓或者推个拉车、三轮车走几个小时山路才能拿到这里来卖。一般山上的村民日常生活用品大都在赶场的时候购买,场上可以看到背着柳编背篓在购物的村民。村民们在赶场结束都会背篓满满地回家,里面装满了生活用品,如调料、香烟、学生文具、洗衣粉等日用品,还有水果、肉类等,这些是购买频率比较高的。

  随着市场经济的发展和移民居住区位的改变,搬迁后的移民面临着更加开阔的现代市场体系。就市场范围而言,移民搬迁后主要有五大类型:(1)区域性的固定市场,包括集镇、集市和劳务市场。比如笔者在河川镇和河坝镇调研时都正赶上了他们的集市,他们赶场的日子是农历三、六、九,赶场的场子上商品多种多样,有粮食、蔬菜、水果、家畜、禽蛋、烤烟、豆制品、土产、农业用具、服装鞋子、中草药、蜂蜜等,应有尽有。另外还有固定的商铺,主要分布于沿镇政府及其职能部门两边的街道侧面延伸出来的道路上,形成一条条带状的商业区,满足村民日常生活需要。(2)镇上或村里的店铺和商人,村内的小超市、饭店、农资经销商、建材铺以及其他各种店铺等,为村民提供各种服务,越是交通便利的村庄,店铺种类越多。(3)流动性商贩,他们可能是来自某个村庄卖小吃的,可能是远方商人来当地销售一些不常见的特产或货品,还可能是专门在集市上隔三岔五在村里巡回销售的,也可能是某村村民把自己家种的农产品用三轮车拉到村里走街串巷叫卖。(4)超市或零售店,现在村庄里也有国家支持的"万村千乡"工程的超市,售卖一些日常用品,虽没有城里的超市东西齐全,但货架也是琳琅满目。(5)网络购物,科技的发展和物流的发达也使交易活动由固定空间转向虚拟空间进行,电商让农民也享受到了城市的服务和产品,将大都市与小乡村连接起来。

与传统村落社会的简单市场配置相比,现代市场体系更丰富多彩,深入全面地镶嵌于移民社区,这不仅将移民深度嵌入市场,也使原来因集市而形成的经济共同体逐步瓦解。移民的区位场域是理解移民怎样消费的基本条件,也是移民消费不可缺少的自然生活空间。长期以来,移民生活在深山区,交通不便,生活封闭,与外界接触很少,移民主要依靠土地生存,靠山吃山,他们重积累,轻消费。搬迁后,移民靠近县城或集镇,交通便利,相比而言接受新思想更快,受城市消费观念影响,移民消费观念也不断在改变。日常的消费在村庄内就可以满足,很多年迈的老人不需要去赶集就可以在村中的小商铺获取自己需要的油盐等生活用品,年轻人则进城购物,不会像过去一样只等着赶场的那天去购物。集市在移民生活中虽仍是重要的市场中心,但其社会文化共同体意义逐渐弱化。不同层次的市场满足了移民不同的生产生活需要,同时也改变了他们的生产生活方式和社会关系,经济交换行为成为移民日常生活的常态,改变着移民的生计过程和农村的社会生态。移民从一个场域迁移到另外一个场域,消费观念和消费结构都发生了重大变化,以前基本上不出去买东西或个把月赶场一次,而现在经常去超市、店铺购物,从购置生活必需品逐渐向闲暇消费转变,消费观念得到改变。

> 以前我住高池,不通车,下山要步行2个小时,几个月才下来到镇上赶场一次。买点油盐或者洗衣粉之类的生活用品,足够用几个月。基本上不买菜,自己种的萝卜青菜就够吃了。现在搬下来方便多了,这小区旁边就是超市、店铺,需要啥随时都能去买,不用等到赶场的时候了。而且我搬下来以后买了个电动车,骑着去超市只需要几分钟,方便多了,但花钱也比以前多多了。去超市看到各种商品,总是会想买。
> ——河坝镇石桥社区移民访谈,2017年11月

(二) 收入结构与消费观念转变

收入结构的改变直接影响消费观念转变,消费是收入的功能延伸。搬迁前,移民收入主要来源于种地、庭院经济以及外出务工等。由于居住偏僻,交通不便,种植和养殖是生存消费的主要来源,移民种植的粮食蔬菜除了自给自足外,剩余部分可以拿到集市进行交易换取零花钱。搬迁后,移民土地减少,搬迁居住地如果与原居住地较远,基本上就完全失去了土地,进城务工就成为移民首选的生计方式。但受季节、个人就业技能等因素影响,打工收入不稳定或存在拖欠工资的情况,于是移民首先考虑的就是生存性消费。当收入逐渐增加后,移民的消费结构和消费观念才得到改变,他们才开始出现享受型消费。比如以前剪头发都是自己剪,现在可以到理发店去剪发,也可以进行喝茶、夜宵、台球、棋牌室、网吧等休闲娱乐消费。而且搬迁后,移民教育观念发生很大改变,教育投资逐渐增大。

（三）惯习规则与消费观念转变

随着计划经济向市场经济的转变，制度的变迁使农村市场与乡村传统场域融合，推动了乡村观念的转变，从而改变了移民消费观念的变迁。移民也越来越明白完全依靠土地进行小农经济生产是无法致富的，他们有了主动外出务工、做生意等意识。外出务工的移民越来越多地接触现代生活方式，他们的消费观念也受到很大冲击和影响。乡村惯习作为移民活动于乡村场域的一种稳定的主观性习惯，是农民个人与集体行为遵循的规则。中国乡村社会是一个熟人社会，人们遵循着"差序格局"的关系网络。阎云翔认为这种社会网络是一种获取资源、信任、互惠等社会资本的来源，村民们在面对困难时，首先从本人的社会网络中获取帮助，于是会形成某一群体成员共同心理支配下的具有一定指向的消费行为模式。传统观念和行为方式对移民的消费价值观影响很大。当地村民在其历史背景、生存条件等影响下，重视结婚生育的支出和修建房子的支出，觉得结婚生子和盖房子是人生的头等大事，为盖房子和结婚娶媳妇倾其所有，甚至债务重重。另外人情往来在村民生活中也占据重要地位。

但随着移民外出务工和市场经济的发展，移民社区中传统惯习的影响在不断削弱，移民的生活方式和文化形式逐渐多元化。受大众传媒和城市消费方式的影响，乡村社会原有的惯习脱离了新地域而逐渐离散，移民消费观念逐渐出现新特点：(1) 代际差异明显，老年人与外界接触少，思想保守闭塞，重视积累，普遍认为积蓄应该花在盖房子、给孩子结婚等大事上；年青一代由于经常外出务工，接受城市现代思想和生活方式较多，重视消费。特别是在教育观念上，很多老人认为读书没用，还不如早点出去挣钱；年轻人越来越认识到教育改变命运，只要有能力就愿意提供给孩子更好的读书条件。(2) 消费观念存在一定程度的攀比现象，主要是模仿性消费和从众性消费。随着移民收入分化的加大，消费也不断分层，移民开始追求个性消费和竞争消费，特别是在操办婚礼、房屋建造上进行攀比,还有对家庭交通工具的攀比以及是否送孩子进城读书进行攀比。"现在这个社会生活水平提高了,以前结婚骑个自行车就把新娘子娶回家了,现在一开口就是上万,十万二十万。房子车子,还要彩礼十万,还流行什么三金一响。办个婚礼都要比,婚礼场面谁办得更盛大,谁用的烟酒更好,怕丢面子。以前都在家里请厨师做菜,自己村里的人来帮忙。现在都要求去酒店吃,在家吃都嫌不上档次了。去酒店也要追求环境的优雅,死要面子。"调研中一位移民这么感叹。人情往来也是水涨船高,生活条件好了,移民随礼的份子钱都要逐渐增加,以前送200元,现在感觉200元都拿不出手了,至少都要500元。

第三节 小结:空间变革与经济空间转型

易地搬迁政策体现了国家强大的权力运作过程,在移民社区生产和再造过程中,权力无处不在。国家对地方社会的控制通过政策的落实逐渐渗透,从移民搬迁到安置发展的整个过程,都体现了国家权力在地方社会的实践。移民搬迁前,自给自足的小农经济是其主要生计模式,"见闻不出乡里,交往止于四邻"。在国家权力的规划下,移民失去或远离赖以生存的土地,离开了世代居住的深山老林,也失去了赖以发展的庭院经济和自给自足的小农生计模式。搬迁后,移民原有的组织关系、文化样式和空间结构都被打破了,他们经历了一次社会脱域过程,在新的搬迁地他们面临的是崭新的生活空间和社会关系的重组,生计模式和消费方式出现转型。

(一)居住空间位移与生计方式转型

移民居住空间的转变体现在,移民从大山环绕、云雾缭绕、峡谷相间的高寒山区搬迁到相对平坦、交通便利的集中安置区,从散居的庭院搬迁到立体化的楼房。地理性空间的转变也改变了移民最根本的生计方式,从农业、林业等自给自足的小农经济生计模式转变为非农化的生计模式,大都依靠外出务工谋生,他们原有的生计模式也处于脱域状态。

随着离土又离乡的趋势和劳务经济的发展,劳务收入已经在移民经济收入中占据半壁江山。他们走出去不仅感受到了现代文明,也改变了以往的生活方式。周晓虹在研究虹桥农民与周庄农民心理机制的区别时曾发现,土地资源的多寡以及由此形成的两地生产和生活方式上的差异,对周庄和虹桥农民人格和社会心理的嬗变具有深刻影响。虹桥农民在增加了离土和离乡倾向的同时,也培养了他们的流动和风险意识以及独立经营的能力。[①] 在陕南移民社区也存在着类似的情况。居住在河川镇等偏远山区村镇的移民,他们的流动意识以及参与商业风险的意识,都要比居住在河坝镇等靠近城区的移民弱一些。移民在生计模式转换过程中依赖地缘、血缘、业缘建立的社会网络交叉融合,呈现出复杂性的特点。

移民向第二、第三产业转型并不是那么顺利,由于缺乏竞争意识和能力,缺乏基本技能,很多移民低劳动效率的工作状态总是会让老板无法容忍;而且移民长期生活散漫,对按时上下班的工作机制无法适应,很多工作要求高效率和严格的时间规定,超出移民可以接受的范围,很多移民自动退工,他们成为游离于传统与现代夹缝中的一个新的群体。从移民主观原因看,其严重的"等、靠、要"思想和"今朝有酒今朝醉,明日无酒喝凉水"的思想也成为他们脱贫致富的一大障碍。当然,移民产业结构转型也不是一蹴而就的,是一个循序渐进的过程,如何在"搬得出"后"稳得住"和"能致富",依然是陕南移民需要解决的难题。

(二)居住空间位移与消费方式变迁

随着移民从传统村落搬迁到新型移民社区的空间位移,移民

[①] 周晓虹:《传统与变迁——江浙农民的社会心理及其近代以来的嬗变》,北京:三联书店,1998年,第270页。

的消费生活方式也出现相应变化。今天的移民也从自给自足的传统社会逐渐过渡到一个市场经济和消费主义的时代。移民不仅仅需要解决温饱问题,满足基本的生存型消费,也面临着各种享受型消费和发展型消费的支出,在日常饮食、住房、教育等方面开销逐渐增多,开始注重享受,移民不得不靠市场来满足自己需要的各种物品和服务。移民空间的位移,导致移民社区空间格局和土地资源等发生重大变革的同时,移民的生计方式和生活方式以及消费观念都在发生深刻变化,呈现了以下特点:

第一,移民的居住区位决定了消费行为选择。搬迁后,距离集镇、县城比较近的移民,交通便利,在接触消费空间上更加方便,具有更大空间优势;反之,居住偏远、交通不便的移民,在消费投资上占有的空间优势较小,消费受约束,特别是居住在深山里的农民,他们基本上不需要消费,也没地方消费,也就是逢赶场的时候去集贸市场购置日用品。而搬迁到新社区以后,很多移民从深山里走出来,靠近县城,就经常进城消费了,还可以和朋友晚上到县城吃夜宵、喝茶休闲、娱乐。移民消费生活方式的变迁也促进了移民社区城镇化的进程,加快了移民的现代化。

第二,土地的减少也使移民的消费生活由自给自足向从市场获取而转变。搬迁前,土地是农民生产生活的最后保障,农民从土地上获取生活必需品。而搬迁后,移民土地减少,生活所需都要从市场获取,完全实现了生活、服务的商品化,让很多移民一下子无法适应。

第三,移民的收入水平决定了其消费水平。移民收入结构的改变也影响了其消费观念和消费模式,收入水平越高,家庭的恩格尔系数越低,食品支出的比重会随着收入的增加而下降,消费层次提高。比如教育消费一方面和人们的经济实力有关,有条件的还是会让孩子去较好的学校读书,给予孩子更好的教育条件;另一方面也和人们的思想观念有关,很多移民还是比较重视教育,也有少数移民认为读书不如早点出去务工挣钱好。

(三)移民非农化趋势与经济秩序的重构

由以上分析可以看出,随着移民土地逐渐减少或远离土地而撂荒、流转,他们世代习惯了的小农经济也随之结束,开始求助于市场经济而谋生,移民非农化趋势越来越明显。农业生产和非农生产代表了两种不同的技术知识系统,对劳动者的技能要求不同,移民传统记忆中的农耕经验与工业化的流水线作业知识必然相互冲突,移民需要面对旧知识的消解与新知识的生成。在就业过程中,移民在社区内部甚至于社区外部发生着诸多的社会交往,即村庄的"社会关联",因而容易建构一定范围内的社会空间,来解决移民在就业过程中面临的问题。比如说,同时从事茶叶种植的移民会在一起交流种植经验和收成情况,同在工业园区或者农业园区务工的移民会在一起交流务工体验,移民在就业过程中不断发展经济空间,并在反复、频繁交往过程中重构了社区的经济秩序。但移民外出务工的同时也带来了移民安置区的空心化现象,不利于移民社区秩序的加强。

第一,移民就近就地就业不仅为移民家庭增加了收入,提高了经济水平,实现了移民家庭可持续生计,也促使了移民社区经济秩序的形成;第二,移民在进行非农就业或成为农业雇工、职业农民的过程中,移民与移民、移民与基层组织等各种主体之间也建立了一定的社会关系网络,不同类型社会关联对移民就业及创业活动中的社会互动产生直接影响。这种社会关联既包括传统社会关联也包括现代社会关联,移民的经济活动内嵌于两种类型关联中,传统型社会关联建构了移民之间的内生经济秩序,现代社会关联建构了一种行政性经济空间,两种社会关联的交叉融合有助于和谐社区秩序的形成。

第五章
离散与重组：组织制度空间的再造

空间变革既是资本运作和权力分配的结果，也生产着新的权力格局和社会关系。福柯指出："空间是任何公共生活形式的基础，是任何权力运作的基础。"[1]社区空间的合理布局要能更好满足人们日常生活和社会交往需求，就需要建立一定的组织制度作为空间运行的保障，形成合理的人与自然、社会和谐共生的发展生态。本研究中所指的组织制度空间，主要体现在移民政策与迁入地的社区管理制度以及社区组织结构的变迁。这种变迁不仅是国家空间规划的结果，更是移民群体在与地方政府、基层组织之间互动过程中共同缔造和建构的。实践证明，移民社区中村庄组织与社区组织之间的良性互动共构了良好的政治秩序。

第一节 空间规训与移民抵抗

国家进行易地搬迁，目标在于通过规划建设移民安置社区，对移民进行集中安置和管理。国家的行动体现了"福柯式"的空间规训思想，即国家权力和知识精英通过对空间的巧妙规划和设计，并通过层层下达任务来进行建设与生产，从而完成对个体的监视和可能的改造，并使个体受控于"权力的眼睛"的监管范围和规范体系。空间规训将现代社会变成一个庞大的监视网络，移民的生产

---

[1] ［法］米歇尔·福柯：《权力的眼睛：福柯访谈录》，严锋译，上海：上海人民出版社，1997年，第207页。

生活空间被国家权力所支配。[1] 以建筑材料、房屋样式和居住格局为代表的居住空间的改变，体现了国家权力话语的渗透，即列斐伏尔所说的充满政治性和意识形态的"抽象空间"。抽象的规划空间虽然占主导地位，但不可能将真实空间的差异性完全压制。多样化的生活需求和差异经历让移民努力对抗充满压抑的规划空间，通过社会行动生产出一个适宜生活和居住的、可以称之为"家"的社区空间。国家作为空间生产者，无论空间规划和设计过程中如何尊重地方性知识和关照移民的现实生活，都难免遭遇具有多样化诉求的移民群体的无形抗争而导致空间紧张，即国家在空间规划中营造一个非农化、趋城市化的生活场景，[2]而地方政府和移民则基于地方性知识的个性体验并通过社区再造以消解国家强加其上的不符合实际的空间。笔者田野调查发现，移民进入社区并没有完全按顶层理性规划的空间进行行为规制，而是积极发挥其主观能动性，进行自主调整和积极适应，以对空间进行再造。

易地搬迁移民离开了祖祖辈辈生活的土地，不得不接受一种制度安排下的所谓"现代文明"生活方式，面对移民安置社区全新的居住格局和生活方式，移民多少会有些不适应。移民新社区空间压缩导致很多移民不乐意搬迁，或者因政策不统一，或者因顶层设计与基层现实的矛盾不可协调，移民出现很多不满情绪。作为陕南移民搬迁活动主体的农民，他们对这项政策的回应有其特殊的表现，就是理性农民采用的类似斯科特所说的"弱者的武器"。同时，由于移民在上楼后发生了一种"社会性脱臼"，导致传统乡土社会中地方权威和权力产生的文化网络瓦解和断裂，因而政府可以极力压制移民在集中居住过程中的自主参与权，尤其是在土地补偿、房屋面积配额、集中居住规划等方面的参与权，大多数移民

---

[1] [法]米歇尔·福柯：《规训与惩罚》，刘兆成、杨远婴译，北京：三联书店，1999年，第219页。

[2] 卢福营：《近郊村落的城镇化：水平与类型——以浙江省9个近郊村落为例》，《华中农业大学学报（社会科学版）》2013年第6期，第17-25页。

只能被动接受。基层政权和农民的权力抗争空间极度压缩,山区移民所表现出来的有意识抗争或无意识抗争,都是在用实际行动对抗制度所带来的不适应。国家与移民在空间规训与反抗中不断博弈,制度空间遭到挤压,不断被进行调试。

一、上访:弱者的武器

"上访"是移民对搬迁政策不满的最直接回应。自从开展移民搬迁工程以来,陕南地区农民上访闹事事件层出不穷,主要在于移民搬迁安置房的问题。比如政策规定列入移民搬迁的农户不能再新建房屋,但安置房入住还需要一个过渡阶段,有些农户既不能及时搬迁,又面临住房需求;有的住房原本就紧张,多代人同居以及年轻人结婚需要新房或分家居住,否则家庭矛盾很多。很多农民为了抵制这种"一刀切"的做法,就以要在老房子附近新建房屋为借口,与村干部和移民干部讨价还价。也有的移民户因为对安置点选址不满意,有的因为搬迁后房屋空间太小要求扩大面积,还有的对房屋建筑质量不满意,也有的反映小区配套设施不足、用电不稳定等。当然,其中有合理诉求也有不合理要求。也有移民想通过上访引起上级领导重视,以利于自己更好参与移民搬迁和社区后续发展。

> 政策规定人均25平方米,是不合现实的,很多没法建。比如这个贫困搬迁户家里只有一个人,他只能住25平方米的房子,如何建?建得大了,上面要求合户安置,这个怎么可能呢?你一个性格,他一个性格,生活习惯也不一样。共用灶具什么的,公摊水电费,如何公摊,说不清的,矛盾肯定多了。这个房子35、45平方米的如何修?一个卫生间、一个厨房是最基本的,如何修?他们那么多农具还有庄稼如何放?这个安置点建房早,当时是陕南避灾移民搬迁,还没有出台政策规定必须修多大面积,结

果2016年出台政策限制人均25平方米,那这个安置房就超面积了,就不让享受易地扶贫搬迁政策了,导致我们也很为难。国家不让享受这个易地扶贫搬迁政策,只能享受陕南避灾和生态移民搬迁政策,标准不一样,肯定矛盾很多啊,导致很多移民户上访。很多本来定好要搬迁的,因为政策变动,就不搬了。之前跟人家说的是人均两万五,人家家里如果六个人,那是十五万;现在换政策了,按一户四万五的标准补助,相差十来万,人家肯定有意见啊。后来经过与县上协调,就按七万五一户进行补助。我们是偏远山区加3 000元,是七万八一户。然后修55平方米的房子,按造价1 200一平方米算,也够了。但项目立项、规划、勘测、设计然后开始修,已经修出来了,又让你按人均25平方米分配,导致移民意见很大。我们还有一个安置点在红花村,三种户型,最小的35平方米一室一卫生间一厨房一阳台,50平方米两室一卫生间一厨房一阳台,75平方米的三室一卫生间一厨房一阳台。对于农户来说,很多农具和每年收获的粮食,这么小的房子如何放置呢?太小了也没法修,制定政策的人不懂建筑,不懂得这个政策实施起来的困难……

——河川镇移民办主任访谈,2017年11月

省内对易地搬迁划定了建设用地、建房面积和群众出资三条红线,但有些村镇对建房面积不控制,对超面积建房不制止。尤其是统规自建和分散安置房面积严重超标,大部分在160平方米左右,超越了每人25平方米的政策红线。因为面积超标,建设成本就控制不好,群众出资就严重超过了人均2 500元、户均1万元的政策红线。本来我们易地搬迁的目的是为了保证基本住房安全,解决"一方水土养不活一方人"贫困户的住房安全和脱贫问

题,规划建设安置房人均不超过 25 平方米,但部分村镇随意改变规划,优亲厚友,在对象确定、房屋分配时出现不公平现象。比如一人户、二人户住在 100 多平方米的大安置房,而有的一家四五口人分配在 50 平方米的安置房,无法满足基本需要。家庭人口与住房面积严重不对等,导致部分搬迁户不满情绪高涨。有的搬迁户应得的补助资金有结余,而有的搬迁户自筹资金超标,于是上访的人围着镇政府,甚至到县移民办、市移民办反映情况。

——河川镇移民办主任访谈,2017 年 11 月

二、拒绝搬迁:有意识的无言抵抗

"拒绝搬迁"也是少数移民户对移民搬迁政策不满和漠视而进行的无言抵抗。当然,移民拒绝搬迁所产生的压力不仅仅在于农户,更在于基层政府,移民搬迁入住率直接影响到政府的政绩考核,关系到政府民生工程的实施成效。调研中,笔者也看到一些农户依然居住在危房或者交通不便的深山中。比如高池村位于河坝镇最偏远的山区,距离镇上 30 多里,海拔 1 000 米左右,不通车,平时村民下山全靠步行,下山需要两个小时,上山需要五六个小时,村里很多地方不通水通电,没有网络信号。因为太偏僻,村里的学校关闭了,村委会因为没有网络无法办公,直接搬到山下镇上租了个房子办公。山中依然散居着少数几户人家不肯搬迁,大都是因为自身问题。这些农户基本上是日出而作日落而息,缺水少电,他们对外面的世界有畏惧感,很多人一辈子没有出过这个深山,没有到过镇上,他们拒绝搬迁,他们所认定的家就是自己的宅基地,他们住在这里不缺吃,房前屋后都可以种菜种田,而新社区让他们难以产生归属感。但他们的基本生活依然存在问题,安全问题也很突出,特别是发生特大暴雨或者地质灾害时,政府部门难以及时进行有效抢救,有可能造成严重生命和财产损失。镇上对

他们拒绝搬迁也很无奈,又不能进行强制搬迁,只能在原有房屋基础上进行危房改造,保证基本安全。

> 对于这样的村落,上面强调整体搬迁,但这根本不现实。很多人觉得我现在挺好的,不愁吃,为什么让我搬呢?你觉得他差,他觉得他挺好的。他搬出去怎么办?他觉得他住这个土坯房没问题。其实也不要小看了土坯房,有的土坯房都建了有七八十年还没倒塌呢。对于这些老人,那么大岁数了,保证基本吃喝、不生病就可以了,只能任其自然,没有其他办法。
> ——河坝镇高池村支部书记,2017年12月

对通过各种方式无法动员其搬入新房的移民户,村委会会让其签署一份《自愿放弃移民搬迁(危房改造)协议》,表明自己自愿放弃搬迁的机会。如笔者调研中看到的协议内容如下:"我叫____,2017年确定为危房改造户。由于自身能力差,自愿放弃享受易地搬迁或危房改造政策,今后房屋发生的一切人身及财产安全事故,都由本人自负,与村组无关,特立此协议为据。"

个案5-1 深度贫困山区的困惑

太平村是河川镇深度贫困村,大都是石山高寒山区,"八山一水一分田",真正属于"一方水土养不活一方人"的地方。这里没有平地,村民不是住山上,就是住山坳、梁子上。这里贫困率在60%以上,贫困户172户,512人,149户危房。2017年危房改造2户,易地搬迁17户;2018年规划了分散安置68户,危房改造38户,还有24户五保户。调研时,移民干部开车带我沿着刚修好的盘旋的山路一路上坡才来到这里。路的一边是悬崖峭壁,还有不少滑坡的石头或土堆;另一边是深山沟,这条路也

第五章 离散与重组:组织制度空间的再造

仅仅能过一辆车的宽度。移民干部说这里最远的一户人家走路要10个小时才能到达,就带我去比较近的人家。村干部带我到一家比较典型的贫困搬迁户家中去访谈,从村委会沿着泥泞的弯弯曲曲的山路一路下坡到了一个深山坳里,大概走了20分钟才走到。这深山沟里原居住着两户人家,其中一户现在西安打工,空房。仅有一户住在这偏僻山坳中,家里有五口人:老夫妇二人,三个儿子。老大爷78岁,患有肺病,老奶奶75岁,生活都还能自理,还能做饭砍柴种地。三个儿子全部是单身。大儿子50多岁,天生智障,智力只有几岁孩子那样,还跛脚;二儿子45岁,身体健康,但不识字,文盲,在家照顾一家老弱病残,做农活,养鸡养牛,无法出门打工;小儿子40岁,残疾,年轻时外出打工在煤矿受了伤,腰腿不便,无法干重活,也无法外出务工,只能在家做点轻便的农活。家里的收入完全依靠政府救济和微薄的农业收入,仅能维持基本生计。因为住房偏远,交通不便,而且房屋多处裂缝,属于危房,被列为易地扶贫搬迁户。但存在一个无法解决的现实问题:如果分散安置需要自己建房,政府补贴一部分外,自己也要贴补不少钱,自己又没钱来自筹建房,只能选择集中安置;如集中安置,搬迁后一家人只能挤在一个单元房中生活,房屋空间不够。想要养鸡没地方,想要种菜没地方,而本身又没有外出务工的技能,家里唯一身体健康能务工的二儿子却还要照顾一家老弱病残,无法出门。如果搬进楼房,一家人生计如何解决?关键是三个儿子与父母同住一起,属于隐性的大家庭。如果以后儿子成家,儿子婚后的房子分配也将成为一个大问题。这样的家庭对搬迁望而却步。而且这样的家庭在这偏远山区很普遍,没钱,没房子,彩礼多,有能力的都出去了,留在家里的都是没什么能力的,一个是自己能力不足,没资本;一个是即使外出务工认识的媳妇带回来,过了多久就会又跑掉了;再一个是村里本身女性就少,外出打工的根本不想回来,都想嫁出去,远离这穷乡僻壤。而且现在农村彩礼很高,很多因婚致贫。易地扶贫搬迁政策确实帮一部分贫困单身户解决了住房问题,但也存在很多隐形问题:农户住进了安置房需要装修买家具,这也是一笔开销,结婚娶媳妇经济就更加紧张,增添了各种无形压力。都说多子多福,可是对于这样的偏远山区,多子意味着更多的单身汉和更大的娶亲压力。这些单身汉老了就是五保户。五保户老了只能进敬老院,集中供养。给他修房子,人均一万五(千元),他也修不起。让他集中搬迁到其他社区,他不乐意去。即使到养老院集中供养他也住不惯。很多五保户被送到高川社区的养老院,但住不了几天就又回来了。受约束,吃饭睡觉都有时间规定,而且与其他老人相处不和睦,很多人就又回到老房子一个人居住。

三、返迁老屋:有意识的无奈抵抗

"返回老屋"现象很普遍。很多移民入住移民安置点以后,难以适应新社区的生产生活方式和社会交往,最终返回老房子居住,放弃新居。主要是老年人和一些妇女;也有一些已经分到了移民安置房、拿到了房子钥匙且已经具备居住条件而迟迟不肯入住的;还有移民把安置房进行私下售卖,重新返回老房子居住,从事种植业和养殖业为生;还有一些是因为无法承受生活开销之重,重新返回山上老屋种地。住进新社区意味着水电气以及生活开销都会增加,对于缺乏劳动技能、无经济来源的移民来说是一个大问题。特别是物业费的缴纳,有些移民得知要缴纳物业费时,返回老屋或者联合其他移民共同对峙,有的小区物业费只得由政府先行垫付。

尽管很多搬迁移民是就近搬迁,就在本村中靠近村委会的平坦地带新建安置房,安置社区与他之前居住的房屋甚至只有几十米远,或者隔条马路,但对于很多老年移民来说,他所认定的家就是他的宅基地,就是他的院落和房前屋后的菜地,对几十米外的新家有陌生感,特别是对新房子的空间压缩表示不适应。①

个案5-2 老年移民返迁

笔者在河川镇松园村走访时看到,一户五保户家里只有两个老人,住着土坯房,门前就是村中的公路,公路对面是老人种的菜地。笔者去的时候老人正在地里忙着除草。走进房子就看到了墙体有很大的裂缝。老人说这是2008年汶川地震造成的,没钱修房,就一直住着。屋里堆满了柴火,老婆婆在厨房烧柴做饭,满屋呛得都是烟。两个老人相依为命。屋里醒目地挂着红色的贫困户精准脱贫明白卡。老人有两个孩子,女儿嫁出去了,过得也不太好,儿子因病夭折。老大爷76岁,老婆婆78岁。村里给两位老人分配了安置房,就在离现在居住地不远处,大概也就几十米的样子。两位老人觉得不远就搬过去了,但住了没几天就又回来了。老人说:"雷书记让我搬到安置房去,我去了,但我们实在适应不了,还是我这老房子住得踏实。我就是搬进去,我每天也就是在那里睡觉,还回这边吃饭种地,太折腾了。我都这么大岁数了,门口种点菜,挺好的。住在那里,每天还是要下楼种菜。我散养的鸡,一到晚上就自己回来了。住在那楼房里,我晚上看不了我的鸡,被偷了怎么办?而且你看,我这屋里两口棺木往哪里放?"在农村,没有儿子也基本上

---

① 郑娜娜、许佳君:《易地搬迁移民社区的空间再造与社会融入——基于陕西省西乡县的田野考察》,《南京农业大学学报》(社会科学版)2019年第1期,第58-68页。

没有依靠了。这样的案例在这里不是个案。

易地搬迁移民社区作为国家权力主导的规划空间,其制度逻辑不可避免地会与移民生活实践逻辑产生矛盾,如高额的生活成本、陌生的邻里关系、新社区共同体意识的缺失、文化割裂的阵痛以及社会调适的张力,各种因素叠加使移民产生不稳定因素,返迁或者上访闹事,这种抗争在斯科特看来属于"弱者的武器"。① 移民社区空间是权力主体实践权力的场域,也是移民权利诉求的孵化空间,当"表征空间"层面的认同空间与"空间表征"层面的制度空间形成合力,移民才能真正融入社区。

第二节　移民管理与身份认同

搬迁前,移民所处的传统村落是乡土社会,最典型的特征是熟人社会,有较强的集体意识和公平参与权,对村庄传统权威和管理制度认同感较高。搬迁后,移民进入新社区,同时也要适应新社区的管理制度环境。移民正处于刚搬入新社区或者还没有搬迁的阶段,社区建设正在进行,无论是社区的组织管理与治理实践,还是各级政府与移民的各种关系都还没有理顺。笔者在调研中发现,移民社区管理还存在许多问题,如从乡村到城市的两套基层党组织的并轨、多元化群团组织的协调、次级治理支持网络的衔接、其他类型社会组织的进入等多方面问题。

一、户籍与居住分离:双重管理困境

移民群体双重管辖,指移民迁出地与迁入地的相关机构同时对移民群体进行管理,而使移民群体面临具体问题时需要两种机

---

① 郑娜娜、许佳君:《易地搬迁移民社区的空间再造与社会融入——基于陕西省西乡县的田野考察》,《南京农业大学学报》(社会科学版)2019 年第 1 期,第 58 - 68 页。

构协作进行解决,但在实践过程中可能存在互相推诿的问题,特别是针对跨区域安置的移民户按照"原籍管理林和地、现居住地管理人和房"的原则,原籍地负责宅基地拆除、复垦,移民户原山林土地权属不变,鼓励依法、自愿、有偿流转,迁入地解决搬迁户就近入学、医疗服务、社会政策接续等。新型移民搬迁社区从性质上来说还没有完全纳入城市社区的范畴,而且很多移民社区就是建构在农村村落中靠近村委会的比较平坦的地带,但由于正处于由乡村向城市过渡的阶段,其基层组织结构具有融合农村基层组织和城市社区基层组织的特点,其突出特征就是两套基层组织体系的并存和共同运作、交叉运行。

村委会和居委会都有管辖本村或本社区内居民的职权,都遵循着"村(社区)—村民小组(居民小组)—村民(居民)"的组织路径,但居委会的功能和支持网络更复杂化,村委会内部委员会则较简单,可能还会是一个村干部身兼数职。居委会不仅对社区内的居民提供服务,还要承担大量政府职能性工作,设立多个部门的社区服务站,对管辖范围内的自治组织、民间组织和社会组织进行指导和监督。村庄的次级治理支持网络如村民代表、村民小组长、积极分子等,他们在基层治理中发挥了重要支撑作用,即使移民上楼后,他们依然能够充分发挥熟人社会中的人情与面子等作用机制,使村庄治理技术在新社区中继续存在,同时也与新社区网格化管理技术相结合。网格管理充分利用村庄原有基层治理网络和人员,原有村落基层组织中的次级支持网络的人员,在进入社区后可直接转变为网格管理员,建立空间网格与人员网格的对应关系,使每个空间都有专人负责,使原有治理组织效用最大化。

原居住地村委会扮演的主要角色有以下几点作用:(1)稳定移民社会。移民搬迁初期,适应能力弱,移民情绪不稳定,一件小事就可能引发矛盾冲突,移民与移民之间、移民与村干部之间都容易发生矛盾。特别是搬迁后就业不顺、没有经济来源的移民,邻里关系变化、害怕被安置小区所在地的原居民看不起的移民,搬迁后生活方式不能适应的移民等，更易产生不稳定情绪，这当然需要村委会发挥重要作用。移民从原村落搬出来，还是比较重视人情面子，原有村干部调解矛盾可能效果更好。调研中某社区第一书记也反映："我们在这儿就是起辅助作用，村里有什么矛盾，我们也说不上话，人家根本不认可我们。但是他们的村支书或者村主任说几句，或者吵他们几句，自己就散了，都是乡里乡亲的，也怕丢人，也不好意思一直闹。"（2）帮助移民发展经济。移民搬迁后最迫切的问题就是如何获得维持生活的收入，只有移民有稳定的经济收入来源，他们才能稳定居住，这要求原有村委会也积极配合新社区为移民争取经济发展项目，比如产业扶持、移民就业培训以及就业创业资助和支持。（3）社会保障等日常服务工作。移民虽然搬入新社区，缴纳新农村合作医疗费用还是需要回原来村委会，因为他们户籍还在原村委会。（4）管理集体资产。移民与原村集体仍有密切关系，主要在于村集体经济的保留，有共同的利益关系。

移民社区所在地居委会在分工上承担的职能主要有如下几点：(1)完成上级交代的任务，接待上级。建立移民社区的初衷就是利于上级管理，虽然村委会也有完成上级交代任务的职能，但社区更像上级街道办事处的派出单位，比如宣传上级下发的通知，应对上级检查等。调研中也发现，社区承担了更多的接待任务。(2)社区环境的整治。移民搬入新社区后，生活空间发生巨大变化，不像在原居住地，房前屋后随便种菜养殖，垃圾随处丢，配房随便建；搬入新社区后，公共空间需要社区进行统一管理和运用。但实际调研中，移民私自将公共空间划为私有，放置大量私有物品或者种菜，社区环境脏乱，这就需要社区发挥重要作用来进行环境卫生的监管。因此，无法建构完善物业管理中心的社区，只能由社区主体组织统一安排工作人员去进行管控和处理。为了解决安置社区"垃圾靠风刮、污水靠蒸发"的问题，社区实施了环境连片整治，设置了环境卫生工作室,负责整个社区垃圾、污水处理的管理工作。[①] (3) 社区绿化。移民搬迁后,社区绿化并没有付诸实施。"小区想搞绿化,没有经费,住在这里的移民又不肯交物业费。他们觉得掏钱管理这些花花草草太浪费了,而且觉得跟他们没有关系,所以小区的空地一直没绿化起来,都被村民种菜了。"

从以下访谈可以得知,以居委会为核心的社区基层组织体系与以村委会为核心的乡村基层组织体系是相互合作的关系,但二者共存必然存在分工以及合作与冲突。

> 石桥社区移民搬迁安置点与公租房相结合,共有288套。搬迁入住的移民有整村扶贫搬迁的,也有因为灾害影响搬迁的移民,或村委会较远、基础设施落后、发展条件较差的移民户,或居住在距乡村公路5公里以上的偏远山区、交通不便的移民户,或位于自然保护区、生态敏感区内,影响生态环境的移民户等,大都来自河坝镇的中坝村、中雨村和石桥村,以及周边罗镇、堰口镇的一些两灾两困的移民户。石桥村也由原来的村变成了社区,属于"撤村设居"。居委会除了来自原来村委会的干部外,还包括公开招聘的社区服务工作人员和上级政府

[①] 移民社区对于垃圾处理采取了"农户分类、定点投放、村统收集、分级联处"的做法。住户将垃圾分为四类,即建筑垃圾、可回收垃圾、有机垃圾和其他垃圾。建筑垃圾由农户自行运往建筑垃圾填埋场;可回收垃圾由农户自行交废品收购商进行变卖;有机垃圾由农户放进户用垃圾桶,再定点投放进公共垃圾桶,由保洁员运往有机垃圾堆肥场;其他垃圾由农户放进户用垃圾桶再定点投放进公共垃圾桶,由保洁员运往垃圾收集房,社区居委会集中处理。对于生活污水采取"三格式化粪池一次处理、人工湿地污水二次处理、循环再利用"的做法。如高坝社区根据地形和人口密度,将安置社区分为8个区域,每个区域建一个100立方米的三格式化粪池对生活污水进行一次厌氧处理,通过管网输入沉淀池、厌氧池进行二次厌氧处理,经过一级人工湿地、二级人工湿地过滤渗透,达到农业灌溉标准,再进入稳定塘,稳定塘排出的水可直接排放,也可用于养鱼和浇树浇花,把污水处理场变成了湿地公园,实现了循环再利用。

下派的机关干部。但在此模式下，入住移民社区的移民并没有完全归属石桥社区管辖。由于移民来自不同村落，入住人员仍同时归原村委会管辖，而居住在社区后，社区的安全问题等又是由社区管理。这种组织关系和管辖区域的相互交叉以及各基层组织不同的隶属关系，造成了该社区内部基层管理各自为政的局面，居委会的运作有时候还需要依赖原村庄村委会的配合。石桥社区于2015年成立了社区服务站和物业管理中心，但迁入移民社区的村都还有原来的村委会，居住在小区内的各村人员交医保、领取养老金等还是回原来村委会进行。他们对社区居委会没有认同感，依然认为他们的领导是原有村委会。特别是小区内物业管理中心基本上被架空，移民们普遍无法接受交物业费，所以物业管理中心基本上也没有投入运行，小区内环境整治还是处于无人管理的杂乱状态。新的移民社区由于争夺公共用地种菜或者因为环境治理发生一些新的矛盾和冲突，村委会还担任了维稳的工作。石桥社区还开启了网格化管理模式，发展了一批网格员，动员了一批楼宇联络员，使之成为社区治理的重要支撑，实现了社区管理的到门入户。这种管理办法不仅在空间上将社区细化为一个个网格单元，并将其与具体的负责人相联系，而且实现了对这些网格的动态实时监控。

——河坝镇移民办主任访谈，2017年12月

当地移民搬迁后，户口和人相互分离，移民搬入新房后，由于户籍所附带的土地资源等利益而使移民没有迁入户口，客观上造成户籍所在村级组织鞭长莫及，而现居地村组织无法管。这就需要解决依靠传统权威和人情面子而进行工作的村委会干部向能够完成各种上级政府交办任务以及充当专业化社区服务者的居委会

工作人员过渡的问题,原有村落村委会干部参与新的社区管理可能更有助于移民适应和融入新社区,以解决基层治理的问题。村委会熟悉原来村庄中的人员情况,在村民中享有威望,在调解居民纠纷、协助移民融入方面仍扮演重要角色。虽然一些社区也开展公开招聘和选举,但由于新进入社区的工作人员不熟悉情况或移民对他们的认同感偏低而难以开展工作。移民社区的陌生性、移民社区居民的混合性以及社区集体记忆的微弱性使移民对社区中的人并不完全熟悉,所以他们对新社区的工作人员没有认同感。而且很多移民搬入社区后,社区组织的断裂性及社区初期的混乱性,加上社会的原子化倾向,移民更多将精力投入个人的生产生活中去,对社区公共事务不关注。

总之,移民搬迁后,原有村落管理变成了社区管理或村落与社区共同管理,从村落到社区的聚集也部分消解了乡土社会群众性自治组织即村委会的运作空间。新型社区管理的规划理念和策略倒逼传统村落以权威为基础的治理规则转型,村落共同体向社区共同体转型。

二、身份转换与社区认同:迷茫与困惑

美国政治学家亨廷顿认为:"认同的意识是一个人或一个群体自我意识的产物。在用以创立新组织的新技术、新动机和新资源出现以前,新的价值观已动摇了旧组织和旧权威的基础。传统制度的崩溃,可能导致人们心理上的混乱,然而对新的认同感和忠诚感的需求正是由此而产生的。"[1]身份认同是在社会环境和文化心理结构的影响下,通过个人与他人的互动并结合具体的历史情境和现实语境建构的动态变化过程,是个人与群体在情感和心理上

---

[1] [美]塞缪尔·亨廷顿:《变革社会中的政治秩序》,李盛平、杨玉生等译,北京:华夏出版社,1988年,第37-38页。

的趋同过程。①

移民在长期的村落生活中积累了丰富的农耕经验和地方性知识,并将其内化为自己的价值体系,把注重人情的规范作为行为准则。而新社区作为现代生活方式的一种表现,有别于传统社会的文化特质。移民从传统村落搬入现代社区,新的居住环境使其原来的生产生活方式被彻底打乱,离开了劳作的土地,其农民的身份名存实亡。虽然部分移民离土又离乡,但仍保留农村户籍,身份与户籍间的矛盾加剧了移民角色认同的冲突。移民与现代生活方式格格不入,会出现文化冲突与碰撞,不能积极融入当地社区,从而导致自我身份认同冲突和价值观混乱。

> 我们虽然搬进了城镇社区,但没有固定的工作,也没这里户籍,在这里感觉不适应。户籍还在原来的村委会,但现在也不住在那儿了,也没土地耕种了。我们虽然住在社区,但不归社区管理,还由迁出地村委会管理,交社保、开证明都得跑去原来村委会。我们的移民社区名义上是在城镇,但和城市又是两张皮,感觉真是上不着天,下不着地,就是一片飞地。住在这里物价也高,什么都要掏钱买,没得收入,如何生存?我们自己都不认为自己是市民,骨子里还觉得自己是只会种地的农民。
> ——河坝镇石桥社区移民访谈,2017年11月

从以上访谈中,我们可以看出移民对现代身份认同的困惑。移民的户籍仍归原来村委会,但其社会管理责任属于居住社区,从户籍角度看,移民还属于农民,但他们已基本上脱离了农业生产,他们职业结构和法律意义上的身份处于分离的矛盾状态。移民心

---

① 韦仁忠:《高原城市的陌生人——三江源生态移民的文化调适和社会资本重建》,北京:中国社会科学出版社,2016年,第137页。

第五章 离散与重组:组织制度空间的再造

理上还是把自己归属为原来村落的人,在与别人交往时首先会介绍是来自什么村的,"某村人"的身份认同可以说是村庄熟人社会残留的社会关系网以及仍与村集体经济密切联系、共同塑造的结果。当移民在新社区中强调自己这种身份时,既是在确立与其他各村混居移民的关系以及自身的位置以便开展进一步的社会互动,也有强调自己所属的村庄界限、维护村庄共同体遭受终结的努力,这一特定的移民身份符号造成移民自我认同混乱。

> 我刚搬进这个安置点5个多月,对很多事情不清楚。只知道小区经常停水停电,没有休息的座椅、公告栏,社区也没开展过什么集体活动,最多是通知签字、培训。住在这里的移民也只认识以前一个村的,对居委会的工作内容和社区管理人员的选举都不了解。那都是干部操心的事,跟我这普通老百姓没关系,我也不想管,只管好自己吃喝不愁就行了。我有事还是找以前的村委会,感觉还是以前的村干部熟悉。社区中心举办过广场舞活动,我也不会跳,感觉也不适合我。
> ——河坝镇石桥社区移民访谈,2017年12月

标签理论认为,弱势群体的缺陷是强势群体在垄断社会资源和话语权的基础上所"标签化"的结果。易地搬迁移民有两张"标签化"的名片:一张是现实生活中的名片,每个建档立卡搬迁户家里都会在门口墙上挂着一张显要的"陕西省汉中市西乡县贫困户精准帮扶明白卡",这强化了移民对贫困户身份的弱势标签;一张是社会属性的名片,包括社会上对贫困群体的各种负面认知。[①] 这两张标签弱化了移民的社区认同感,而且移民搬迁后交往的对

---

① 郑娜娜、许佳君:《易地搬迁移民社区的空间再造与社会融入——基于陕西省西乡县的田野考察》,《南京农业大学学报》(社会科学版)2019年第1期,第58-68页。

象大都还是来自同一个村落的半熟人群体。一个人社会交往的范围决定了其现代化程度。李培林指出:"生活半径越大,现代性的程度越高;生活半径越小,乡土性程度越高。"因此,从这个意义上说,移民的身份认同更多是乡土性的。

易地搬迁移民社区是国家权力主导的建构过程,是移民提前步入现代化和城镇化的过程,也是移民农耕文化碎片化的过程。移民并没有做好现代化的准备,他们传统的生活经验和文化观念在新社区中不能适应,甚至有些传统文化与新的角色要求发生冲突,面对新的生产生活方式他们无法延续以前的社会角色。随着人口的集中定居、生产生活方式的变化、交通通信的便捷、广播电视网络的普及,移民接触外界信息的途径越来越多,现代理念、现代生活方式、现代市场和技术等渐渐流入移民生活,移民无法一下子接受、吸纳和消化,因此容易出现价值观混乱,成为典型的边缘群体。

第三节 组织结构转型与功能变迁

美国社会学家默顿在《社会理论和社会结构》中指出,结构和功能互相影响。结构与功能之间的辩证关系为我们考察组织结构转型与功能分化提供了新视角。组织化对人们社区生活的内容和形式以及行为方式、行为规范都起着直接影响作用,还对社区社会秩序的形成起着关键作用。移民社区空间的再造,对其成员来说,是一场深刻的生活变革,它不仅引起了移民经济生产基础、生活方式、思想观念等一系列的改变,也导致了社区组织结构、组织体系的改变。通过新的组织结构调整和发展,实现社区秩序的重建。

一、村庄组织体系

在农村基层组织管理体系下,实行的是"区县政府—乡镇政府—村委会"的管理架构,村党支部与村民委员会构成村庄地方治理的主体。除此之外,还有村级经济类组织,以及共青团、妇联等群团组织。贺雪峰将农村基层大致分为乡镇、村组干部和村民中的党员、积极分子三层组织。作为农村的最基层组织,村级组织具有协助上级完成各项任务、组织村民达成集体行动、有效表达出村民对公共品需求偏好的三大功能。①

(一) 组织结构和功能

村党支部是共产党在农村的基层组织,是村级组织中的政治和意识形态核心。② 村民委员会是村民自我管理、自我教育、自我服务的基层群众性自治组织,实行民主选举、民主决策、民主管理、民主监督。③ 村委会与村民会议、村民代表会议、村务监督小组等共同构成村民自治组织体系。④ 村委会是农村自治组织而非国家权力机关,但实践中的村委会却出现了半行政化趋势。在相互关系上,村党委和村委会之间是领导与被领导的关系,但在实践中,二者之间不是相互制约、相互监督的关系,而是合作开展生产建设、经济发展和居民服务的关系。在一些地方,村党支部作为乡镇党委的下级,希望在村庄事务中首先完成乡镇布置的任务,而村委会作为村民利益的当家人,希望首先维护村庄的利益,这可能会引发当家人与代理人之间的矛盾。⑤ 一些村庄也推行了村支书与村委会主任的"交叉任职"。而且,乡镇政府与村委会之间虽说是指导与协助的关系,但实践中往往因为村委会协助完成乡镇人民政

---

① 贺雪峰:《论农村基层组织的结构与功能》,《天津行政学院学报》2010年第6期,第45-61页。
② 卢福营:《村民自治背景下的基层组织重构与创新——以改革以来的浙江省为例》,《社会科学》2010年第2期,第47-53页。
③ 来源于2010年《中华人民共和国村民委员会组织法》的规定。
④ 吴莹:《上楼之后——村改居社区的组织再造与秩序重建》,北京:社会科学文献出版社,2018年,第129页。
⑤ 贺雪峰:《新乡土中国》,北京:北京大学出版社,2013年,第68页。

府的行政事务而发生关系异化,特别是在项目制的分级运作体制下,乡镇大量事务由村委会完成,镇干部与村干部往往需要通过私人关系来实现国家意志的基层贯彻。

> 村里的主要工作就是执行上级的红头文件。只要是和村民有关的,任务层层传递,最终还是我们村里来落实。国家项目那么多,谁来执行?村里现在每天忙的就是精准扶贫,各种表格要填写。上面千条线,下面一根针。我们权力无限小,责任无限大,落实政策的任务都落在我们身上,出了事故也都是追究基层干部的责任。每天走在路上,村民都会有各种事务反映,只要是村民的事情都要处理协调。现在精准扶贫多少政策下达下来,什么精准识别、精准帮扶、精准退出,各种表格都是基层干部在填写,每天忙得跟打仗一样的。关键那些表格设计太烦琐,什么精准帮扶记录簿、贫困户明白卡、移民搬迁户信息表、搬迁安置情况和搬迁后产业扶持项目表格……种种表格。村干部本身文化程度都不高,真的是博士生设计的表格让我们小学生来填写,但也不能不执行。就是上面给政策、出资金,我们来落实。
>
> ——河坝镇河坝村干部访谈,2017年11月

村委会的半行政化趋势也使村干部面临角色困境,一方面,村委会的自治性质决定了村干部与村民是统一的,村干部是村民和村庄集体利益的代理人;另一方面,作为理性人的村干部也是国家利益代理人,在国家意志与地方利益权衡中实现自身利益的最大化。[①] 村干部本身也是生活于熟人社会中,他们也遵循着熟人社

---

① 田鹏:《新型城镇化社区组织结构转型与功能变迁》,《西北农林科技大学学报》(社会科学版)2017年第1期,第68-73页。

会的日常运作逻辑,他们的村民身份必然要求他们成为村民的守夜人;而他们作为国家科层制的最后一级,项目的落实也要求他们扮演好国家意志执行者的角色。

> 现在的村民没那么好管,都有自己的小心思了。比如通知开会传达什么政策,规定几点到,拖拖拉拉晚一两个小时也到不了,电话打几遍都催不来,说没空,忙呢。但只要说发什么补助资金,那比谁都积极,还没传达政策就已经知道了。所以,国家的很多项目和政府工程往往也因为这些人私心重难以执行。比如精准扶贫要求产业扶持,要求贫困户养鸡养羊,或者种植苗木什么的,得给他们一个一个做思想工作。不是他们主动要求致富,而是你帮民致富还不配合。让他种苗木,他说我不会种,没地方种,没空种,他无法致富我们完不成任务,也不能全兜底帮扶吧。这都要我们一个个做工作,全凭一张嘴和两条腿,都乡里乡亲的,谁也不能得罪。但上级的政策也不能不执行,我们的工资还要上级拨款,不帮政府解决实际困难也对不起这工资。所以,现在村干部真不好当。工资少就不说了,一个村主任才 2 000 块钱,其他村干部只有 1 300 块钱,但事务却多得不行。不是年纪大、没技术、没法出去务工了,我也不愿意干这个村干部。
>
> ——白马镇白马社区村干部访谈,2017 年 11 月

村委会还有一个重要的角色和职能,就是集体经济管理职能。家庭联产承包责任制建立后,村委会在开展群众自治活动、协助乡镇政府工作的同时,肩负着管理土地等集体资产、促进农村生产建设和经济发展、组织村民开展各项合作经济等职责。之后出现的各种经济自治组织大多置于村委会管理之下,从而进一步增强了

村委会的集体经济管理职能。

除了这些正式组织外,农村基层组织实际上还包括一个广泛的支持网络,如党员、村民代表、村民小组长、积极分子等,贺雪峰将其作为农村基层组织的第三层。本研究认为这些群体和城市社区中的志愿者群体、积极分子等功能类似,处于正式的基层治理之外,却发挥着辅助性、支持性作用,对乡村治理工作发挥着重要支撑作用,被称为"次级治理支持网络"。其中党员是当前乡村治理中开展"带头致富"和"带领群众共同致富"建设活动中的核心角色。村民代表们代表着村民的利益,有广泛接触村民的机会,是村民自治的重要基础和民主决策过程的保障。村民小组长作为"国家政权向下延伸的行政建制的产物",在基层是"非要不可"的角色,其与村民间的互动与交换,实际上构成了传统乡村社会的秩序基础。[①] 积极分子大多是退休党员、前任村干部、村里德高望重的老人、经济致富能手等具有个人魅力的人,他们凭借个人能力和威望获得村民认可,并有时间、有意愿参与到村庄公共事务中,对基层治理发挥重要辅助作用。

(二)村民自治制度:一约四会

作为基层民主的核心,村民自治是一种直接民主的重要形式。当地行政村坚持"三四五六"村级民主治理机制,包括:三会协作,四步议事,五式公开,六制保障。[②] 为了促进农村精神文明建设,加强村民自治制度,全县各个行政村都实行了"一约四会"的民主制度,即村规民约、村民议事会、红白理事会、道德评议会和禁赌禁

[①] 贺雪峰:《新乡土中国》,北京:北京大学出版社,2013年,第258页。
[②] "三四五六"村级民主治理机制指:三会协作,指党群议事会、村民委员会、村民监督委员会;四步议事,指支部提议、党员大会审议、党群议事会决议、监委会监督评议;五式公开,指绘制流程图,挂决策方案公示牌,设党务、村务公开栏,村微信公众号推广,建立村级民主管理备查档案;六制保障,指重大决策项目可行性论证制度、村民决策事项审核制度、评议监督制度、决策事项公开制度、决策项目负责制、决策责任追究制度。

毒委员会,有的地方还根据实际情况设置了乡贤理事会。其中村规民约是根据国家相关法律规定,结合村民自治要求,共同制定的约束和管理本村村民的行为准则和规范,是村民实现自我教育、自我管理和服务的手段;村民议事会是村级自治事务的决策机构,由村民会议或村民代表会议选举产生,成员一般包括村两委成员、村中有权威的人员、村民小组长等;红白理事会主要负责对婚丧嫁娶相关事宜的标准进行监督和管理,遏制村中大操大办、盲目攀比的陋习,成员主要由村中威望高、热心公益的村民和村干部担任;道德评议会主要基于以德治村,协助村委会开展村中的系列文明评比活动,如"和谐家庭评比""好媳妇好婆婆"等,积极协调村中矛盾,强化道德教育,成员由村中威望高、热心公益、有道德和文化的村民组成;禁赌禁毒委员会主要做好村中禁赌禁毒工作,营造良好社会氛围,该机构由村党支部领导,成员由懂法律、有威望的老党员和村民代表等组成;乡贤理事会由德高望重的老人、回流退休干部、回乡精英组成,充分发挥乡贤在乡村治理中的示范作用。

随着中国基层组织自主性增强和社会力量的壮大,搬入新社区后,原村的村委会依然保留。为了适应向城市基层治理单元的变迁,村委会的组织结构和职能范围也要进行一定调整,创新管理体制对保障基层社会良性运行具有重要意义。社区组织再造虽是国家政府主导的、自上而下的、带有一定强制性的行动,但基层组织并非完全被动执行,而是以自己的方式不断进行变通和创新实践。[①] 一方面移民新社区在瓦解传统生产生活方式时,也逐渐瓦解了原村委会的运行基础;另一方面城市社区的治理理念也给移民社区治理体系带来了挑战。所以,移民社区空间的再造和农民上楼,部分摧毁了传统村落治理样态及互动的基础,移民社区作为

---

① 刘玉照、田青:《新制度是如何落实的?——作为制度变迁新机制的"通变"》,《社会学研究》2009年第4期,第133-156页。

政府规划的结果，不得不面对传统村治的制度遗产及其运作惯习，需要在国家顶层规划下变革运行。

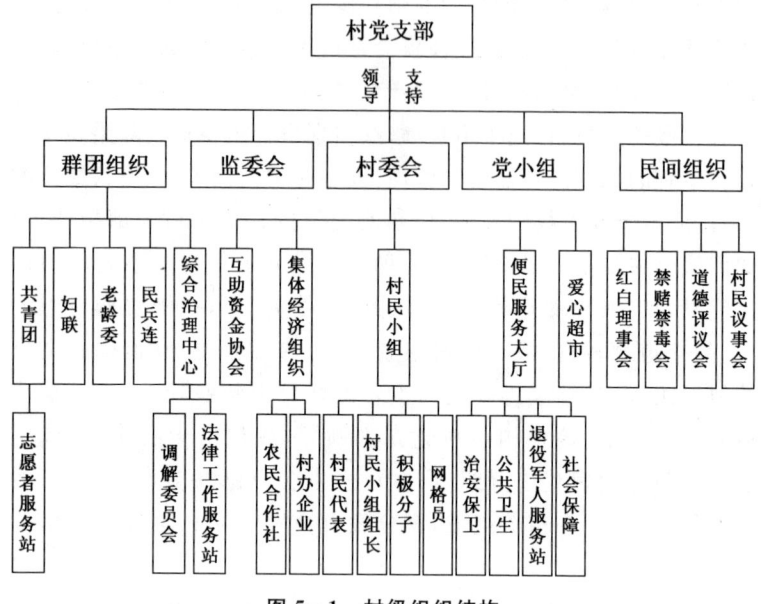

图 5-1 村级组织结构

二、社区组织体系

我国城市组织体系实行的是"区政府—街道办事处—居委会"的组织结构。1989年的《城市居民委员会组织法》规定了居民委员会是居民自我管理、教育、服务的基层群众性组织。移民社区在实现从农村组织管理体系向城市组织管理体系的转型和过渡中，必然面临着机构重组、人员配备、职权划分等问题。但社区组织空间的再造并不是严格遵循现代社区治理路径，而是结合传统村委会治理的制度遗产再造一条共同治理的路径。

社区组织除了社区党支部和居委会外，还有业主委员会等专门性的居民自治组织、多种类型的居民群团组织、专业化的社区服务机构、物业公司等营利性服务机构、社区驻地共建单位等非营利性社会服务组织(社区志愿者组织),以及入驻社区的各类社会组织等,组织类型更为多元,结构更为复杂。其中社区党委和党总支是社区管理的领导核心,社区居民委员会是社区的常设机构和日常办事机构,一般由主任、副主任和委员共5~9人组成。群团组织也是社区中一类重要的基层组织,他们发挥着联系党群关系和协助社区治理的积极作用,也有群众自发组织的民间组织,如涉及文体活动、社区维权、社区服务和社区救助等方面的群团组织,如同农村基层的次级治理支持网络,是基层治理的重要支撑力量。此外,一些社区还设立了专门化的居民自治组织——业主大会和业主委员会,以及商业化的社会营利组织——物业公司。通常业委会、居委会和物业公司被称为小区里三个基本组织,构成拉动小区治理的"三驾马车"。还有一些其他类型的社会组织,如社区内的其他驻地单位组织,以及一些非政府组织,他们在开展社区居民服务、实现社区内公共事务的有效治理等方面发挥重要作用。

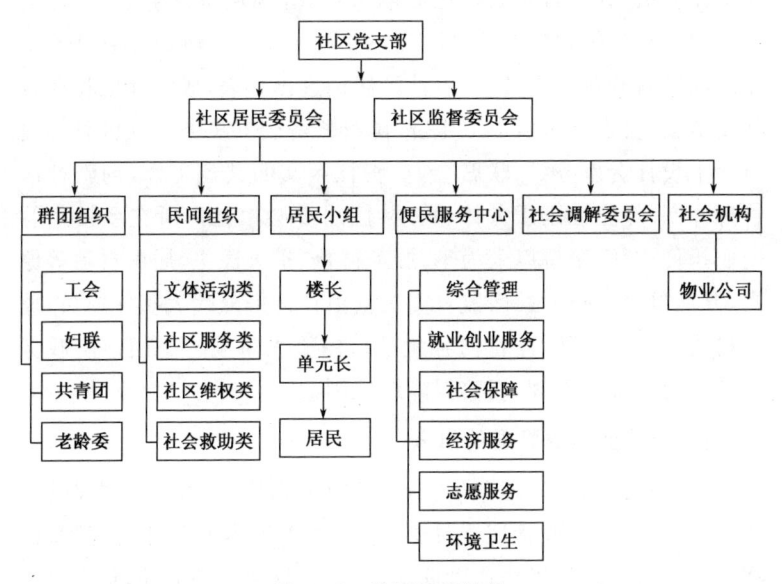

图 5-2 社区组织结构

三、移民社区治理实践

以河坝镇高坝社区为例,展现移民社区组织结构,进而归纳移民社区组织转型与功能变迁的实践逻辑。高坝社区位于县城以南2千米处,辖16个居民小组,1 918户,属于典型的移民搬迁社区和新型农村社区,其中移民搬迁户1 204户,贫困户141户。

(一) 组织结构

高坝社区坚持新型社区组织结构,主要包括:社区支部委员会、社区居民委员会、社区监督委员会、社区便民服务中心、社区综合文化服务中心、社区综合维稳中心以及微型消防站等,还有爱心超市和电子商务服务点等互助经济组织。高坝社区党总支部下辖三个党支部,分别为社区党支部、建南塑料制品有限公司支部、金源建材有限公司支部,共有党员137人,后面两个属于非公支部。党支部充分发挥领导带头作用,落实坐班制度。社区共有13名社区工作人员,其中有4名社区专职人员,分别从事计生卫生、社会保障、移民搬迁、党建综治、社会救助、群团组织等方面业务办理工作。同时召开业主委员会,由社区居民选出代表,成立社区物业管理委员会,负责社区清洁卫生、故障维修等公共事务。社区管理委员会下设社会事务科、联席会,负责社区文明共建工作,创新社区管理体制,健全社区服务体系。社区居委会由社区所在乡镇主管副职担任主任,坚持以人为本、服务群众、扩大民主、居民自治等原则,开展群众工作。社区监督委员会由社区群众代表担任成员,监督村委会及村干部,监督内容包括村内重大事项、三资管理、政务公开及对干部的管理,切实保障居民利益。

(二) 社区物业管理的引入

建立社区物业管理办公室,召开业主委员会,由社区居民选出代表,成立社区物业管理委员会,坚持以人为本的服务管理理念,在社区服务大厅设置物业管理窗口,规范物业管理活动,负责社区清洁卫生、故障维修等公共事务,为搬迁户提供优质服务,提高居民安居乐业的满意度。

(三) 社区居住证制度

按照社区管理房和人、原籍管理林和地的原则,对居住在移民社区的户口无法迁入本社区的搬迁对象办理居住证,将1 200多户移民搬迁户纳入网格化管理,为600余户办理了社区居住证,使移民搬迁对象既可享有原籍居民应享有的权利,保留农村集体土地承包权、集体财产收益权等,同时又享受与居住地户籍人口同等优惠政策、公共服务的权利和义务。

(四) 网格化管理服务模式

以基层社区为依托、网格化管理为手段、信息化平台为支撑,在移民搬迁社区逐步建立推行"社区网格化管理服务模式",将社区划分为6个网格,下设6名网格管理员,每个网格配备一名网格管理员,每人配备一部手机终端,实施A/B岗制度,进行轨迹签到管理。实施网格以房管理人,网格管理员每天在自己网格巡视2小时以上,做到发现问题及时上报处理,有效降低社区不安全事故的发生和矛盾发生率。在道路口、社区广场、每栋楼等重点地段布控视频监控点,建立全覆盖视频监控系统,实行监控室24小时值班,组建服务管理队伍,采集录入基本信息,为网格管理员配齐"八件套",利用智能终端手机,实现网格管理员与居民"双向直通"。网格化管理成为农村组织再造的一种实践创新,通过"民情直通车"综合信息系统纵向贯穿县、镇(办)、社区并延伸到单元网格,横向连接县直各部门单位,统筹整合各类信息和管理服务资源,实现了基层党建、社会管理、公共服务、信息资源互联共享,改变了以往部门各自为政、资源分散、信息不畅、镇(街)和社区管理服务力量薄弱、手段单一、管理服务不到位等现状。通过网格管理员每天入"格"巡查问需,社区居民拨打服务热线、登录门户网站、使用手机软件等多种形式,开辟了及时发现、迅速回应、有效处置的"绿色通道"，实现了民意、诉求"一网直通、双向互动"，提升了党委、政府社会治理现代化水平。通过县、镇(街)、社区便民服务中心(大厅)和网格化信息平台对接，构建了上下级之间和职能部门之间统一指挥、协同办公机制，有效解决了群众反映的诉求渠道单一、处理问题流程复杂、部门之间各自为政和群众办事"多头跑、反复跑"等问题，使问题发现更加及时，处理更加主动，居民诉求表达和政府回应更加方便快捷，实现了"一窗口受理、一站式服务、一揽子解决"。网格化管理通过空间分割、单元管理的办法，将社区空间细分为若干个网格和单元。原有村落管理时期的"遗产"，如基于人情面子的多重关系网络也被运用于日常治理中，通过与网格化动员机制结合，形成广泛的次级治理支持网络，丰富了社区治理的方式。

  社区管理引进了网格化管理，分散安置住房的每排楼房选一个楼长，负责这一两排街区的居民；上楼安置的每一栋楼选一个楼长出来，每个单元再选一名单元长。移民有什么事情可就近找楼长，楼长再向居委会反映。楼长和单元长都是移民中热心公益的人自愿担任的，并不是上面派来的，所以他们彼此都熟悉，也算是基层民主的一种实践方式吧。楼长每天巡视2个小时以上，掌握民情、入户走访、日常巡查、任务核查等，事情也多呢，保证每周工作时间不少于40小时。而且楼长对网格内的居民熟悉率要达到90%以上，要及时排查上报社区中的较大矛盾纠纷和不安全隐患等，定期开展法制和安全宣传，帮助空巢独居老人、鳏寡孤独老人、残疾人、留守老人、留守妇女和儿童等特殊群体，协助做好本社区内的环境整治、科技文化、教育就业帮扶等各种服务工作，帮助本社区开展各种社会服务，主要是让老百姓提高社区居住环境的满意度、生活的满意度和就业的满意度。

——高坝社区第一书记访谈，2017年11月

第五章　离散与重组：组织制度空间的再造

网格管理员在文本规定上的职责有：主动上门采集移民搬迁人口和房屋的基本信息；开展计划生育、社会保障、综合治理等社区服务政策法规的宣传；及时了解掌握网格内服务对象的需求；主动为网格内低保户、残疾人等特殊人群提供帮助服务；及时解决网格内发生的矛盾和冲突等多项任务。在实践中，移民入住时，虽然各村分散居住，但每栋楼住的移民基本上还是来自同一个村，很多还是亲戚，因此楼长的性质类似于村里的村民小组长，一方面代表了若干村民的意见和利益，另一方面也要落实社区管理中的各项事务。虽然网格化管理具有行政化、科层化的特点，但实际管理过程中并没有严格遵循这样的特点，也掺杂了很多人情、面子、权威等个人因素用于社区治理。

第四节　小结：空间位移与组织制度空间的嬗变

从组织变迁角度考察，移民新型社区空间的再造是原有村落组织解体与社区组织重构的共时性过程，一方面随着原有村落空间的脱域以及新型社区空间的再造，社区组织催生的新问题在对传统村落治理模式提出挑战的同时也倒逼社区治理模式的变迁；另一方面，移民搬入新社区后乡土性的流变也使这种变迁无法忽略小农经济传统和地方文化的策略性运作。对于传统的农村村落来说，人们是在具有稳定性的位置地点进行实践活动，并激活自身所在的空间，从而依据其所在的空间形成具有稳定性和连续性的社区社会秩序。新型社区并没有彻底终结传统村落遗留下来的各种传统而使其成为现代社区，而是处于一种混乱的过渡状态之中。李培林认为村落的终结除了物理空间意义上的终结（房屋的拆毁和居民的遣散）外，最重要的两个方面就是组织实体意义上的终结（村落组织，包括村落的行政组织、经济组织和社会组织的解体）和社会关系意义上的终结（熟人社会的退场）。从移民社区的情况来看，这些都没有完成。从物理空间看，移民并没有完全脱离原有村落搬入新社区,而是老房子和新房子来回跑的钟摆式迁移,老房子大都没有拆除;从社会空间看,移民的社会网络关系还依赖于熟人社会中所形成的血缘关系网络,并没有完全异质化和多样化;从组织空间看,移民社区环境复杂化,社区管理服务不足,作为社区基层组织的居民委员会更多体现为政治功能,并没有发挥其社会和经济功能,社区的日常社会生活秩序混乱。

首先,移民社区空间作为国家权力规划的空间,与移民实际的真实生活空间充满了冲突与矛盾,移民通过上访闹事、拒绝搬迁、返回老屋等方式表达自己对政策的不满,从而使国家制度在与移民抵抗的博弈中不断得以调试。其次,移民处于原有村落村委会和现居住社区居委会的双重管理困境,社区事务的处理主要由社区居委会代理,但定位为"社区自治组织"的社区居委会还存在权利不明、责权不均、缺乏管理人员的状态,对很多社区事务"有心无力"。也有很多社区还是依靠传统的权威、致富能人或其他乡村精英的个人魅力来实现暂时的社区治理,还无法依靠社区自治和现代化管理形成真正意义上的有序、公正的社会秩序和合作共治的格局。移民搬迁后,很多移民同时受原居住地村委会和现居住地社区居委会共同管理,存在一定分工与合作,当然也有一定冲突和矛盾,从而导致移民身份认同混乱,社区归属感低,出现被排斥感,对新型的现代社区管理模式不能适应和认同。最后,社区管理组织的转型与功能出现变迁,村委会对移民新型社区秩序的重构发挥了积极作用,两类政治组织的共生体现了移民社区内生性力量与行政嵌入性力量之间的博弈。尽管两股力量之间有矛盾,也有重叠的工作,在共同面对移民社区外部时,两股力量又是合作的,这其实体现了村庄内生性力量与行政嵌入性力量对于社区政治空间的共同建构。但移民社区的组织空间依然处于结构调整、权力合作的过渡时期,离一个内部结构严谨、分工细密、合作良好同时又灵活多变的城市社区基层组织体系还有一定距离。

移民新型社区是国家权力的空间规划,社区的运转是在国家建构秩序的规划之中。这个时期社区一定秩序的形成明显缺乏广泛的社会基础,虽然此时的社区表面上看是维持着一种"秩序均衡"的状态,但这种均衡并非建立在自治社会关联基础之上,移民难以发挥主观能动性积极参与基层治理,更别说自发形成一致的行动能力。现代社区治理应该是由政府、社区组织和社区居民多元主体共同管理社区公共事务的过程,一方面,社区政治秩序重建首先是政治组织机构的再造,通过政治权力的非正式运作实现社区的现代治理;另一方面,培育居民社区共同体意识,促使其参与社区管理,加强居民社会关联,实现身份认同居民化转型和社区认同社区化转型。

第六章
消解与重塑：社会文化空间的再造

移民搬入新社区不仅在于生产和生活方式的更新，更意味着思想和制度的变迁与创新。社区公共活动促进了人们之间的社会交往，并最终以文化的形式保存下来。移民搬迁后必然面临着迁出区和安置区所在区域文化的差异，包括物质文化层面的差异、制度文化层面的差异与精神文化层面的差异。集中居住最根本的是文化的集体认同，通过共同的文化活动和人们之间的社会交往互动重构社区居民集体记忆，形成社区意识，从而实现社区秩序和谐。因此，探寻移民社区文化差异，了解移民文化生活状况，对于移民社区文化秩序重构非常必要。本章重点描述移民社区社会文化空间的衰弱与转型，探讨移民社区文化公共空间重构社会秩序的功能。

第一节 社会交往：社会支持网络的断裂与延续

列斐伏尔指出："人造环境是对社会关系的粗暴浓缩。"[1]社会生活的基本事实就是它的社会性——人不能离群索居，他需要和其他人发生交往。[2] 社会是人们生产生活和交往互动的共同体。人们在长期交往过程中逐渐形成稳定的社会关系和支持网络，这

---

[1] 包亚明：《现代性与空间的生产》，上海：上海教育出版社，2003年，第98页。
[2] ［美］彼特·布劳：《不平等和异质性》，王春光、谢圣赞译，北京：中国社会科学出版社，1991年，第5页。

种支持网络一般由家庭、社区、社会组织提供工具性支持或情感性支持。广义的社会支持网络指一切通过持续的社会互动与关系网络结合起来,共同行动并有着共同利益的集合体。[1] 狭义的社会支持网络指由持续的直接的交往联系起来的具有共同利益的人群。社会支持网络越广泛的移民,社会资本就越丰富。

一、集中居住:熟人社会的部分瓦解与延续

搬迁前,移民社会组织是以血缘和地缘关系为纽带的初级群体占主导地位。美国社会学家库利将初级群体定义为具有亲密的、面对面交往与合作特征的群体。血缘的意思是人与人的权利和义务根据亲属关系来决定,血缘和地缘共同构成了熟人社会的基础。这个群体大都遵循着"差序格局"的原则,按照熟人社会的逻辑开展社会行动。在传统社会中,每一家以自己为中心,周围划出一个圈子,这个圈子是"亲属"或"街坊",是生活上的互助机构,有喜事要请酒,生了孩子要送红蛋,有丧事要出来助殓、抬棺材。在伦理本位规范塑造下,人们自觉建构以己为中心的"差序格局"的人情网络,形成共同的价值观,遵循共同的交往规则。可以说,"熟人社会""信任机制""差序格局"已经奠定了传统乡土社会的基本社会秩序与控制机制,维持着村落社区共同体的形成与发展。[2]

在搬迁前,移民始终处于一个熟人社会中,初级群体是其家庭主要的支持力量,是一种以血缘和地缘关系为纽带的、稳定的、强关系的社会网络。这种社会网络交往对象单一、关系网络简单、社会流动性低、交往富于感情,具有相对封闭性和同质性。在村落散居的移民,虽然居住不是那么集中,但村落中成员之间彼此熟悉,低流动性使人们"抬头不见低头见",社会交往能够持久互动,有利

---

[1] 郑杭生:《社会学概论新修》,北京:中国人民大学出版社,2013年,第153页。
[2] 田阡:《自为与共享:连片特困地区农村公共品供给的社会基础》,北京:人民出版社,2015年,第33页。

于意义共同体的形成。这种互动使人们之间产生强烈的归属感,也如一股无形的力量将人们紧紧凝聚在一起,成为村落认同的核心要素。搬迁前,传统村落民居以院落式平房格局为主,附有生产性的偏房,院落及堂屋具有公共空间的性质,成为村民互动的空间延伸。在简单的、农业的、交通不发达的、散落的"小社会"中,所有主要的经济的及其他社会的关系基本上都是在政府与家庭即初级群体之间。① 这种居住模式也有利于人们日常社交,形成情感认同意义上的共同体。

搬迁以后,移民住进了封闭的楼房,乡村社会处于转型时期,也有学者称为"半熟人社会""无主体熟人社会",熟人社会逐渐向陌生人社会转变,人情社会逐渐走向契约社会。如今年轻人大都外出务工,人们也越来越个体化,很少参与村中的事务和人情往来。但长期存在于移民生活中的血缘结构、生产方式等并没有彻底改变,因此熟人社会并没有完全消失,在新社区也得到一定延续。这主要体现在搬进统一安置社区的移民大都来自同一个村落或者附近村落,移民社区是一个内部包含多个局部熟人社会的异质性社区,他们依然保持着一定程度上的熟人社会的烙印。"我到这儿几个月了,认识的人还是以前的街坊邻居,现在住得也不远,几乎天天在一起打牌。虽然现在上楼了,但小区里很多还都是以前认识的,以前住我家屋后的,现在在马路对面的那个小区,平时没事也走动走动,晚上还一起到广场散散步。"移民这种相对集中居住的方式在很大程度上延续了村落原有血缘地缘的关系网络,这与主动城市化的农民工不同。流动农民在进城后,他们的社会关系在很大程度上从以前村落中完全脱离,相比之下,移民的集中安置政策并没有使移民的社会关系结构彻底断裂。但这也容易造成移民交往的内卷化倾向。他们所接触的都是移民群体,共同的生活经历和际遇在他们身上形成了一种内卷化的认同,进而演化

---

① 金耀基:《从传统到现代》,北京:中国人民大学出版社,1999年,第25页。

第六章 消解与重塑:社会文化空间的再造

为一种群体性建构。

搬迁后,移民之间存在社会交往的隔膜。一种是空间隔膜。易地搬迁大多集中安置,同住一个小区的移民大都来自同一个村或者附近村落,移民的社会交往只是简单的"同质群体"增加,与城镇居民交往有限。另一种是移民交往的阶层隔膜。布劳从结构社会学理论出发提出"接近性假设":位置相同或极为接近的人,其面对面交往的可能性要远远大于位置相距悬殊的人。① 也就是说处在社会结构中位置相当的人更容易交往,人们更多与处在相同阶层的人交往,处于同一社会位置的人们具有共同社会经验和角色,他们接触的机会较多,交往程度较深。但这也会导致移民陷入"内倾性"交往困境,交往出现隔离。布劳提出的另一个假设认为,社会中的不同群体和阶层是靠成员间的面对面交往联系起来的,这些群际交往尽管并不比内群体交往广泛,但它们会将一个社会结构的各个部分联系和整合在一起。② 宏观的社会整合取决于广泛的群际交往,而不取决于强有力的内群体纽带,取决于来自不同群体和阶层的个人之间的面对面交往。③ 也就是说,打破阶层与阶层之间的隔膜,实现各群体和阶层社会成员之间的互动才能实现社会整合。

> 当然是搬到山下好了。以前在山上没有路,出门很不方便。特别是下雨天,都是泥路,房子也漏雨,晚上睡觉都怕房子塌了。现在搬下来好多了,没事就在小区空地上晒太阳,一堆同龄老人搬个凳子坐楼下,有人谝(当

---

① [美]彼特·布劳:《不平等和异质性》,王春光、谢圣赞译,北京:中国社会科学出版社,1991年,第9页。
② [美]彼特·布劳:《不平等和异质性》,王春光、谢圣赞译,北京:中国社会科学出版社,1991年,第11页。
③ [美]彼特·布劳:《不平等和异质性》,王春光、谢圣赞译,北京:中国社会科学出版社,1991年,第19页。

地方言,"聊天"的意思),感觉很享福,做梦都没想到我能住进楼房呢。现在国家政策好,为老百姓着想。以前住山上,这家离那家走几里路,也不好串门,基本上没人交流,白天干干农活,天黑了就睡觉。现在都是一个村子搬下来的,很多都认识,也有的谝。

——河坝镇石桥社区移民访谈,2017年11月

从对移民的访谈可知,移民交往的对象大都是同住一个小区的移民群体,还有一部分是自己在从事非农生产中认识的一些同事,比如同在一个火锅店打工的同事,很少与其他人群交往,交往呈现出明显的空间隔膜和阶层隔膜。而且移民在就业过程中难免与各种科层组织、社会机构打交道,处理各种事务,在此过程中,很多移民并不能适应科层组织要求的按章办事的规则和处事方式,这对习惯了熟人社会处世规则的移民来说,也是一个挑战,他们更愿意奉行"人情"规则,讲究"面子"。"当社会制度不再借简单的、面对面的亲属、朋友和熟人群体而运作时,它们就越来越形式化、官僚化,并且有专门化的政治制度。"[①]移民在此过程中遭遇了制度文化的冲突与调适,还不能完全适应。易地搬迁移民上楼和移民社区的形成是国家权力干涉下的"被动城镇化"和"提前现代化","后搬迁时代"移民如何融入新社区是我们应该认真考虑的重要课题。

二、空间区隔:楼梯和门界的阻拦与封闭

"空间"存在着两方面的意义,一个是客观的、具有物理边界的、地理概念上的"空间";一个是社会意义上的"空间"。新马克思主义学派列斐伏尔提出,空间研究应由"空间中食物的生产转向空

---

① [美]威廉·A.哈维兰:《文化人类学》(第10版),瞿铁鹏等译,上海:上海社会科学院出版社,2006年,第113页。

间本身的生产"。本研究既要研究空间中事物的生产,即移民上楼后公共空间中社会关系的生产;也要研究空间本身的生产,即移民与市民居住和社会空间的区隔。

移民搬迁意味着以血缘为纽带的初级群体瓦解,熟人社会逐步解体,基于血缘的社区认同丧失存在基础。搬迁后,社区化的居住从根本上打破了社会交往在血缘上的限制,新社区人口规模大,成员来自不同自然村,血缘意识逐渐淡薄,以血缘为基础的熟人社会也将不复存在。而且小区居住模式在某种程度上也阻碍了人们的社会交往,难以形成亲密关系。社区空间不仅仅是物理意义上的空间,还包括社会空间,人们通过房屋结构背后的社会空间原则来组织日常生活和界定人际关系。[①]

搬迁前移民居住的公共空间与私人空间分野没有那么清楚,人与人之间非常熟悉,私密性很弱,通常每家的事情,邻居们都知道,乃至全村人都知道。"以前谁家什么样的布局,家里有什么人,什么事,大家都清楚的,去谁家串门也不用敲门,大家都不锁门,直接就进去了。"村落的亲密性让移民生活空间不分公私。如今,移民上楼居住,一方面,门的阻隔与楼梯的规训让移民与移民之间明确分隔。从前面物理空间的章节我们得知,移民政策客观上也导致了家庭空间结构的变化,家庭规模由扩大家庭逐渐变为核心家庭,私人空间变得越来越明确。住所只提供了住宿和家庭内部的生活空间,失去了以前那种包含住宿、生产、生活、社交、活动等几乎所有生活需要的空间含义。"空间是被分隔使用并且拥有各自的边界,每一个空间内部都是一个相互作用的有机体,遵循着各自的交往规则,它具有分割性。"从齐美尔的表述中,我们可以看出,移民与市民分别处于不同的社会空间中,其各自的空间具有明显的边界,遵循着不同的规则。移民新型社区以多层公寓式住宅为

[①] [美]阎云翔:《私人生活的变革:一个中国村庄里的爱情、家庭与亲密关系1949—1999》,龚小夏译,上海:上海书店出版社,2006年,第149页。

主或者以联排和双拼式的别墅型住宅形式为主,这些住宅都是基于现代性的设计理念,更加注重住宅的私密性,使得传统民居所具有的公共空间功能消失,造成移民邻里交往受阻,交往频率下降,以往普遍存在于村落中的串门式的情感交流减少,传统村落村民间单纯的信任关系下降,社会距离显现,社会空间出现断裂和离散趋势。居住的空间距离影响社会网络成员交往的方便性,传统村落邻里关系是人们最频繁的社会交往对象,邻里支持网络具有生产生活互助、情感支持和精神交流的功能,俗语说"远亲不如近邻"就是这个意思。搬迁后集中居住虽然拉近了人与人之间的空间距离,却拉大了移民之间的心理距离,多层或高层楼房设计使得住宅成为家庭生活的私密性空间。

首先,搬迁后的楼梯为移民之间的交往设置了阻隔。搬迁前,社会交往发生在水平向上,不会因高低位移而打乱交往方向,可以保证行为动作的稳定性。① 移民集中居住的小区是高层建筑,而且没有电梯,上下楼这种不可避免的高差行走会给移民生活带来不便,特别是老年人和孩子更是如此。"我今年70多岁了,和儿子一起住。以前没事搬个凳子到院里晒晒太阳,现在我住5楼,下楼不方便,需要有人扶着,上楼更难,腿疼,爬个楼梯就喘,看着楼梯都觉得困难。以前都是平地,怎么走都行,快点慢点都没问题。爬楼梯太费体力,就怕一不小心绊倒了或者踩空摔倒了,所以现在都不出门了,在家看看电视。"楼梯成为社会交往的一种障碍。人们往往愿意在同一层的房间之间行走,而不愿到楼上或楼下的房间去。② 阶梯限定了人们行走的出脚动作、步法和跨度,需要全神贯注才能适应楼梯的标准化设置,因此在某种程度上,上下楼时阶梯与身体是一种规训与被规训的关系,规训之于个体并不是一种愉

---

① 谷玉良、江立华:《空间视角下农村社会关系变迁研究——以山东省枣庄市L村"村改居"为例》,《人文地理》2015年第4期,第45—51页。
② [丹麦]扬·盖尔:《交往与空间》,何人可译,北京:中国建筑工业出版社,2002年,第56页。

快的体验。① "我家住3楼,我堂兄住4楼,但住旁边的单元。我去他家串门,得先下3楼,再爬4楼,上上下下太累了。而且家里现在都收拾得干干净净的,带个孩子去太闹腾。带孩子上下楼也很不安全。孩子没安全意识,跑得快,我也跟不上,操心,以前平地他出去跑着玩都没事,现在上下楼都要小心,怕磕着摔着。"楼梯影响了移民之间的交往频率,高差的行走使人们外出的欲望下降,安置点移民家庭之间互相串门和交往减少,尤其是居住在不同单元楼或不同楼层之间的移民,即使是亲戚走动也不如以前频繁。

其次,搬迁后紧闭的房门也影响了移民交往的频率。"这种小区房虽然比以前住的是干净多了,交通也方便,但邻里之间每天锁着门,基本上见不到面,楼上和楼下也没有什么往来。回家第一件事就是换鞋锁门。以前在老家都没锁过门,空闲了就是串门,村里孩子都是吃百家饭的,邻里街坊互相照应。现在是无事不登三宝殿。"而且传统村落农民主要是日出而作、日落而息的生活作息习惯,每个人闲忙时间差不多,现在随着农民进厂务工或者自己创业做生意,大家的作息习惯也不一样了。"以前大家干农活,作息时间都差不多。现在每个人的工作不一样了,有的上班分白天或者晚上,也有三班倒的。想串门聊天说不定人家不在家,或者刚下班,要睡觉。"以前移民都是独院居住,每个庭院都是农民开展生产和生活的场域,很少会干扰到别人,现在楼上楼下稍有不慎就会造成邻里纠纷。"楼上往下扔垃圾的或者倒脏水的,经常把楼下晾晒的衣服给弄脏。还有的楼上在家搞聚会吃饭,动静太大,影响楼下休息。""以前两家吵架,其他人都来劝架,现在都关起门过自己的,没人去管闲事了。""虽然现在搬进了安置房,但我有什么事还是回原来的村子寻求帮助。我们户口也没迁入这里,还归原来村里管理,交医保什么的还都是回以前的村委会去交。这里住的人虽说

---

① [法]米歇尔·福柯:《规训与惩罚》,刘北成、杨远婴译,北京:三联书店,1999年,第193页。

都是周边村庄的,但来往不多,平时接触的也都是自己家的亲戚。邻居最多是见面打个招呼,没有深入交流,一进家就锁门,谁也见不到谁。而且年轻人都出去打工了,房子基本上都是空房,与社区外面的人交往更少,感觉自己还是外来户。去超市买个东西,感觉还不属于这里,好像外来人群。"

搬迁后,封闭的空间结构和闭合的单元门增加了人们的隐私感,与以往水平居住时相比,立体化集中居住后,私人空间各自形成了封闭单元,楼道与其说是起到了连接移民互相交往和走动的作用,还不如说是为移民各家之间提供了边界暗示,彻底将"比邻"分隔为"天涯"。① 闭合的房门强化了心理层面对私人空间的占有欲和"自我归属感",也导致社区空间的分割。目前公私空间分明,私人空间主要限于家庭成员内部,主要涉及家庭事务;公共空间则在不同移民户之间进行,以处理公共事务为主,建立在此基础上的社会交往缺乏一点人情味。越来越多的农民用一扇门阻隔了外界纷扰和他人的窥探,人们之间社会交往明显分散而频率下降。

空间区隔不仅体现在物理空间的阻隔,还体现在不同阶层和群体之间的心理距离。交往和沟通的隔离成为移民减少社会交往最直接的空间原因,这种空间区隔,加强了他们的层内交往。这一群体仍然依托着传统的血缘、亲缘或地缘关系所构成的社会网络及乡村礼俗原则和行为规范,来开展其社会活动,难以实现在城市中的同化与融合。

三、互助空间瓦解:传统合作组织消失

传统社会中的经济是以其整体功能性为特点,村民对公与私没有抽象的理论概念和明确的划分,传统乡土社会是以社区互助

---

① 胡位钧:《社区:新的公共空间及其可能——一个街道社区的共同体生活再造》,《上海大学学报》(社会科学版)2005年第5期,第69-73页。

第六章 消解与重塑：社会文化空间的再造

和自给自足的经济生活方式为特征。[①] 传统的农村社会是一种合作性组织，对于农民来说，土地不仅是谋生手段，还是充满感情的联想。有土地，村庄才有内聚性和明显的地理边界，村民才有集体认同感。村委会及集体经济组织是建立在集体土地所有基础上，村集体的土地边界是村民、村庄及村民组织的边界。农业生产是最具有天然公共性的空间，水利建设、乡村道路维修等大型工程需要各家各户投资建设，播种、翻土、灌溉、除草、收割等涉及组与组之间、户与户之间的协调合作，生产中的帮工、换工有利于形成集体意识和加深彼此之间感情，土地成了维持传统社会关系的中介。

　　换工是在农业生产基础上产生的一种经济互助形式。人们通过这种方式在村落中相互依存，代代相连。而且换工是人们共同的历史记忆，调查中笔者也了解到一些老年移民对以前换工场景的怀念："那时候真是热闹，谁家有个啥事，一招呼大家就去了，做活也从不觉得累。农忙时大家都是互相帮助，谁家的地多，收割慢，地少的人把农活做完就过来帮忙，很快就把地里的稻子收割了，被帮忙的人家请大家吃饭喝酒。从不像现在这么冷清，请人帮忙没那么容易，都忙自己的事情，还要付一定报酬才肯帮忙，除非是关系非常近的。"也有老人这样回忆换工的场景："换工一般是在农忙时，如栽秧、收割、薅草，相互关系好的几户人家协调好顺序，一般每家出一个劳动力，自备农具参加换工。每天去不同的人家做活。哪一天去谁家，那天谁家就是主人家，来做活的人就要听主人安排。主人为做活的人准备一天三顿饭，备好菜肉。工作一天后，换工的人就在主人家喝酒聊天，好热闹啊。"在传统村落中，换工与村落社会关系网络紧密相连。随着社会发展，换工逐渐消失，但村落中依然存在着村民之间的合作，这种合作在村民看来是互助了。互助是在某一户人家需要帮忙的时候，诸如建房、红白喜事

[①] 王铭铭：《村落视野中的文化与权力：闽台三村五论》，北京：三联书店，1997年，第32页。

等时候去帮忙,并没有连续性的时间限制,在劳动力上也没有对等的限制,帮忙的事情不限于生产和劳动,还包括社会生活的各个方面。调研中了解到,当地除了民间农业生产的合作外,社会互助还体现在家事、急救和投资三大方面。家事如家庭成员的婚丧嫁娶、生日礼仪、祭祖等,常需请客吃饭,开支较大,可能会互助借贷;急救包括受伤等,也会引起社会互助;投资可分为生产性投资和建房投资,都需要大量资金、劳力和关系。传统社会中的互助可以用"互惠交换"概括。莫斯在其人类学著作《礼物》一书中也认为,传统社会的经济一般与社会关系很难分清,送礼代表人与人之间实行社会—经济交换的途径,而这种"交换"具有很大程度的"互惠"或"互助"的作用。① 他们互助发生的社会圈子一般是以血缘、姻缘和地缘建立起来的,以家族纽带、相识和共同经验为基础的社会关系。② 比如现在外出务工的人比较多,家里土地撂荒的很多,在家务农的人就会向这些外出务工的人借土地耕种,不过在村里最多的情况还是借给自己的亲属,然后自己收成后给亲属点粮食作为回报。

搬迁后,移民社区将农民与土地分离,农业生产过程中的互助行为消失,弱化了集体成员身份所具有的凝聚力,村民分裂为留守群体和外出务工群体。没有了土地的牵挂,一些农民长期在外务工很少回家乡,而且农民现在也不愿意参与社区事务,日常生产和生活与农村并未保持密切联系,村民之间关系日趋生疏。移民搬入新社区后,其社会资本严重缺乏,获取帮助与支持的渠道很少,如果没有稳定的收入来源,就会很无助。如果家里有人生大病或者发生突发事件时,移民难以承受,之前熟人社会的帮助被逐渐瓦解,移民只能求助政府。正如移民专家塞尼所说:"移民使社会人

---

① [法]马塞尔·莫斯:《礼物——古式社会中交换的形式与理由》,汲喆译,上海:上海人民出版社,2002年,第5—6页。
② 王铭铭:《村落视野中的文化与权力:闽台三村五论》,北京:三联书店,1997年,第170页。

际关系分散,使亲戚之间变得疏远。互帮互助的关系网、相互融洽的小群体、自发组织的服务团体都被拆散了。"①搬迁使移民社会关系网络处于失序和混乱的状态,移民充满了不安定感和强大心理压力,变迁的突发性和猛烈性让移民无所适从,缺乏安全感。移民在新社区中与当地居民虽然也有互动,但还是有一定疏离感,特别是刚搬迁入住时,彼此之间普遍缺乏信任,互相提防,这个时候移民文化冲突最大,移民各种支持网络瓦解,而新的"实际帮助网""情感支持网""财政支持网"还没有建立起来,移民可用的社会资源较少,社会交往能力被限制和压缩,使移民深刻感觉到"近邻不如远亲",引发移民的思乡情结。

第二节 文娱方式的转型:集体记忆的弱化与培育

凡勃仑在《有闲阶级论》中指出,闲暇是有社会属性和阶级属性的。②贺雪峰在其著作中指出,农忙时间一般只需 2～3 个月,还有近 10 个月为农闲,虽然农闲时间农民也都想方设法外出务工或者做点其他活路维持生计,但从每年 11 月到过年后的这段时间农民还是可以享受清闲的。而对于搬迁上楼、脱离土地的移民来说,闲暇时间更多,除了外出务工的中青年劳动力,很多老人基本上都赋闲在家,他们搬进楼房后无地可种,连房前屋后种点菜的自留地也不存在了,真正变成了每天清闲的"有闲阶级"。因为从农业生产中脱离出来,移民交谈的话题也很少再涉及农业生产经验,而更多的就是家长里短的闲聊。

随着移民时空场域的转换,其闲暇生活方式也发生了巨大变化。搬迁前,移民居住在村落中,靠山吃山,靠水吃水,种庄稼,砍

---

① [美]迈克尔·M.塞尼:《移民·重建·发展——世界银行移民政策与经验研究(二)》,水库移民经济研究中心编译,南京:河海大学出版社,1998年,第58页。

② [美]凡勃仑:《有闲阶级论》,蔡受百译,北京:商务印书馆,2007年,第3页。

柴,养殖家畜,每天忙于生计,日出而作日落而息,谈不上闲暇时间,也许田间地头的唱山歌、闲聊就是他们生活中的一种乐趣。而如今,随着现代化的生活方式和各种电子产品的传播,手机、电视、电脑走进寻常百姓家,移民的娱乐方式也发生了变化。

一、记忆中的闲暇活动:有限的时间和独特的娱乐

闲暇时间是人们摆脱工作及其责任而可以自由支配的时间,是个人社会文化活动的时间。有人指出,闲暇时间主要受生产生活方式和传统习惯决定。搬迁前,移民主要从事农业生产或者外出务工,大都是有一定强度的体力劳动,劳作之余的时间需要休息恢复体力,这也应该是农民闲暇最本质的意义所在。

(一)闲聊——最基本的闲暇生活方式

农忙之后,亲朋好友、街坊邻居之间的闲聊漫谈也许就是农民在闲暇时间进行的基本娱乐活动,这种娱乐也多遵循着"差序格局"的规律,以血缘、地缘为中心,向四周扩散。对于传统的中国农民来说,闲暇是有季节性的,春种秋收时是最忙的,春节前后是比较清闲的,所以他们的闲暇时间也有"农忙"和"农闲"之分。农忙时就是遵循着日出而作日落而息的生活规律,农闲时还要外出务工,也就只有在冬季,忙了一年的人才能够闲下来,过一段休闲的时光。

> 我家农忙也就3个月左右。插秧,收稻子,还有收茶叶的时候。其他时间都外出务工,打点零工,哪里有活儿去哪里,一般年前一个月就回来了。冬天建筑工地不好干活,容易上冻,没法施工,就回家休息了。闲了没事干,就找朋友喝喝小酒,吃顿火锅,打打麻将或者扑克牌,到处闲逛一下。
>
> ——河川镇松园村移民访谈,2017年11月

第六章　消解与重塑：社会文化空间的再造

从以上访谈可知，闲暇时间具有明显季节性，受生产方式的影响，以农作物的生长周期为参考。春夏秋三季忙于耕种收割或者外出务工，闲暇时间较少，冬季清闲。娱乐方式较随意，不受时空限制，比如串门聊天，田间地头、房前屋后或马路边的闲聊等，聊天内容和形式也不受限制，大到国家政局，小到家长里短，主要是交流一下彼此之间的生活，以获取外界信息、消遣时间、心情放松为目的，这也是村民们最常见的闲暇生活方式。

（二）唱民歌

《薛志》云："（西乡）民风醇朴，重耕读，文学日趋于新，礼义渐近于古……有交民兴行之风。"可以看出，该地区民族传统文化早已形成。早在20世纪50年代，各乡镇就以初级社为单位建立了农村俱乐部，这些俱乐部通过出墙报、办板报、放幻灯、唱歌曲以及开展文艺宣传等方式，开展各种群众文化娱乐活动。后来成立了业余剧团，剧种以秦腔、二黄为主，多为历史剧与现代剧的结合。其中最典型的就是地方音乐。民歌作为一种文化形式，展现出了不同的风土人情。笔者在调研过程中了解到当地的民歌主要有以下几种：

（1）号子。山区农民在田间地头从事各种劳动时，因事而作，即兴而唱，如耕作中的薅秧号子，修路、修房时的打夯号子，行船中的上滩号子、拉纤号子等。领唱者脱口而出，合唱者遥相呼应，形成团结紧张的气氛。陕南人民在劳作时，都要唱号子歌来提高劳动效率和缓解劳动疲劳。

（2）田间歌。西乡县自然条件具有南方地区特征，适合水稻的生长，该地区也是水稻产量较大的地区，因此也出现了多种版本的插秧歌。田野中还有很多劳作时唱的歌，人们把田间地头当作擂台，你唱我答，好欢乐的场景，这是人们最朴素的精神食粮。农民中还流传有小调，最普遍的是山歌，平川称"通山歌"，山区称"茅山歌"。比如五里坝乡的民歌《失金簪》："年（来）年（来）有（来）个三月（呃）三（那衣耶），上穿绫罗下穿缎（来），失掉我紫金簪（那衣哟号)(哟衣哟噢,哟噢衣呃),失掉我紫金簪(那衣哟号)……歌儿飘到树上,树荫里的斑鸠跟着凑热闹,歌儿落到草尖,草丛里的蚂蚱也争相欢势蹦跶……"生动表达了农忙时田间地头的欢乐场景。农村耕作时,歌师身背锣鼓,边敲边唱,鼓舞劳动热情,民间称"锣鼓草",在山区、丘陵均流行。歌师是指挥,鼓声是命令,歌起薅秧,歌停休息,成为劳动与音乐的最佳结合。当地有谚语:"锣鼓敲得响,秧苗向上长。"

(3)采茶歌。陕南地区多山地丘陵,自古盛产茶叶,笔者调研的县是有名的茶乡,盛产绿茶,大力发展茶叶产业,采茶歌也伴随着当地的茶叶生产应运而生。每年清明前后,采茶姑娘就开始忙了,多人结伴行走在茶园中采茶,还有竞选茶仙子的比赛,这时候他们就会边采茶边唱山歌,既能解闷消乏,也能娱乐大众。

(4)风俗歌曲。比如宴席中的"酒歌",丧葬前的"孝歌",婚礼前的"哭嫁歌"等。

(5)民间器乐曲。主要以唢呐吹奏为多,应用于婚丧嫁娶、祝寿修房等场合,唢呐配以云锣、鼓等,曲调有大小开门、满堂红等50多种。此外,吹树叶在河坝镇一带也较为流行,歌手采用质韧而柔的冬青树叶,可吹出高低不同的音阶。

(三)挑花刺绣

据《西乡县志》记载:"女工之刺绣,其精妙不在顾绣、湘绣之下,有秀巧之美,无粗拙之态……"本县挑花分架花与结花,刺绣分扎花、割花、游花等。常见作品有为敬老祝寿用的《松鹤延年》,新婚嫁娶用的《龙凤呈祥》《迎亲图》及戏剧图案《水漫金山》等。留守妇女在家照顾孩子和老人的间隙,常在家里做女红用以打发时间,可以把自己刺绣的作品拿去集市上换取零花钱,这也是他们文化娱乐生活的一部分。有妇女在家纳鞋底做鞋子,如果做得多,也在赶集的时候拿去集市进行售卖。随着刺绣的发展,后来也有人在家做比较简单的十字绣,比之前的刺绣容易多了,图案和绣法也更加多样。

(四) 抓蚂蚱、捉泥鳅、捡野果

抓蚂蚱是当地青少年普遍喜爱的一项活动。孩子们在田间地头一边唱歌一边抓蚂蚱，也有在小河边捉泥鳅和黄鳝的，捉得比较多的话还可以拿到集市上或者路边去卖掉，换取零花钱。靠山吃山，山上野生的植物很多，比如野生板栗、野生山药、中草药、野生枣子、野生桑葚等，村民们利用农闲时间上山捡这些野生的植物，然后背到集市上去卖，换取零花钱。也有村民去打野猪，山上野猪很多，经常毁坏庄稼，还有野兔，这些都成为村民们农闲时的娱乐活动，而且野趣十足。

(五) 打麻将、打扑克牌

麻将和扑克牌在当地很盛行，它们作为娱乐文化的一种方式，也是社会的产物和特定文化的缩影。该地区靠近四川，麻将主要是川麻的游戏规则。麻将共144张牌，分为字牌、序牌和花牌，序牌108张，分为万、饼、条三类，每类36张牌，万、饼、条是中国古代币制文化的缩影，是人们追求金钱的一种体现。花牌分为春夏秋冬四季和梅兰竹菊四君子，这也是中国文化的缩影。麻将本身蕴含了丰富的文化信息，对于普通百姓也具有很好的调剂生活的作用。但麻将在当地的现状并不乐观，村民沉溺麻将、赌博导致犯罪率升高，已被称为农村社会的一大社会毒瘤。麻将和扑克牌虽然可以作为一种赌博工具，但因为学会的门槛比较低，一般人都可以学会，所以也是广受欢迎的一种游戏方式和娱乐活动。

移民在搬迁前生活在村落中有许多有趣而传统的休闲活动，这些活动不仅丰富了移民的精神文化生活，也为其创造了更多的交往机会。如果能够将各种传统文化活动加以继承并发展，将来自不同时空记忆的移民集合进新的社区空间中，不仅可以为移民提供积极向上的闲暇生活方式，而且也对塑造他们新的社区认同、打造意义共同体具有积极的促进作用。但遗憾的是，很多传统文化活动因为缺乏继承人以及受到市场经济逻辑的冲击渐渐失传，也有一些活动因为搬入新社区不具备开展的条件而逐渐消失,成为人们永久的记忆。

二、新社区的文化空间:富余的闲暇与丰富的文化生活

移民搬入新社区以后,村委会和居委会等基层社区组织会有意识地组织一些文化休闲活动,在活动中强化村民的集体认同感和社区归属感。无论是城市的社区建设还是农村的乡村振兴,"丰富群众文化娱乐活动"都被认为是能够提高群众文化素质、陶冶情操的有效形式。移民搬迁后失去土地,年轻人春夏秋季节外出务工,冬天赋闲在家,也有一些无法外出的年轻劳动力,比如照顾年迈的父母或者照顾尚未长大的孩子,或者自身有其他疾病无法外出等原因,村民们闲暇时间增多,有更多积极性参与文化娱乐活动。因此,组织和推动群众文化娱乐活动的开展也是当前基层工作的重要内容之一。

(一)组织性娱乐活动:文娱活动的开展

农村的公共空间指农民可以自由参与并在此从事文化娱乐活动、与人沟通交流联络感情、谈论公共事务的公共空间。调研中笔者了解到,高坝社区打造了"一园三路一堂一厅",打造了宜居、美丽、文明的新社区,在临近公路的地方修建了篮球场、足球场和文化活动中心上。也有一些有才艺的移民群体,比如有的老年人会唱戏、拉二胡,他们会聚在一起说说唱唱,陶冶情操。这些文化活动不仅丰富了移民的文化生活,还增加了他们可以聚在一起的机会和时间,提供了时空便利条件。但总体来说,移民群体文化娱乐活动主要在家庭内部,如看电视、玩手机、闲聊等消遣性活动,而能提高移民素质的学习性活动还较少,这也与移民自身的文化素质有关系。社区还成立了专门的欢乐文艺宣传队,多渠道组织移民广泛开展各种民俗和节庆活动,丰富移民生活,促进移民之间交往互动和联络感情。

第六章 消解与重塑：社会文化空间的再造

1. 文化旅游节

西乡县作为全省最大的茶乡，"雨洗青山四季春"的独特地形，使当地绿茶闻名于世。该县以打造"中国最美丽的茶乡"为目标，每年在四月底或五月初举办茶文化节暨樱桃旅游节双节活动。通过双节举行午子山庙会、招商推介会、开(闭)幕式表演、品茶赛茶、茶艺表演、大型歌舞表演等活动，努力壮大茶业发展，推进樱桃沟、午子山、枣园万亩生态观光茶园三大重点景区建设，成为该县对外开放的载体、招商引资的平台和展示形象的窗口。在每年盛大的文化节上，各社区都会鼓励移民踊跃参加，组织移民成立茶艺表演队进行茶艺表演，不仅丰富了移民的生活，也为该乡镇茶业进行了宣传推销。

> 每年四月份或五月份，我们镇上会联合陕西天域玫瑰生态农业开发有限公司在朱垭村举办"天域玫瑰文化旅游节"，届时会有一些相亲节目、亲子采摘玫瑰花的乐采活动、婚纱摄影秀、文艺演出等活动，不仅促进人们之间的交往，丰富文化生活，还加强了他们对自己家乡文化产业的支持和认可。
> ——白马镇镇长访谈，2017年12月

2. 文体娱乐活动

搬迁前，传统的乡村共同体是以集市这种基层市场为边界的，赶场是当地村民互动的普遍模式，村民也会把家里多余的物产拿到集市进行交易，人们在场中互动交流，在交换信息的同时增进彼此的认知，维系浓厚的地域情感。搬迁后，移民搬入现代社区，集市在移民生活中的文化共同体意义有所弱化。为了唤起移民对传统集市的记忆，移民社区通过茶文化节、农民丰收节等文化载体，为搬迁户的农产品搭建了销售平台。还有首届农民趣味运动会，比赛场上，昔日的庄稼汉、农家女放下锄头，开始了"扛苞谷奔跑"

213

"两人三足跑""搓玉米棒子""拔河""踢毽子"等乡土味十足的游戏竞赛,现场气氛十分热闹,不时传来加油声、喝彩声。这样的活动不仅拉开了全民健身的序幕,丰富了群众文体生活,也加强了人们的团结合作意识,促进了社区的和谐稳定。

> 9月份我们还举办了"白马镇首届农民丰收节暨扶贫农特产品展示展销会",为全镇300多户移民搬迁户和贫困户的农产品搭建了销售平台,同时也展示了广大农民的劳动成果,进一步丰富了广大农民朋友的精神文化生活,激发了他们劳动的积极性,让他们特别是搬迁移民群众感知我们社区是他们安居乐业的精神家园。丰收节上,展销的农产品有农民自己种植的木耳、核桃、香菇、板栗、土鸡、洋芋、吊瓜、猕猴桃、土蜂蜜、农家自制干菜等,琳琅满目,应有尽有,丰收节当天交易额达15万元。这样的活动不仅丰富了农民生活,是老百姓积极参与的盛会,使他们感觉自己作为农民的自豪感和成就感,也为农民提高经济收入开辟了新途径,是农民认可的实惠的民生工程,同时也为不同社区中的居民进行社会交往和互动提供了平台。
>
> ——白马镇镇长访谈,2017年11月

基层组织也会有意识地通过这些活动塑造新的社区文化和共同体,加强移民集体认同感,促进移民的社区意识,以实现重建社区秩序的目的。由传统熟人社会进入相对陌生、疏离的社区后,社区组织各种群众文娱活动,既有助于促进移民之间的交往,重建人们之间的熟悉感和相互支持网络,又能够创造新的社区记忆,以共同的地方文化来凝聚人心,尽快实现社区融合。

(二)家庭闲暇活动:以电视为中心的闲暇生活

电视是现代影响农民生活的最有效途径。电视的普及使闭塞

第六章 消解与重塑:社会文化空间的再造

的山区人民了解更多国家新闻和社会轶事,感受不同的文化生活方式和民俗风情,了解更多的与自身相关的各种惠农政策。电视不仅丰富了移民的文化生活,也使他们增长了见识。搬迁新居后,由于土地减少,集体感消失和经济利益关联减弱,这种趋势就更加明显,很多人尤其是老年人和妇女都待在家里,大多数人通过看电视打发时间。阎云翔在下岬村的观察中也指出:"人们越来越多的空闲时间都是在家里过的,除了看电视、打麻将,在村里就找不到更好的事去做了。不断有人告诉我说,村里已经多年没有任何公共活动。"①

> 现在串门也不好串了,只能待在家里。待家里没啥事,孩子要接送,也不好出去务工。白天就在家织织毛衣、干点家务、看看电视。现在新装修的房子靠着沙发看电视更舒服了,看看新闻,了解下现在的扶贫政策,看看跟我们村干部宣传的一样不,但看的更多的是电视剧。
> ——石桥社区移民访谈,2017 年 11 月

看电视是移民群体打发闲暇时间的首要选择,其次还有手机和互联网。手机作为一种信息传播工具,也是现代生活的一个表征。手机的普及对移民的生活产生很大影响,搬入新社区后,会用手机的人越来越多,老年人也在学习使用手机。手机不仅是人们联络的工具,也是年轻人娱乐的工具,他们利用手机进行社交、上网看电子书、购物、打游戏等。手机的使用也消除了空间障碍,通过虚拟社会现场,加强人们之间血缘与地缘的联系。② 它不仅是一种新型媒介,还代表着一种人际关系和身份认知的重构。另外

---

① [美]阎云翔:《私人生活的变革:一个中国村庄里的爱情、家庭与亲密关系 1949—1999》,龚小夏译,上海:上海书店出版社,2006 年,第 36 页。
② 王瑞芳:《撒拉族水库移民生活方式变迁研究》,博士学位论文,兰州大学,2014 年。

搬入新社区后,互联网也成为人们生活中不可或缺的一部分,特别是对于年轻移民来说,他们接受新事物比较快,也有不少移民经常到县城网吧上网,他们大多利用网络进行社交、打游戏或者看电影。

第三节　精神文化的嬗变:心理疏离与文化认同

对于搬迁移民来说,国家的空间规划在为他们实现空间转移之后,一方面呈现了神经质的跳跃式特征,另一方面现代化的文明没有留下充足的自我调节时间以便能慢慢消化与适应这种空间骤变带来的种种变化,移民在安置区产生种种困境。从心理层面看,认同含有两层含义:一是"我是谁"的认知,二是"谁与我相同或一致"的认知。文化心理差距、社区共同体缺失构成最深层次的空间区隔。不同生活环境造就不同文化和价值体系,空间成为人们伦理观、价值观生成和发展变化的重要场域。①

一、基于生产生活方式差异的心理认同

布劳指出:"流动的人不能简单地抛弃旧有的角色属性和角色关系,但他们如果不接受新的角色属性,不建立新的角色关系,那么他们就不能适应他们的新位置。"②所以文化心理层面的认同是移民身份转换和产生社区归属感的内核。移民搬迁前,由于其生活于闭塞的深山区,文化基本上是单一同质的,而搬迁后,移民的文化环境跳跃到多元与异质。③ 这种突然的变迁使移民心理归属

---

① 陈忠:《空间批判与发展伦理——空间与伦理的双向建构及"空间乌托邦"的历史超越》,《学术月刊》2010年第1期,第17-23页。
② [英]彼得·布劳:《社会生活中的交换与权力》,张黎勤译,北京:华夏出版社,1988年,第112页。
③ 韦仁忠:《藏族生态移民的社会融合路径探究——以三江源生态移民为例》,《中国藏学》2013年第1期,第120-125页。

感和安全感大大降低。在来不及消化的多元文化面前,移民感觉迷茫与惶恐。

移民原有的价值体系规范在社区文化前被解构,但社区文化体系也不可能一下子被移民所接收,移民成为典型的边缘人。在新社区中,移民在日常生活和人际交往中经常力不从心,就连举止言谈都觉得"不自在",在社交场合常处于"失语"状态。这种感觉使他们倍增了很多思乡情绪,不愿主动融入新社区。尤其是老年人群,搬迁前,他们是自信的农耕者,掌握了熟练的耕种技巧和丰富的农耕经验,有自己的生活圈子,也有固定的交往方式。移民从传统村落进入新型社区,生产方式的改变使他们原有的农耕技术在新环境中失去作用,之前的劳动技能在新空间被严重贬损,原有积累的农耕经验被消解,从而带来移民经济贫困与心理贫困的连锁反应。加之移民文化水平低,受教育程度低,呈现出知识贫困的特征,即农村人口的基本知识能力缺乏。知识能力是发展能力中至关重要的能力,知识贫困包括获取知识、吸收知识和交流知识的能力匮乏或途径剥夺。从调研资料分析,贫困人口文化程度基本上都在高中以下,以河川镇贫困人口为例,文盲或半文盲占9%,小学文化程度占69%,初高中文化程度占19%。大量人口表现为受教育水平低或根本未受过教育,低素质人口从根本上削弱了对知识的吸纳能力,这限制了他们进城务工的职业选择、消费方式、交往群体。比如该地区对有劳动能力的贫困人口进行技能培训,但因文化程度低,理解能力有限,很难将知识转化为致富能力,特别是老年人能读懂农业生产方面说明书的人都很少。而且长期闭塞、落后的生活环境,加上小农思想影响,很多人宁愿苦熬,不愿苦干,市场观念不强。

> 我在山上只会干点农活,种地种菜,养鸡养猪,砍柴,我都是一把好手。但是现在搬进楼房,我啥也不会,感觉自己没用了。这里也没地方种地,我也没饭吃了,只能靠

>儿子打工养活我,感觉不适应,还是种点地心里踏实。这里电磁炉、液化气灶我也不会用,我只会烧柴。在山上住的时候是用吊锅、吊壶,在堂屋中间地上挖一个方坑,砌成火塘,一年四季,一把柴火,就够了。既能做饭、烧水泡茶,也能取暖,还能熏制腊肠腊肉。现在搬到这里,我没地方烧柴了,也没有火塘了,也不能熏制腊肉了,也没地方养鸡和种菜了,感觉生活没意思了,不知道自己活着还能干什么?
>
>——河坝镇高池村移民访谈,2017年11月

从以上老年移民的访谈中我们也能看出来,移民对未来的社区生活充满迷茫和畏惧,他们对自己搬入社区以后的生活充满了不确定感和不安全感。他们习惯了原来的生活方式,短期内或者一辈子都很难改变,眼前的移民社区的生活大都与他们无关,很多老年移民无法适应社区生活而出现返迁或者拒绝搬迁。村落社会是一个熟人社会,移民把熟人社会中的生活常识移植到关系复杂的社区生活中,出现生活经验的失灵,新的技能又由于文化素质、思想观念等原因不能快速掌握,农耕社会中的"精英"变成了城镇中的"边缘群体"和"弱势群体"。搬迁后,他们从熟悉的山水之间搬入陌生的全新环境中,这时他们发现自己成为"局外人",不懂得现代化生活的基本符号和规则,需要重新进行文化塑造。这种适应过程对于个体的影响是深刻的,大多数人都会经历这种迷惑或焦虑期。[1]

>他们很多人一辈子没有出过这个村落,可能镇上都没去过,每天就活动在他那一亩三分地,房前屋后。普通话都听不懂,他们根本不知道如何与外面人交流,语言贫

---

[1] 朱力:《中外移民的城市适应》,南京:江苏人民出版社,2009年,第112页。

乏,平时也许一天或者几天不说一句话。住在这深山里,串门也不太方便,经常都是日出而作,日落而息的。他们很朴实,比如我们刚才去的那家移民户,他们也很热情,也知道来客人了要热情招呼,积极给你泡茶表示欢迎。但是不知道如何表达,不会说客套话,放不开,见到陌生人害羞,特别是见到你这种明显说话口音不是本地的陌生人。语言也不通,他们估计都很难听懂你说的普通话,这也与他们长期生活于闭塞的村落有关,缺乏与人交流,感觉大脑都萎缩了一样,不会组织语言。

——河川镇移民办主任访谈,2017 年 11 月

从上面的访谈可以看出,移民面对陌生环境或陌生人会产生心理上的压力和混乱,也有学者将这种因生活空间、居住模式及生产生活方式的剧烈变迁、空间秩序及文化的骤变引发的心理的极度不适应称为"文化震惊"[①]。移民从闭塞的村落搬迁到宽敞的公共社区,其传统文化所在的特定的自然社会环境、生产生活方式、民俗习惯等被迫改变。这种"社会跃进"虽然在表面上可能产生移民城镇化和现代化的光环,但内在导致了移民身份认同的焦虑和心理的困惑,对移民社区缺乏归属感。而且移民搬到社区以后开销日益增长,其日常消费结构日趋现代化。小区是按城市标准化的商品房小区建设,配套了水电网等基础设施,但享用这些设施和服务是需要支付相应费用的,用一位移民最朴实的话说就是:"住到这里以后只花钱不挣钱,干啥都需要钱,就连上个厕所也要钱(意指冲马桶浪费水,需要交水费)。现在是坐吃山空,关键本来也没山,花一分少一分的。"移民不稳定的收入难以应付日益增长的家庭支出,移民家庭收入与消费结构出现倒挂现象。改变移民的

[①] [美]阿尔温·托夫勒:《未来的震荡》,任小明译,成都:四川人民出版社,1996年,第 13 页。

居住空间是有必要的,但没有持续的产业发展,没有劳动技能和收入来源,移民生活成本增加,经济压力越来越大。移民劳动技能受损已成为他们搬迁后"能致富"和"稳得住"的一道屏障,致使他们内心焦虑、矛盾,其中部分移民由于无一技之长而长久陷入贫困境地,又缺乏可用的社会资源和信息渠道,成为既边缘又弱势的群体,有着强烈的失落感和被剥夺感,这进一步弱化了移民对安置地的归属感和认同感。

二、基于火塘信仰文化差异的心理认同

涂尔干在提出"机械团结"与"有机团结"的基础上讨论了"集体意识"的概念,"集体意识"指"社会一般成员中比较一致的信仰与情感体系"。1925 年法国社会学家莫里斯·哈布瓦赫受涂尔干"社会事实"和"集体意识"分析的影响,提出了"集体记忆"的概念,他认为集体记忆是一个社会建构的过程。[1] 集体记忆的形式也是多样的,既可以承载于具体事物或事件,也可以是头脑中的记忆。所以移民以往生活所形成的集体记忆是文化的重要表现,其社会记忆的延续导致其文化的延续,并在很大程度上影响着他们的现代化进程。正如上面所说,移民群体的集体记忆有很多载体,对陕南移民来说,最重要的记忆载体就是家家户户烧的火塘。火塘是陕南传统民居的核心空间,在陕南人民的生活中具有极其重要的地位,兼具煮饭、吃饭、照明、取暖、祭祀、议事、聚会、睡觉等多种功能,其室内空间的布局围绕火塘进行。西乡县深山区海拔较高,冬季寒冷多风,昼夜温差大,家家户户都烧火塘,利用有限热量创造出比较舒服的居住环境,在漫长的冬季人们围火而坐,他们在这里喝茶、饮酒、进餐、聚会聊天,有的甚至全家睡在火塘边。"围火而居"的习俗在漫长岁月中已沉淀为山区人民根深蒂固的生活方式

---

[1] [法]莫里斯·哈布瓦赫:《论集体记忆》,毕然、郭金华译,上海:上海人民出版社,2002 年,第 5 页。

第六章 消解与重塑：社会文化空间的再造

和信仰。笔者调研中也见识了火塘的结构造型，有的是在堂屋中间地上挖一个坑，也有靠墙挖坑，利用自己加工制作的三块石头或陶柱放置成三角形来支撑锅；用铁钩或木头悬垂式火塘的则在钩子上烧食物，吊壶烧水。在火塘的木炭上烤红薯、土豆、腊肉等食物，当地人还有每天用小陶罐在火塘边煮茶喝的习俗。但这种炉灶烟熏火燎，有的火塘甚至只在烟囱上方设有天窗，烟气会使靠近的墙壁乌黑，房间光线很差。火塘所在的堂屋还是传统祭祀空间，一般在靠近火塘的墙上设有祖先牌位，祭祀时人们聚集在堂屋，朝向墙上牌位的地方进行祭拜。堂屋不仅是整个家庭的公共交流中心，还是婚丧嫁娶等重要事件进行的空间，也是家族祭祀先祖、展示身份的重要场所。在日常生活中，以火塘为中心的堂屋空间具有族群沟通、交流与教化的功能，堂屋是凝聚家族成员精神、体现家族价值伦理观念、培养家族认同感的核心精神空间，是构建日常人伦秩序规训和集体记忆传承的场域，成为当地人生活中不可或缺的日常实践。

图 6-1 火塘

随着移民搬入新房子，窗明几净的房间不适合再烧这种传统的火塘，于是出现了很多模仿火塘而造的电火盆、铁皮炉等。铁皮炉有一根铁皮筒连接炉灶和户外，向外排烟，这种铁皮炉都是成品，买回来马上可以安装使用。这种炉灶可以满足当地人取暖、烧水、聚会的需求,但火塘的炉子变成了全封闭的,火塘的祭祀和信仰文化功能也随之消失,区别长幼、男女等级序列的功能也逐渐消失。火塘在很大程度上延续了涂尔干所说的"一致的信仰与情感体系",传承着传统乡土文化,也发挥了涂尔干所说的社会整合的作用。

第四节 小结:空间位移与社会文化重塑

社区是以共同居住的地域为基础,具有共同社会关联和价值认同的社会生活共同体,所以强化社会文化层面的认同和心理归属是移民身份转换的核心。在村落共同体中,村庄的文化边界,即村民对共同体价值体系的心理和社会认同,以及对村庄生活价值的看重和生活层面的认可,是明确村民身份和认同的一类重要因素。[1]

本章从社会文化维度出发,通过社区社会交往方式的变迁、文娱方式的转型以及精神文化的嬗变三个方面展开论述。首先,从社会交往层面来讲,移民社区的社会交往呈现了同质性、内倾性的特征。集中居住的格局导致了多个熟人社会的小聚居,这虽然保留了传统的熟人社会交往对象,但也限制了其社会交往的对象和市民化的进程;封闭居住的单元楼让移民的社交方式发生转变,交往频率下降;集中居住后传统的农业互帮互助的合作组织自行失去存在的根基。其次,集中居住导致了移民文化娱乐活动的转型。在传统村落中,移民在闲暇时间有着丰富的独特的以农业为基础的娱乐活动,但搬入新社区后,这些传统文化活动失去了存在的载体,社区有组织的文化活动和移民自发的休闲活动重新塑造了移民的闲暇生活空间。最后,移民搬迁后随着生产生活方式的改变,精神文化也出现诸多不适应和区隔,特别是基于火塘信仰文化的

---

[1] 李培林:《村落的终结——羊城村的故事》,北京:商务印书馆,2010年,第108页。

集体记忆逐渐消失。

总体来说,各种有组织的活动和政策安排也为移民新社区文化空间重构起到了干预作用,不仅要建构各种社交空间,更要在考虑移民原有村落文化仪式等因素基础上,充分认识搬迁工程的复杂性和搬迁人口的异质性。多层次识别移民的现实需求,通过社区文化广场建设等多种可以增加移民交往和集体记忆的符号,为移民带来文化归属感和家园感。在互惠互利的原则下,坚持各美其美,促进各种文化交融,整合社区文化,积极培育社区共同体意识,建立和谐共生的空间秩序,构建全民共建共享的社区治理格局。

第七章
移民社区空间秩序重构

为了避免移民社区的日常生产生活、社会交往、基层治理处于混乱状态,社区必须建立公平正义、互利合作、和谐稳定的空间秩序作为基本保障。空间秩序不仅是物理空间格局,还是移民社区各主体之间互动所形塑的经济、政治、社会文化秩序。其理想图景是通过移民的空间实践,不断建构新的生计方式、社会交往关系、组织制度和精神文化,塑造一种以社会团结为取向的共同体意识。按照列斐伏尔空间生产的实践逻辑,空间秩序就是自下而上的空间使用需求与自上而下的空间生产逻辑融合,达到空间合理利用的状态。那么如何形成和谐共生的空间秩序?社区通过何种路径建构敦亲睦邻的精神憩园?本研究试图重构合理有序、人与自然和谐共生、人与社会良性互动、生计可持续发展、让移民有更多归属感和获得感的社区秩序,重点论述社区空间秩序的再造实践过程。

第一节 经济秩序重构

以马克·格兰诺维特为代表的新经济社会学家认为,经济行动本质上是一种嵌入于社会的行动,经济制度是社会建构的产物,经济秩序本质上也是一种社会秩序。[1] 移民社区经济秩序的再造

---

[1] [美]马克·格兰诺维特、[瑞典]理查德·斯威德伯格:《经济社会中的社会学》,翟铁鹏、姜志辉译,上海:上海人民出版社,2014年,第26页。

是嵌入在一定社会结构中的经济行动,是基于村庄经济秩序的一种嵌入性重构,是由各种正式制度、非正式制度等一系列因素系统运作的产物。移民社区经济秩序的整合主要围绕两个问题展开:一是集体经济产权制度改革——"三变"改革的运营,以行政村为核算单位的集体资产管理模式已无法应对多村联建下跨越边界的集体资金、资源、资产管理问题,因此,集体资产如何管理是移民社区经济秩序重建的重要问题;二是如何通过产业发展带动移民脱贫,国家易地搬迁政策要求"住房不举债、脱贫有保障",搬迁是手段,脱贫是目标,搬迁后脱贫攻坚的其他政策措施要继续惠及搬迁贫困户,将产业扶贫、转移就业扶贫等扶贫工程与易地搬迁有机结合,在产业发展、就业培训、劳务输出等方面给予搬迁户支持,从根本上转变搬迁户的生产方式,由过去单纯依赖"有土安置"逐步向以"有业安置"为主、"有土安置"为辅的方向转变,由过去农户在"一亩三分田"上过活,向一二三产业并举、三产二产为重点的方向发展,确保实现"搬得出、稳得住、能致富",也可以促进移民社区经济秩序的良好运行。

一、集体经济发展:"三变"改革

2017年陕西省根据国务院颁发的《关于稳步推进农村集体产权制度改革的意见》(中发[2016]37号),研究制定了《陕西省"三变"改革工作导引》,将"三变"改革作为助推脱贫攻坚战的重要抓手,以激活农村集体资源为重点,创新集体经济的实现形式和运行机制,推动改革、发展与脱贫高度融合,促进农业发展、农民富裕和农村繁荣。力争到2020年,每个贫困村都可以建立集体经济组织,基本消除集体经济"空壳村",使集体经济成为促进农民脱贫增收的生力军和新引擎。西乡县多个村镇已经完成了农村集体产权制度改革,主要完成了以下重点任务:

一是宣传发动和制定改革方案。各乡镇充分利用村镇宣传栏进行宣传,调研中笔者看到一些村委会门口贴着有关农村集体经济产权制度改革的介绍和答疑。各乡镇组织村级集体经济组织产权制度改革试点村召开由包村干部、第一书记、驻村工作队、党员、村两委人员、村民小组组长、村民代表等参加的宣传动员和培训会议,将村级集体经济组织产权制度改革的目的意义、方式方法、内容和改革过程等进行培训,并围绕清产核资、股权配置、享受对象、分配比例等进行深入探讨。比如调研中了解到,河坝村在开展调查研究、充分听取群众意见的基础上,组织编写切实可行的《河坝村集体经济组织产权制度改革实施方案》,方案经群众代表大会三分之二以上成员同意通过后,在村委会张榜公布。

二是全面开展清产核资。移民搬迁后,在原有土地、房屋等"实体经济"转变为补偿现金、预留土地和房屋等"资产经济"之后,村集体面临的最重要工作就是清产核资:明确村庄与农户之间的财产关系以及村庄内部共有资产的管理和收益制度。实际上,财产关系的清理一直是农村社区经济组织制度建设中的重要内容。从1987年河北玉田试验区在以行政村为单位新组建合作社时清理财产关系,到山东周村试验区的长行村和广东南海试验区推行"社区股份合作制",都是为了加强以土地制度为基础的产权制度建设,明确农户与村社双方的权益。[①]西乡县也以原有集体组织为基础,或全村或全组开展集体资产清查,核实未承包到户的资源、经营性资产以及债权债务等,将农村范围内的全部资产查实使用情况,统一建立和完善资产台账。以河坝村为例,驻村第一书记、村两委成员、村民小组组长、群众代表等组成7~9人的清产核资工作组,进村入户进行调查摸底,对村集体经济组织的各项资金、资产、资源及负债和所有者权益进行全面清理、登记、核实和统计。

三是对集体资产进行确权。以村为单位,兼顾小组,将林地、

[①] 温铁军:《农村基层经济组织与相关制度建设》,载王汉生、杨善华主编《农村基层政权运行与村民自治》,北京:中国社会科学出版社,2001年,第28页。

耕地收归村集体统一管理，把集体资产所有权确权到原属的不同层级集体成员和组织，由县级职能部门颁证，并赋予农村集体经济组织行使所有权的权能。坚守法律政策底线，努力实现集体所有权不动摇、集体资产不流失、农民利益不受损、扶贫政策不走样，确保集体成员特别是贫困户成为改革的受益者。但笔者在田野调查中了解到，农民对土地确权意见颇多，很多农民到村委会反映，自己家的土地确权面积比实际的少，航拍可能无法精确。

四是确认集体组织成员，设置集体资产份额。以土地、林地承包为基础，以户为单元界定集体成员身份，作为集体经济的组成成员和享有集体资产的权利主体。将农村范围内的土地、企业、货币等集体资源性资产、经营性资产和财政投入的集体资金全额做成股份，根据农民年龄、户籍关系、农户人口数、对集体经济积累的贡献等因素，在民主讨论基础上，对集体成员按户分配份额，由村集体经济组织颁发股权证书，并以此内部股权作为农民享受农村资产收益分配的依据，解决成员边界不清的问题，推动农民变股东。笔者了解到，针对贫困户有专门的财政支持，直接量化为贫困股金。

> 国家对贫困移民户是有专门的财政支持的，称为贫困股金，由我们村里统一管理和经营，收益由村集体和贫困户按比例分配。对扶贫资金投入经营形成的经营性资产，所有权是集体所有的。对国家扶持集体经济、产业发展、扶贫等资金投入经营的，收益也是集体和贫困户按股金份额分配，比如按照每个贫困户5 000元的标准，一次性注入资金，由村集体经济组织运营，按固定分红比例确保贫困户稳定受益。
> ——河坝镇高坝社区第一书记访谈，2017年12月

五是建立集体经济组织，加强集体资产管理。西乡县实行改

革的试点村大都建立了在村党组织及村委会领导下的村级集体经济股份合作组织，各乡镇鼓励发展农村集体经济组织，对以经营性资产为主的经济发达村，推行股份合作制改革，组建农村股份经济合作社。农村集体经济组织按照"制定组织章程、民主选举理事会监事会、机构法人登记"等程序，由乡镇政府审批，工商局登记并颁发证书。田野调研中笔者了解到，基本上每个村都成立了农村扶贫合作、资金互助组织，联合开展脱贫攻坚，也有的村镇将农村集体经济组织与新型经营主体联合组建有限责任公司等经济实体，适应市场发展需要。一般村书记在集体经济组织中兼任理事长，也鼓励返乡创业、在外经商等村庄能人领办村集体经济，结合新型职业农民培育，加大集体经济职业经理人培育，放大农村"能人"效应，鼓励经济精英带动村集体经济组织发展。另外还建立村集体资产与财务管理制度，加快建设集体资产监管平台，建立县级产权交易中心，推动农村集体经济组织的资源要素市场化流转。推行村集体财务代理制度，充分发挥村支部、集体经济组织监事会的双重作用，严格执行《农村集体资产管理条例》。

西乡县借鉴贵州经验，大力开展"三变"改革，积极发挥扶贫资金优势，以"资源变资产、资金变股金、农民变股东"为重点，以未承包到户的集体土地、林地和荒地等资源性资产作为集体经济的资产股，以国家扶贫开发等资金作为集体成员股和贫困户优先股，在全县形成了多种改革模式。如"支部＋集体经济＋贫困户"的体制模式，以村党支部为领导，把集体经济组织作为所有成员的载体，把贫困户作为政策支持的特殊群体，提高农民组织化程度，实行农村集体经济组织自主经营或对外开展合作经营等多种经营模式；"农业园区＋龙头企业＋贫困户"的产业模式，以发展园区经济为主导，以三产融合为方向，结合现代农业园区、扶贫产业园区、农产品加工园区、电商物流园区等几类园区建设，每个村或社区发展一项优势主导产业，确定至少一个龙头企业，联合农村集体经济组织，选取特色产业项目，推进农村集体经济组织与企业抱团发展、共同经营,集体所得收益由农村集体经济组织按成员在集体中的股权份额分配;"集体引领、主体联合、贫困户抱团"的生产组织模式,发挥农村集体经济组织的牵头作用,引导贫困户统一流转土地或入股到农村集体经济组织,推动集体经济组织与龙头企业、合作社等合作经营,提高生产效益,组织贫困户抱团参与,推动农村集体经济组织、新型经营主体、贫困户联合发展。

> 我们这儿山大沟深、地质条件差,如何帮助贫困户发展产业也是比较头疼的事情。比如朱垭村全村300多户,一半人都在守着"金山银山"过苦日子。自从上面提出了"三变"改革,村里就调整出了80余亩土地用于生产香菇和木耳,并与食用菌合作社签订务工合同和入股分红合同。村里还成立了茶叶专业合作社和苗木种植基地。三个合作社累计流转土地500多亩,大都是撂荒的土地或者是搬迁到比较远社区的移民的土地。年轻人多外出务工,老人、孩子、妇女在家,劳动力严重不足,村上大部分田地因无人耕种而撂荒。目前全村大部分土地都入股了村级土地股份合作社,通过清产核资、成员身份界定、股权设置量化等程序,全村大部分村民实现了"农民变股东"。成立了集体经济合作社,分别与多个新型经营主体签订土地流转协议,有养殖生猪的,有种植茶叶的,有种植木耳香菇的,也有发展油牡丹和香橼等苗木基地的,还有种植中药材元胡的,种植玫瑰、吊瓜的,流转率达到了80%以上。全村到这些园区或者股份公司务工的村民也很多,人均收入达到每月3 000元以上。我们目前还准备引进光伏发电项目,上面发电、下面种植养殖,搞立体经济,既可以充分利用资源,也可以让住进新房的贫困户有稳定收入。这个项目可以使流转土地的农户每亩每年有800元收入,还可以提供就业,也可以将售电收

入为无劳动能力人员分红3 000元,其余集体分红。但目前改革还存在很多问题,比如经营主体带动力不强,我们这儿大部分村都没有集体产业,有也是刚成立的。集体经济组织发展不规范,缺乏资金,市场化程度低,带动能力弱,而且村里缺能干的人带头,村民文化水平低。我们很希望在外长了见识的村民可以回乡创业,带动一下其他村民,现在是缺钱、缺人、缺技术、缺销路。

——白马镇镇长访谈,2017年11月

随着越来越多移民上楼,资本下乡,集中流转耕地成为移民收入的重要组成部分。通过产权制度改革,既明晰了集体资产所有权、收益分配权,也保持了集体资产的完整性,还为搬迁移民后期发展提供了长期稳定的收入来源。

二、移民经济发展:技能培训与产业扶贫

移民搬迁后如何维持生计和可持续发展也是其能否在新社区安居的基础。国家对移民的扶持一部分是资金补贴,另一部分是项目扶持,通过扶持各种移民项目进行资金下拨。对国家权力部门而言,项目是实现财政转移支付的途径;对地方政府而言,项目是地方经济社会发展的机会;对移民而言,项目是促进其经济增收的途径,比如具有贫困移民身份能够享受地方政府出台的一系列优惠政策、奖励与补贴,如贷款、产业扶持、技能培训、就医就学等。为了实现建档立卡搬迁户搬迁后生存有门路、脱贫有保障、致富有项目,西乡县移民搬迁工作领导小组出台了关于印发《西乡县"十三五"易地扶贫搬迁后续产业发展脱贫措施实施方案》的通知,坚

持易地扶贫搬迁与脱贫攻坚"八个一批"①有效衔接,积极培训安置点产业,推进工业园区、现代农业园区、旅游景区产业及移民搬迁社区工厂建设,推动一二三产业融合发展,让易地扶贫搬迁户就业增收有保障,实现如期脱贫。搬迁后,国家为移民规划了就业门路。

(一) 技能培训与经济秩序重构

移民的生产开发是一个变"输血"为"造血"的过程,对其进行技术培训是移民积累人力资本和实现安稳致富的重要手段。

一方面是农业技术培训。各乡镇出台了相应的移民搬迁安置点产业规划实施方案,对于有意向规模承包土地从事农业生产的移民进行农业技术培训。比如河坝镇为了培养农户和移民搬迁户的就业能力,提高移民搬迁户的经济收入,结合大棚蔬菜种植、茶叶种植、烤烟种植、生猪养殖等项目,通过对农民进行大棚蔬菜、茶叶、烤烟种植和生猪养殖以及现代农业科学种植先进技术的培训,使每户搬迁户掌握一项劳动技能,能够实现规模化生产、产业化经营,增强农村经济发展后劲,促进农业、农村经济结构调整,实现搬迁户整体收入的提高。市场的需求以及市场的便利与否直接影响了移民农业生产的品种以及他们的经营方式,因此产生了在镇内部、村与村之间发展模式的差异,这种差异的存在除了部分是政策原因外,在很大程度上也取决于每个村的地理位置优劣程度。

> 我们对移民户务农是有技术培训的,比如养猪、养鸡等养殖培训或者种植培训。国家对移民发展产业也有补贴,比如你种植桑树、茶叶,一亩补贴200多元;你养鸡养

---

① 陕西省根据国家精准扶贫"五个一批"的政策因地制宜提出了"八个一批"脱贫措施,主要包括产业扶持、就业创业、生态补偿、易地搬迁、危房改造、医疗救助、教育支持、兜底保障。

鸭养牛养羊，都有相应的补贴，最多不超过 5 000 元。但对于移民贫困户来说，不是补贴不到位，是他们不想干。你给他们养十几只鸡，过几天去看看养得如何了，发现少了两只，吃了；过几天再去看看，又吃了，如何致富呢……

——白马镇白马社区党支部书记访谈，2017 年 11 月

这些移民在搬迁前是依赖传统的种植经验进行耕种，根本不懂得如何规模、科学种植蔬菜或者其他农作物，他们的农业生产方式也是一个不断调整和适应、改变的过程。马克思、恩格斯曾经对欧洲移民给北美农业生产和工业发展带来的巨大影响进行了经典论断，他们的论断放在陕南移民安置地的农业产业扶持上也很恰当。正是移民的大量集中居住加强了当地农业技术培训，使移民农业生产规模逐步增大，将自给自足的小农经济发展为一种以市场为主的农业生产，推动了移民社区发展水平。

我们村的茶农杨××，已经接近 70 岁了，20 世纪 90 年代承包了我们这里原来丰宁乡政府茶厂，承包经营了 20 多年，在茶叶栽培、管理、加工上有独特技能。2002 年开始在我们柳园村大力发展茶叶种植，开始时在龙湾开发荒坡栽植茶叶面积 30 亩，已形成可采摘茶叶的优质茶园面积 20 多亩。现在又带动村里贫困户进行茶叶种植培训，讲解种茶技术、栽培技术、修剪技术、采摘技术等，带领我村 14 户贫困户种植茶叶 40 亩。

——白马镇柳园村村主任访谈，2017 年 12 月

表 7-1 部分社区移民技能培训内容情况表

乡镇	技能培训内容	移民参与人数(人)
高坝、石桥安置区	大棚蔬菜种植技术	19
	莲藕种植技术	64
	花卉种植技术	117
	茶叶种植技术	120
	生猪养殖技术	80
	袋装香菇栽培技术	60
河川社区、简坪村、黄家营安置点	袋装香菇加工技术及外出劳务培训	41
	劳动法规及茶叶种植技术培训	120
	劳动法规及生猪养殖技术培训	80
	劳动法规及袋料香菇种植培训	60
白马社区	外出务工技能培训	100
	小食品加工、来料加工技术培训	100
	蔬菜种植技术培训	120
	汽车驾驶、挖掘机驾驶技术培训	40
	餐饮服务培训	60
	附子、香橼、吊瓜种植技术培训	60

另一方面是非农就业技能培训。首先,从就业创业政策等方面,深入浅出地对移民群众进行引导性培训。发挥扶贫、人社部门的实用技能培训机构职能,举办移民搬迁知识培训,从移民的心理疏导开始,以通俗易懂的方式从就业创业政策、计划生育、卫生保健常识、交通法规、新农村建设、社区管理、生活医疗保障等方面,对移民搬迁群众进行系统性培训。通过培训促进移民尽快适应新环境,也为他们能够"搬得出、稳得住、好就业、会创业、能致富"奠定基础。其次,进行援助工程培训和职业技能培训,主要在于实施

"订单"培训和提升就业技能。根据企业用工需求,县就业局紧紧围绕就近就地转移就业和劳务输出,大力实施"农村劳动力转移就业培训",对年龄在18~45岁之间,有转移就业愿望和能力的移民,大力开展定向的劳务转移培训和二三产业培训。培训主要以劳务输出为主,灵活安排培训时间和形式,以实用够用为主,并对开展移民和贫困户培训的企业给予适当培训补贴。大力结合"雨露计划"技能培训开展汽车驾驶、挖掘机驾驶、餐饮服务、计算机应用、缝纫等专业技能培训。西乡县针对搬迁移民给出了多种就业扶持政策措施,如进行就业技能培训补贴,取得职业资格证书的,按培训补贴标准的60%给予补贴,取得证书后且在6个月内实现就业的,给予100%的补贴;进行创业培训补贴,创业培训时间不少于150课时,取得创业培训合格证的给予1 200元补贴,在6个月内实现成功创业的,按每人每期给予2 000元补贴。支持有条件的搬迁群众从事二三产业,组织移民外出务工,通过东西对接帮扶,该地很多移民到了江苏启东进行务工,培训后上岗,连务工的往返路费都给报销。

> 这家户主是赵××,36岁,初中文化程度,家里还有母亲和一个弟弟。当时建档立卡时他自己是一户,他弟弟和母亲是一户,等于是两户贫困户。每户分得了60平方米的安置房,人均筹资2 500元就可以入住了。他们在山上住的是土坯房,家里一穷二白。这哥哥聪明,脑子灵光,但是游手好闲,好赌,打麻将,挣的钱全赌博了,还总是输钱,欠一屁股债,所以一直无法致富。光棍汉的时候没人管,挣个钱就自己吃吃喝喝打牌赌博,也没有房子,娶不到媳妇。这分到了安置房,娶到了媳妇。媳妇比他小11岁,但是2012年时出车祸落下了残疾,走路跛脚,右手也不能动,但幸运的是没伤着大脑,不然也不会嫁给他。现在分到了新房子,给他安排了就业务工培训。

他去参加培训了,要到南通启东去务工,做室内游泳器材,培训费用为50元一天……

——石桥社区安置点移民访谈,2017年11月

表7-2 2016年西乡县移民搬迁户技能培训情况(单位:户)

镇名称	安置总户数	技能培训户数	发证户数	备 注
城关镇	376	338	320	
沙河镇	358	292	290	五保户60户
河坝镇	353	320	315	
柳树镇	168	155	150	
峡口镇	161	150	145	
堰口镇	290	260	250	
桑园镇	107	96	90	
白马镇	118	80	80	五保户30户
私渡镇	131	118	115	
骆家坝镇	115	102	95	
大河镇	91	80	75	
罗 镇	58	52	50	
茶 镇	193	174	170	
白勉峡镇	71	64	60	
高川镇	215	193	185	五保户10户
五里坝镇	85	76	70	五保户10户
河川镇	160	144	135	五保户10户
子午镇	84	76	70	
合 计	3 134	2 770	2 665	

从以上表格可以看出，移民大都参加了技能培训。但技能培训也有一定要求，培训对象一般要求具有一定文化基础，有养殖、种植产业基础，年龄45岁以下（移民搬迁户可适当放宽）。培训充分利用现有资源，以镇农业技校为主阵地，结合现场示范等多种形式，将理论培训与实际操作、短期培训与长期产业发展有机结合起来，并采取各种方式为移民搬迁户安排就业。但调研中了解到，许多培训项目并未起到实质性作用。比如免费开设的汽车驾驶培训和机动车维修培训，报名学习的人不少，但都是虎头蛇尾式地落下帷幕，很多人培训完依然不会开车或者修车。问其原因，他们说培训就是走个形式，根本听不懂，有的原本有点驾驶基础，培训完了可以凑合开，但又没钱买车，或者技术达不到给别人开车的水平，还是无法就业，这种培训实效不大。也有村干部认为移民之所以被就业市场排斥是因为其本身懒散、不能吃苦和眼高手低。政府的很多政策是积极的，但在移民后续发展实施中却被架空或者无端消解。

我们村有个易地搬迁贫困户，50多岁了，搬迁后没收入。政府进行对接帮扶，对有劳动能力的移民进行培训，安排到镇上的矿工厂务工，干点杂活，一天80块钱。但是，他干两天不去了。他说老板给别人120块，给他80块，心理不平衡。后来咨询老板，人家说虽然都是厂里工人，但分工不同，你和别人干的活不一样，人家是技术工，你是打杂的。他贫困户还有理由，说都是你的工人，你给人家120块，给我80块，分明是瞧不起我们移民搬迁户。我就去跟人家老板协商，人家说一个月2 400，已经可以了，这移民户跟人家要5 000块钱一个月。人家说你只会干勤杂工，又不会技术活，不答应。结果他干两天，不去了，在家打牌。还有的移民户，政府给他种羊，让他养，他说我不会养，没地方养，没空养，没羊圈，你们给我搭好羊圈吧。村干部劝着把羊给他们养了。过几天去看看养得如何,没了,炖了吃了。政府给他树苗,让他种还给他补贴,他说我不会种,没地方种,哪里有空种这个东西。关键你看他忙什么呢?他不忙啥,就是打牌。一个四肢健全的人,又不傻又不缺心眼,你自己不勤快,谁也没办法。

——白马镇白马社区党支部书记访谈,2017年11月

现有移民培训大都是政府主导、移民被动接受,但基层干部一般都会动员条件符合的移民尽量参加,用给予资金补贴的方式动员其参加培训。虽然目前的培训在培训效果和移民参与的内生动力上还有欠缺,但移民在参加培训过程中与用人单位进行了及时互动,培育了更好的就业创业空间,有利于其更好参与市场经济活动,构建有序的经济秩序。

(二)产业带贫与经济秩序重构

对于贫困山区而言,大力发展产业是移民脱贫致富的基本手段和根本出路。国家对移民贫困户进行产业扶贫项目是有一定补助标准的,以简坪村为例,茶叶每亩补助877元,养猪每头补助500元,养牛每头补助2 000元,养羊每只补助200元,林果每亩补助500元,养蜂每桶补助200元,每人每年补助不超过5 000元。

1."龙头企业+基地+移民户"的产业带贫模式

西乡县将移民搬迁规划与产业园区建设规划相结合,在产业园区周边规划移民搬迁安置点,聚集人气,为企业提供产业工人。在移民集中安置点周边规划建设茶叶产业园区,为剩余劳动力提供就业岗位。产业园区建设与移民搬迁联动发展,"产业园区+移民小区"模式有力推进,将移民搬迁工作推向可持续发展的道路。从以下表格可以看出,产业园区各个部门安排了不同人数的移民进行务工就业,增加了移民收入。

表 7-3　河坝镇产业园区移民务工情况登记

2015年安置点配建园区名称	地点	项目	年产值（万元）	总用工人数（人）	其中移民户人数（人）	年增加人均纯收入（元）
高坝花卉苗木基地	高坝	花卉苗木基地	100	20	5	1 200
高坝鑫源建材	高坝	建筑用砖	500	30	8	1 600
高坝建南塑料	高坝	编制塑料袋	120	80	12	1 500
石桥裕丰超市	石桥	超市	80	20	5	1 000
石桥茶园建设（王龙娇茶厂）	石桥	茶叶	60	10	2	900
黄池大米	黄池	大米	120	18	3	1 100

2."支部＋农村经济合作社＋新型经营主体＋移民户"的产业带贫模式

作为国家集中连片特困地区的秦巴山区，近年来，依托当地自然资源优势培育特色农业产业。西乡县通过培育特色农业，大力扶持茶叶、生猪、烤烟和食用菌四大主导产业发展，成立了产业发展合作社，吸纳搬迁户入社，变单打独斗为合作化生产、企业化经营。充分利用搬迁户宅基地复耕、闲置土地和林地资源，加快山林土地流转和集约化经营。笔者所调研的白马镇、河川镇主要以烤烟、茶叶种植为主，同时也发展一些食用菌、香橼、吊瓜、核桃、板栗、银杏和蚕桑、油桐、中药材等经济作物种植。各乡镇也积极打造"四个一"体系建设，即保证每个社区有一个龙头企业、一个专业合作社、一个互助资金协会、一家电商，通过产业市场化来提高农民收入水平，促使其实现脱贫，优化移民生计空间。比如河川镇，茶叶为主导产业，计划在高潮村、简坪村、红花村等新建良种茶园500亩，同时进行茶园低改500亩，让搬迁户积极投入茶叶产业发展中去,帮助搬迁户找到创收增收的渠道。该地区种植核桃比较多,政府将核桃规模化种植,成立专业合作社。天然具有益贫性的合作社在从事农业生产过程中,通过提供生产资料、种养殖技术等直接带动贫困移民户脱贫增收,成为农村扶贫重点运用的方式之一。合作社的示范带动作用,促进了特色产业的集约化和规模化,调动了贫困户和移民户参与的积极性,解决了扶贫开发过程中"谁来扶""怎么扶"的问题。

个案7-1 高池村高山蔬果产业项目

高池村总人口331户,866人,是河坝镇的建档立卡贫困村之一,其中贫困人口205户,458人。2017年12月以前已脱贫90户,248人。全村耕地5 320亩,林地54 064亩。高池村现有牛羊100多头、烤烟120亩及少量林果。2018年利用南部深山区有利的高山小气候自然条件,种植土豆、萝卜、包菜、李子、脆红李610亩。高池高山果蔬产业项目由高池村集体经济合作社为实施主体,委托西乡高池锦辰生态农业开发有限公司经营。该村高山蔬果产业项目的建设内容与规模为:2018年在高池村二、三、四、五组种植土豆、萝卜、包菜、脆红李、李子等高山蔬果610亩,其中400亩由西乡高池锦辰生态农业开发有限公司流转土地负责生产经营,主要吸收高池村的贫困户来务工,其余210亩由锦辰公司带动农户发展,生产的蔬果最终由西乡高池锦辰生态农业开发有限公司统一销售,并由锦辰公司购买种苗、肥料、地膜等相关配套设备。项目总投资概算85.77万元,主要为购买种苗、肥料、地膜、农具、管理等费用,其中申请政府财政产业扶持资金45万元。村级集体经济合作社将财政资金的收益以20%:60%:20%的比例折股量化给村集体、参与项目的贫困户(扶贫股)和一般农户,最终该项目产生的效益按照股份进行分红。项目分红具体为分配给集体的9万元，每年平均折股给村集体经济合作社的每一位社员；27万元分配给参与项目的37户贫困户，每1户可分配股金7 297元/年；9万元分配给参与项目的32户一般农户，每1户可分配股金2 812元/年。同时西乡高池锦辰生态农业开发有限公司要与该项目带动的贫困户按照每户"收益保底分红＋土地流转＋农业就业收入"不低于4 000元的标准，逐户签订《劳动贫困户发展产业脱贫（巩固脱贫）协议书》。项目带动69户农户增收（占全村总户数的21%），其中贫困户37户（占发展户数的54%），非贫困户32户。

该产业项目带动本村村民发展蔬菜产业，给贫困户找到了一个脱贫致富的好项目，有力地推动了农村经济的发展。同时示范带动有条件的农户发展高山蔬菜产业，扩大产业规模，促进相关产业及电商平台的发展，推动农村经济的发展。

该项目采用"支部＋村集体经济合作社＋新型经营主体＋贫困户"的产业扶贫新模式，让农民变股东，资产变资金，让贫困户作为股东参与到农民合作经济发展产业项目中去。农民合作发展可以带动贫困户生产，提供就业岗位，但贫困户的文化程度和劳动能力一般都弱于其他农户，合作社带动贫困户需付出更多培训成本，这也主要源于国家对合作社的优惠条件，合作社每吸纳一个贫困户入股，可以得到国家相应的补贴资金、贷款优惠。另外合作社一般由具有政治资本的村干部或者村中致富能人来带领成立，带头人较一般农户熟悉国家政策和当地发展情况，也有相对较高的文化水平和管理能力，有一定眼界和见识，也更容易获得贫困户的信任和认可。

> 我们这儿通过"红色党建引领、绿色产业扶持、黄色企业帮扶"的产业扶持机制,以党建带动扶贫,以扶贫促进党建,实现"党建＋产业＋企业＋贫困户"的合作发展。比如一品源茶叶公司帮扶移民贫困户37人,春绿茶叶合作社帮扶贫困户41人,兴禾果蔬种植合作社帮扶贫困户33人,华丰食用菌合作社帮扶贫困户37人,采用技术指导、劳务、入股等多种方式使贫困户增收。
>
> ——高川镇镇长访谈,2017年12月

3. 长短产业相结合的发展模式

"八山一水一分田"的地形使当地产业多而杂,产业发展面临着主导产业规模整体偏小、贫困户短期脱贫与长期可持续增收难统一、培育优势产业与发展小众产业难兼顾的矛盾。因此,西乡县在产业选择上采取了长效和短效产业相结合的模式,统筹兼顾,突出重点。比如短期抓烟草、生猪养殖、魔芋、高山蔬菜等传统产业保当年,中期抓特色林果产业、中药材种植,长期抓香橼、油牡丹、茶叶等特色产业的转型升级,长短结合,以短养长,以长保短。并按照"一村一品、一户一业"的原则,精准施策,提质增效,实现户户有增收项目、人人有致富门路,既兼顾了移民短期脱贫的多样化需求,也实现了培育主导优势产业的目标。

> 我们西乡是著名茶乡,自古种植绿茶,基本上每个镇都发展茶叶产业来促进增收。我们镇有四家茶叶公司,与陕西泾渭茯茶公司合作,扩宽茶产业路子,专业生产泾渭茯茶,需要的茶叶大量增加,贫困户可以一年三季忙活茶叶。现在有春茶、夏茶、秋茶,采摘鲜叶就能卖钱。比如我们这儿的田垭河村,人均投产茶园一亩,每亩收益3 000元以上。目前全镇有2.5万亩茶园,按每亩可采摘500斤夏秋茶鲜叶算,可以采1 250万斤,按四毛钱一斤

卖,一年也能卖500万。现在我们把油牡丹、椴木木耳、椴木香菇、雷竹、乌药、元胡等新兴产业也逐渐发展起来,形成长短效应相结合,促进移民可持续增收。

——河川镇镇长访谈,2017年12月

但产业扶持也存在诸多问题,不是遭遇技术问题就是遭遇市场问题,或者是移民内生动力问题。

产业扶持是我们这里移民脱贫的主要措施,你看我们村里的广告牌,产业扶持是根本,产业发展是首当其冲的。现在也开始提"四个一":一个龙头企业,一个合作社,一个创业项目,一个电子商务平台,但带动作用目前来看还是有限的。上面有政策说是让成立扶贫合作社,但你要产生一定规模才有贴息贷款。养猪养牛不稳定,每年市场情况不一样,有贫困户有非贫困户,非贫困户更有能力投资,有贫困户参与可以享受国家优惠政策,也可以带动就业。现在存在的主要问题是产业规模小,粗放发展比较严重,比如咱这儿主导产业是茶叶,但经营理念差,茶叶产量低,贫困户家里没人,每年茶叶种了以后采茶没人,也没有龙头企业带头,销售有问题。而且茶叶是季度性的,一年一个季度,其他时间么得事了。我们县整个主导就是茶叶,市场竞争大,咱这质量也不行,五里坝茶叶比较好,海拔高,温差大,质量好,有品牌,咱这产量低,靠天了,没路,没法浇水,浇水也不可能自己担水。而且茶叶深加工潜力不大,生态环境不好,你搞点采茶体验什么的,谁个来嘛,茶叶也有生态效益。这里也有种元胡、魔芋的,但都不敢规模种植,怕卖不出去,滞销。搞桑蚕,技术不行,现在实行让懂桑蚕的先养两个月,养大了再给贫困户领回家养,老百姓自己从小养,养不好。搞养殖吧，规模化没得圈舍，要不没得吃，要不没得劳动力。最主要的是周边普遍都是贫困地区，你如果是在西安附近，农产品也好销售出去，在这里，交通落后，农产品拉出去成本高。而且发展什么产业是很难定下来的。政府设想的都是好的。另外，市场波动大，今年卖得好，明年不一定卖得出去，就比如说咱这种的银杏树，你去年问他们，收益还成；今年问，说没人来收了。你让种这个那个的，大家都来种了，市场价格不稳定，伤农啊，很多贫困户不是不种，他害怕啊。就像山西那个红枣，政府主导的，由紧俏、饱和到最后滞销，卖不出去，是不是伤农呢？我们这儿种那个香菇，自己本地的都不吃，知道含硫高，都往外销。也有种油牡丹的，从山东菏泽引进过来的品种，这个是提取牡丹油，俗称黄金油、健康油，那个味道一般人不习惯，而且价格很贵。政府主导建的，但因为没有油牡丹的深加工，所以卖不出去，这也是我担心的，怕又把老百姓害了。我们这儿穷乡僻壤，关键周边都是贫穷地区，没有依托，交通不好，你种什么，拉出去成本都很高，人家为什么要来买你的呢？

——河川镇镇长访谈，2017年11月

三、经济秩序重构与社会整合

集体经济产权制度和"三变"改革工作从清理资产、确定分配方案、明确份额，再到成立合作社组织、制定章程，都是在国家政策框架内基于地方性知识和本土治理规则的自组织行为和自治理实践。

第一，通过集体资产经营实现经济关系再造，强化移民"村民—股东"二元身份的建构和认同，但也加剧了经济与社会管理组织二元分割治理。① 村庄内部公共服务经费和村民自治组织的办公经费都来自集体经济收入,村级自治组织和村集体经济管理组织常合二为一,从而使乡村中的政治与经济、村民自治与公共服务混在一起。村委会和居委会关于权力大小和职责划分角力的过程中,起到决定作用的是双方的经济实力,原有村委会因为依靠村集体经济能够为移民提供基本公共产品和服务,很多时候居于主导地位。

第二,集体经济产权制度改革重在产权如何界定的核心问题。经济学领域中产权理论的经典论述认为:"产权是一束权利,也是一束社会关系。"② 社会学认为产权是行动者主体与其所处社会环境互相建构的产物。"现在提的三变改革就是集体经济产权制度改革的一种表现形式,改革的目的在于明确产权权属,保证移民搬迁后能从集体经济发展获得持续性收益。移民搬入新社区后,离原来土地远的基本上也不去耕种了,土地撂荒后就集体流转,一人一股,按股分红,实现资产变股权,农民变股东。确定股权配置方法,不仅保障了移民的财产权利,也为村集体经济带来可观收入。"笔者调研中有村干部这样反映。因此,产权制度改革不仅表现为一种静态文本规则,还是一种动态赋权过程,其中还嵌入了各种关系,主要包括:村民与村集体的关系、股东与股东之间的关系以及股东与经济组织之间的关系等。调研中笔者也了解到,"生不增、死不减,迁入不增、迁出不减"的股权改革和股份分配策略具有非退出性,使得"农民—股东"二元身份出现角色认同困境,"经济组织—政治组织—社会组织"之间出现治理功能重叠和职责定位模糊等问题,使作为一束关系的产权面临结构性张力。

第三,随着"三变"改革成为热门话题,村落单位化研究也逐渐

---

① 李勇华:《乡村治理与村民自治的双重转型》,《浙江社会科学》2015年第12期,第76-81页。
② 周雪光:《"关系产权":产权制度的一个社会学解释》,《社会学研究》2005年第1期,第1-31页。

进入学术视野。笔者在调研中发现,移民社区在经济秩序整合过程中出现的新型单位化现象是一种社会行动的非预期后果。一方面,移民社区单位化是国家扶贫政策与移民搬迁政策供给和制度安排的结果,是国家权力在基层的驱动效果。另一方面,从制度变迁角度看,移民上楼是突变性的社会行动,而不是农民逐渐现代化的过程,是国家权力主导的让移民"提前现代化"的结果。移民失去土地,从农民到股东,纷纷从田间走进工厂。在移民进行非农就业的过程中,在传统型和现代型社会关联的基础上,人们之间的社会交往和互动构建了新的经济秩序,促进经济空间整合。移民在安居乐业过程中,通过社会交往建立了一定的非正式空间,有利于建立稳定的社区秩序,正如贺雪峰提出的"村庄社会关联",与村庄的社区秩序密切相关。

第二节　政治秩序重构

政治现象本质上是一系列政治制度、文化和社会网络综合实践的产物。当村庄的自然边界和行政边界被打破时,多村混居的移民社区面临着基层自治组织架构的转型与再造。有突出个人能力的领导者所发挥的核心作用,多样化的社区参与和动员所具有的共识营造作用,以及各种有意识的身份塑造的努力,对移民社区政治秩序的整合具有重要意义。传统政治社会学将"权威的社会性来源"作为经典议题。[1] 移民社区四委一中心、社区综合服务中心等制度安排是文本重构,那么借助村干部的个人魅力和权威是移民社区政治秩序重构的实践策略,即移民社区如何通过文本规定和关系结构实现权力及权威的再生产。另外,移民在新社区的自我身份认同议题也是政治空间秩序整合的关键,即如何通过社

---

[1] 张静:《政治社会学及其主要研究方向》,《社会学研究》1998年第3期,第17-25页。

会公共性体系重构和现代公民意识培育实现移民身份认同和社区认同的转型。

一、权力格局重组：能人治村

传统乡村治理的重要特征是皇权止于县，乡绅掌握着乡村基层社会的公共权力，形成了中国独特的乡绅治理体制。在当地几百年的历史长河中，始终活跃着一群直接影响社区秩序的独特群体，这是一个拥有种种合理性权力而对村社事务进行影响与决策的内生群体，俗称村落权力精英。杜赞奇认为，传统中国乡村公共权力的合法性镶嵌于以宗族、宗教、商业组织以及亲朋关系等共同构成的"权力文化网络"中，通过进入网络，乡村权力精英才取得为其成员所认同的象征性资源，掌握乡村治理权。[①]但是新中国成立以后，随着国家权力的向下渗透和延伸，独特的权力网络化结构被破坏，乡村权力与治理只有依赖自上而下的国家行政权来推行。20世纪80年代中期以来，越来越多的经济能人在农村迅速崛起。随着农村社会经济的发展，农村也出现了经济分化和社会分层，村庄熟人社会逐渐分化为三个群体：一是办厂经商致富的老板群体；二是主要靠劳动来获取收入的务工务农群体，这个群体人数最多；三是家庭缺乏劳动力、智障或身体有残疾的低收入群体，是村庄的边缘人。随着农民贫富分化逐渐加剧，村民自治实践越来越多样态，村中经济能人积极参与基层政治生活和乡村治理，出现了具有时代特色的精英或富人治村的现象。[②]但现实中也出现了一些以发展集体经济为名，实则为自己谋利的富人治村的情形，出现贿选之类的案例，但这些在发达地区村集体收入较多的村庄比较明显，在这西部贫困山区还不太明显，因为村集体收入都是空白的。当

---

① [美]杜赞奇：《文化、权力与国家：1900—1942年的华北农村》，王福明译，南京：江苏人民出版社，1996年，第22页。
② 贺雪峰：《论富人治村——以浙江奉化调查为讨论基础》，《社会科学研究》2011年第2期，第111-119页。

地村干部开玩笑说,在这里当村干部当的是一种情怀,是真的为大家服务。只有在村民自治的基础上加强基层组织转型,重点推进村级民主制度建设,才能真正实现乡村的善治。[1]

一个村庄发展得如何往往与村庄领导人密切相关,一个有能力、有见识、有魄力的村干部往往是发展村庄经济的关键因素。越来越多的村庄将"领导能力强"和"致富能力强"作为选举村干部的首要标准,期望通过能人带动村民发展经济和扩大基层民主。何为能人?曹锦清认为:"他有能力带领村民去实现全村的共同利益,能赢得村民的信任与尊重,凝聚起一股强大的集体力量。"[2]能人治村已成为一种推动乡村治理和发展的普遍模式。

当前农村的"经济能人"主要包括:(1)农村私营企业主;(2)乡镇集体企业管理者;(3)农业专业大户。他们之所以被称为经济能人,主要在于其超凡的经济实力、个人能力和社会资源优势。他们通过民主选举或提拔任命的方式进入乡村政治中心,成为基层治理的主导者。可以说,经济能人治村的权威兼具了马克斯·韦伯所说的法理型权威和超凡魅力型权威。国家法律法规和村民自治制度的规定为能人提供了法理型权威,这种既定的规章制度和法令法规是人们通过长时间的讨价还价磨合而成。能人在经济发展或政治治理等方面所具有的突出个人能力和人格魅力得到村民的认可和欣赏是其非正式权威来源的基础。

> 我是2010年回到村里担任村干部的。我在镇上开了加油站,带动了不少村民就业,大家对我也比较信任,多次选举我为村干部,我认为还是看重我对村民经济的带动作用。我带大家发展产业,脱贫致富,还带不少年轻

---

[1] 韩鹏云:《村民自治实践样态与转型方向》,《中国特色社会主义研究》2015年第1期,第54-59页。

[2] 曹锦清:《黄河边的中国》,上海:上海文艺出版社,2000年,第152页。

人就业。现在村民都是实用思想,谁能让大家发财致富就选谁为村干部,你自己都没能力致富,哪个能相信你有能力带领大家致富呢?而且很多村里的事务都要村干部自己先垫资完成,你没这个能力也不行啊,这也是当前农村基层管理的特色吧。

——河川镇简坪村村干部访谈,2017年11月

我(20世纪)90年代的时候在东莞进电子厂打工,一个月400多块钱。后来在深圳务工,工资还可以。以前娘家是桑园镇的,条件不太好,后来嫁过来就没有出去务工了。老公做生意,条件还可以。他主要跑运输,我在家主要种植香菇木耳,椴木种植,自己加工,然后销售出去,每年收入十几万。每年会雇佣村里能干活的老人妇女帮忙务工,给他们一天70块钱的工资。村里男劳力都出去务工了,人少,就我在家担任村主任了。我觉得大家选我为村干部,第一觉得我出去务工过,见过世面,有点文化,和村民走得也比较近。第二觉得我能给大家带来福利吧。我种香菇木耳也拉动了村里不少人就业,也教他们如何种植,我家收入在村里还算不错的。第三,村里也确实找不到男的合适的可以做村干部的,不是年老体弱,没文化的,不懂电脑的,就是出去务工了。村干部工资少,养家太难了,烦琐的事情又多,没人愿意干。所以我现在虽然怀孕7个多月,但给村民帮帮忙也是没问题的,上山爬坡走村入户没有一点问题。

——白马镇柳园村村主任访谈,2017年11月

作为理性的经济人,农民往往会选择和支持经济能人掌握村民自治的权力,希望经济能人带领他们共同致富。对于移民社区这样一个村庄边界不断被打破、原有乡规民约逐渐淡化的共同体

来说,其历史感、共同体意识都在逐渐消失,这样一类领袖的存在,无疑具有凝聚人心、树立新社区共同体认同的作用,尤其是在这些领袖来源于原来的村干部群体又能在移民社区基层组织发挥核心作用的情况下。在经济能人治村的模式下,党组织、村自治组织、经济组织、社会组织等多元农村组织在相当程度上由经济能人的权威得到整合,通过动员、示范和带动形成村庄发展的集体合力,实现乡村共同体利益的最大化。

二、新人上位:传统权威向现代治理模式的转变

农村基层选举作为一种"嵌入型"的基层治理实践,是现代化的民主制度与农村社会传统因素的相互交融,是乡村治理和振兴的重要手段之一。移民社区作为融合多村落农民的混居社区,社区建设管理复杂,这意味着地方政府需要懂政策、有能力的村干部。比如河坝镇高坝社区,在镇政府的直接影响下,社区选举领导小组提名袁某为候选人。袁某在社区中甚至在整个县城都是有名的经济精英。采取候选人公开演说和现场匿名投票方式进行竞选,袁某顺理成章地当选为社区书记,成为高坝社区新的领导者。而原来的村主任落选,原因主要在于其虽然具有多年农村工作经验,但年龄较大、思想观念传统落后、跟不上时代步伐,传统的思维定势和家长式管理的方法使其无法适应现代社区的管理模式。袁某属于现代型精英,具有一定文化水平、党员身份、基层工作经验和经济能人等多种色彩。袁某在社区是首富,是村民眼中公认的有文化、懂技术、人脉广和能力强的经济能人,他对社区未来发展和如何带领社区群众致富也有清晰设想和规划,这无疑与社区居民渴望致富的愿望产生共鸣,从而得到大家的支持和认可。"袁某早年参军转业回来,也出去闯荡过,是少有的见过大世面的人,凭借其经济头脑和开阔的视野创业,县城里好多小区都是他开发的,投资房地产开发,还投资农业园区,成为大家眼中发家致富的带头人和榜样。他还带动村里不少人就业务工,所以我们高坝社区是

有名的工匠之乡。其广泛的人脉、做事的魄力和胆识也得到镇政府和村民的认可。他负责的高坝社区是陕西省示范移民搬迁社区，集体资产收入上亿，获得多种荣誉，也引来不少领导考察参观学习，是陕西省的楷模。"他上任后，积极为社区发展进行队伍建设和制度建设。第一，坚持认真抓社区两委工作，一方面通过党的日常工作和活动的持续开展，避免了大多移民社区出现的党员带头性和积极性下降、党员会议和活动难以开展的局面。他充实了社区居委会，下设社区保障服务中心、计划生育服务中心、治安调解服务中心等，积极吸纳社区中的致富能人、退伍军人、乡贤、退休老干部等熟悉社区的人，由这些在社区有较高威望、较强工作能力并且愿意为大家服务的人来担任相应职位。为了改变原有村委会队伍老化、文化素质低及能力弱的问题，社区还积极吸收德才兼备的年轻人，增强党组织的战斗力。另一方面，通过严格要求自身和进行工作制度创新，为百姓办实事，赢得认同。第二，确定以发展经济为中心，逐步扩大集体经济。在社区积极创办创业孵化园，引进多家社区工厂，方便移民和贫困劳动力就业。袁书记自身也以突出的房地产开发成绩著称县城，也带动了一大批人就业，培养社区居民合作和创新奋斗精神，树立自主自强的个人和集体意识，为新型社区经济可持续发展打下坚实的群众基础。第三，在积极发展集体经济的同时，也十分注重提高社区居民福利，比如为老年人、贫困人群、残疾人群等发放生活补助和慰问金，发放外出务工就业和再就业奖励，进行文化体育设施建设，发放社区居民物业、供暖、水电等补助。第四，建章立制，使社区建设各项事务有法可依。社区制定了大量的村规民约或居民公约，包括社区自治制度、居民议事制度、居委会日常工作制度、干部廉政制度、财务公开制度等。在村庄发展中的各种具体事务以民主选举、民主决策、民主管理和民主监督等村民自治方式进行处理，尊重居委会的自治权。

三、移民社区参与：社区归属感的培育

居民参与是社区建设的重要内容，动员民间组织和资源对实现社区和谐治理具有重要意义。社区共同体需要靠共同的社区意识来构建，需要居民有强烈的归属感和认同感。从追求基层自治、有集体认同感等方面来说，村庄和社区都属于地域共同体。从前者到后者的过渡，应该是实现从村落共同体到社区共同体的转变，而不是使移民在搬入新社区后成为一个个分散的个体。社区参与是移民融入新社区、构建集体认同感的重要途径。移民上楼后，由于集体感的消失和经济利益关联的减弱，社区参与的浅层化或者说非政治化趋势愈发明显。随着社区公共空间的结构转型，社区意识逐渐显现。笔者在田野调查中了解到，社区意识的培育也是移民居住空间的转换、非农生计方式的转换、差序格局到规则管理等一系列社会行动的产物，是一种总体性的社会事实。

首先，移民社区的居民应当比一般居民小区或商品房小区居民更具社区参与的积极性。移民社区虽然就整体看是因为与其他村混居而存在一定的陌生感和距离感，但就局部来说，他们都是来自某个村的亲属邻里，有原来的亲缘和地缘关系为基础，也有更密切的集体情感认同，可能还有着共同的经济利益关系。但笔者调研中了解到，移民社区的居民总体参与状况不佳，居民对社区公共事务关心程度下降。比如开会。开会是农村公共生活的重要组成部分，在集体化时代，除了政治运作带来的各种大小会议以外，还有公社成员关于日常生产分配的常规社员大会、民间组织的会议、党员学习会议等，这些会议都被认为具有重要的教育和政治意义。在村民自治实行以后，村民代表大会成为农村最重要的会议形式，凡涉及村内经济、社会发展等村政事务的重要问题，都需要全体党员和村民代表开会讨论商量。但移民上楼后，无论是党员学习例会还是村民代表大会，补贴都成为保证出勤率的必要手段，村民参与热情大不如以前。有的移民认为，该事务与我无关，还耽误我务

工挣钱，有的移民认为什么事由政府安排，我去了也起不到什么作用。通过观察和访谈笔者了解到，移民社区居民的公共参与主要在于文化娱乐活动、环保活动，而政治性参与较少。

其次，移民身份认同需要发生转型。从村民到居民的转换不仅仅是居住空间的改变，更是移民自我认同的再造，这需要移民社区在治理过程中，能够使移民逐渐认识到他们是新社区集体中的一员，愿意参与到社区公共事务和活动中来。一方面，社区保洁公司的嵌入使家园意识和现代物业理念逐渐深入人心，也有小区组建社区保洁队伍进行自我清洁，这增强了移民的社区认同感和社区意识。另一方面，移民主动构建自己的业主身份，并成立了业主委员会，作为社区建设管理机构，也是现代社区治理体系的一部分。国家制度安排和政策供给为移民业主身份的建构提供了合法性话语[1]，居民日常生活的公共化为社区认同转型提供了实践空间[2]。更重要的是社区除了开展多种多样的文化活动外，也有意识地采取一些能够促进社区身份塑造的办法，如社区内组建了腰鼓队、舞狮队、舞蹈队等，通过各种活动强化移民作为一名社区成员的意识；社区文化园和墙体标识对于构建当地居民的共同体意识具有重要作用。虽然移民个体化和经济理性不断增强，社会关联的功利主义倾向逐渐明显，但类似广场舞、儿童家园等这样的组织也能在现代乡村秩序重建中发挥基础性的作用，社区秩序的重构离不开民间团体的自我实践。

四、权利空间的建构：利益表达和共意达成

权利空间的建构也是社区政治秩序整合的重要组成部分，权利空间运行以利益表达为基础，以达成集体共享的公共意见为最

---

[1] 陈映芳：《城市中国的逻辑》，北京：三联书店，2012年，第251页。
[2] 赵晔琴：《农民工：日常生活中的身份建构与空间型构》，《社会》2007年第6期，第175－188页。

终目标。这体现了哈贝马斯所说的"交往理性",即在社区日常生活世界中,通过人们之间的交流互动增进了解和意见交换,进而达成思想和行动共识,增强社区凝聚力,促进社区秩序的有效运行。权利空间的建构需要多元主体的共同参与,如居委会、业主委员会、社区民间组织、居民个体、社区公司或企业等单元,参与到社区共同体的公共利益分配和协调中,并得到社区成员的认可和肯定。权利空间常常建构于社区代表大会、社区党员大会以及社区听证会、协调会和评议会等多种形式中。社区要保障移民在空间使用权、所有权等各方面的权益,增强移民参与空间再造与分配的机会,减少对移民参与的剥夺。移民社区有不同利益群体和利益诉求,权利空间的有效运行不是满足大多数人的愿望而使少部分成员权益受剥夺或者被忽视,而是为每个利益群体提供表达自己想法的机会,尊重每个主体的利益诉求,通过让步、协商、博弈等过程达成利益的相对平衡。与抗争性维权不同的是,空间权利的争取需要主动进入体制内,社区内部成员之间以及他们与社区权力部门之间的合作互惠,促成了移民共同体的权利认同和表达机制。

> 刚搬来的时候,小区内农用三轮车、摩托车停放乱七八糟,还因为停车发生不少矛盾,抢地盘,都想停到自己家楼下楼道里。还发生过盗窃案件。后来很多居民到社区反映,社区就组织召开了社区居民代表大会,协商停车位置和方式,明确了居民区换车位的规则和规范,明确了小区公共空间的用途和定位。还成立了社区安全巡逻队,当然都是热心的居民自愿当志愿者,为大家服务,社区也会给予一定补贴。后来小区整齐多了,居民的不满情绪也平息了。
>
> ——石桥社区第一书记访谈,2017年11月

移民安置社区由于开放式格局而且人口众多,不能满足日益增多的车辆的停放要求。以前在山上居住时交通不便,移民不方便骑车,搬下来以后交通便利,道路平坦,骑车的人越来越多。不少社区居民为了解决停车难、种菜难的问题将社区公共空间占为己有,将绿化带改造成私人菜园或停车位,社区的公共通道经常被车辆占用。一人为之,群起效仿,公共空间停放车辆或者用作私有的情况很普遍,这导致了移民之间矛盾众多,基于不同利益倾向的群体对社区公共空间展开激烈竞争。最后移民将自己的需求向社区反映,有实名写信的,有闹到社区去的,也有打电话反映情况的。社区通过业主委员会以及社区志愿者组织等多种社会组织的联合商讨,研究制定了小区公共空间使用规定的具体措施,移民的需求得到了有效解决。

第三节 文化秩序重构

人类学家马林诺夫斯基认为,任何文化现象都是为了满足个人生理心理需要或者满足社会整体的需要。一个社区不仅包括一定空间和群体,还应该有精神共同体,包括成员共同的社区观念、归属感等意识。但是,移民从不同地方搬来聚居在同一个社区,表面上看实现了制度性整合,集中居住看似公寓楼整齐划一,井然有序,但整体上缺乏认同性整合。可见,移民上楼并非只是机械的居住空间位移和新型城镇化的外在表现,还是一个精神重构的过程。社区管理的目的就是满足社区居民的多元需求,建设社区共同体,形成社区运行的秩序。

文化空间是乡土社会的重要组成部分,文化秩序的建构过程是国家权力自上而下的规划与基层民众自下而上的诉求相互交织、互动、博弈的过程,因此可以将社区文化秩序重构的实践样态分为两方面:一方面是外生的他治实践逻辑,即政府以国家权力对移民社区进行政策引导、资金支持和公共产品供给,呈现的是文化治理下的国家"在场";[①]另一方面是内生的自治实践逻辑,主要是社群自发形成的或以社区为主体开展的文化活动,呈现的是地方文化治理的社区"在场"。

一、公共文化资源下乡:国家权力的嵌入

文化治理作为基层治理的重要组成部分,社区公共文化不断嵌入国家治理体系,这种自上而下的行政治理是一种典型的国家工程。移民搬迁后,公共文化空间逐渐衰弱,如何有效完善社区文化供给机制,充分发挥文化治理技术,促进社区文化秩序重建,是移民社区文化空间再造的重要课题。由政府推动的公共文化服务,主要包括修建文化活动场所、提供文化资源、组织文娱活动等方面的政策引导和资金支持。

第一,文化空间的营造使移民交往空间更具有开放性和公共性,主要体现在公共文化基础设施的修建和公共文化活动的开展。

公共空间的建设,使得很多居民闲暇时到公共广场散步聊天,各村还组建了舞蹈队,一到夜幕降临,广场舞就成为社区一道靓丽的风景线,移民在进行广场舞及闲聊等社会互动过程中也拓展了公共空间的边界并进一步增强了其开放性。因此,社区广场为社区公共空间营造提供了现实可能,特别是广场舞,不仅丰富了居民精神文化活动,也创造了一种不同于国家主导逻辑下的文化空间再生产机制,[②]即一种由国家提供公共空间并通过草根智慧的自发组织赋予其公共性的一种空间再造过程。[③] 这种公共空间可以是社区广场,可以是社区活动中心,也可以是老年幸福院或者儿童

[①] 韩鹏云:《乡村公共文化的实践逻辑及其治理》,《中国特色社会主义研究》2018年第3期,第103-111页。

[②] 阿兰纳·伯兰德、朱健刚:《公众参与与社区公共空间的生产——对绿色社区建设的个案研究》,《社会学研究》2007年第4期,第118-136页。

[③] 张兆曙:《草根智慧与社会空间的再造——浙江经验的一种空间社会学解读》,《浙江社会科学》2008年第4期,第2-6页。

幸福家园,也可能在每一单元楼道口或者某一户移民家门口形成一个公共活动场所。因此,从移民社区公共空间转型实践可以看出,移民社区公共空间呈现出中心—边缘格局,即以社区文化广场为中心、各单元楼道口为边缘的公共空间结构,一方面这种结构为多元化的日常互动提供可能,满足不同年龄层次移民的社交需求;另一方面为移民身份认同和社区意识培养奠定了空间基础。

第二,公共空间的开放性也打破了移民基于地缘和血缘关系的交往范围,实现了社区认同。比如社区广场中不仅仅有本社区居民来散步,也有周边其他小区的居民来活动,进一步增强了社区的公共性和移民交往的多元化。随着移民进入社区后,以地缘为基础的互动方式逐渐淡化,以低成本的人情往来和基于情感的串门聊天、吃百家饭等为特征的自己人认同意识也部分消失。正如调研中有移民反映:"不住一起就不经常来往了,所以以前村落中没有搬迁过来的人也都失去了联系,现在交往的都是居住在一起的移民,见面方便,经常广场碰到或者楼下碰到。"另外,随着以地缘和血缘关系为纽带的社会互动模式日趋淡化的同时,通过公共文化空间的开放性而进行的互动形成了一种新型社区认同机制,反过来又强化了基于公共空间和普遍信任的社会互动再生产机制。[①]

> 我们这里人生活单调,在文化建设上动力不足。要实现全面建设小康社会首先得有一个好体魄,锻炼身体,打造一些活动场所。我在镇里提出了"秀美小镇、生态家园、人文两河",要通过打造生态家园和人文两河实现秀美小镇的发展,开展了一些文化活动。比如广场舞,民俗表演,春节时舞狮子、灯船,还在社区搞了几条健康步道,

---

① 田鹏:《转型抑或终结——新型城镇化社区实践逻辑》,博士学位论文,河海大学,2016年。

让老百姓走出去,而不能光在家里打牌。不然村民生活风气不好,总是打牌打麻将的。特别是老公在外面打工的留守妇女在家带娃没事的,就去打牌了,带坏社会风气,影响家庭和谐,离婚率都上升了。晚上到街上溜一圈,麻将摊多了！现在搞个全民健步走,打造一些文化活动场所,让移民也能健康地安排自己的闲暇时间,引导他们戒牌,增强软实力,让群众有获得感。

——河川镇镇长访谈,2017 年 12 月

但在肯定文化公共空间功能的同时,也应该意识到一些不可避免的问题。一方面,国家通过项目下乡建设了很多文化惠民工程,满足了不同移民的精神需求和娱乐休闲需要。新社区规划设计出来的正规空间虽然提供了人与人之间的交往场所和空间载体,但与乡村文化要素断裂,农民一时很难融进去,因此社区公共空间的设计要与农民日常生产生活需求相契合才能增加人气。另一方面,公共空间的建设呈现出以社区为中心的"差序格局",尤其是离社区较远的地区,严重缺乏公共活动中心。目前社区文化建设还停留在政府自上而下的运动式推动,还没有形成自下而上的参与意识,移民的社会归属感较弱,参与社区事务的积极性不高,使得社区文化建设只是政府的"独角戏",也有学者称这是"社区共同体困境"。这种公共服务内卷化现象主要是因为国家权力主导的文化治理,实践过程中又简化为基层政府的具体治理技术。基层政府基于自身利益和"锦标赛"式的考核机制也会选择有利于政绩的文化项目,不一定符合农民的真实需求。

二、社区精神文化重塑:陈规陋习的破除

对社区精神文化重塑主要体现在将移风易俗摆上重要议事日程,反对陈规陋习、封建迷信、黄赌毒等不良之风,加强宣传教育,举行道德讲堂,通过修建社区人口文化园,以墙体标语的嵌入潜移

默化约束人们的行为和规范。随着移民原有公共文化式微,培育新社区文化的内生机制成为移民社区文化空间再造的重要议题。笔者在调研中亲身感受了高坝社区的人口文化园基于标语符号的隐性治理权术。

(一) 行为规范

文化园以"构建和谐小区"为核心,通过标语、展板、挂图、彩绘等方式,向人们展示和宣传政策法规、核心价值观、家庭和谐、邻里和睦、孝老爱亲、平安建设、婚育文化等内容,内容丰富、形式多样、图文并茂,深受移民群众的欢迎。文化园依托社区休闲广场、小花园等,让居民在休闲、健身、娱乐之中感受人口文化知识。文化园利用木质展板在花园中展览了从"纸婚""杨婚""皮革婚"到"钻石婚""橡树婚"等婚姻年数的介绍,教育人们珍爱婚姻,构建和谐家庭。同时还在文化园开展文体活动、知识讲座、播放电教片、评选优秀创业搬迁户等各种活动,使文化园成为传播人口文化知识和丰富人们文化生活的主要阵地。社区通过文化园将核心价值观和传统美德融入村规民约,内化为移民的道德伦理,外化为移民主动自觉规范自己的行为,从而实现他治向自治的转型。

墙面是农村公共空间的重要场域,它既是私人宅院与公共空间的界限,也是各种标语和广告的载体。[①] 从村落环境文化来看,最显眼的就是标语文化。笔者调研中也发现,不管进入哪个移民社区或者村庄,最先映入眼帘的是墙壁标语这样的文化景观,各种形式的标语遍布半山坡,只要是能写字的地方基本上都有标语。在某种意义上,标语成为权力意识形态的具象化控制,充斥在田间地头和生活场域。墙面成为国家方针政策的展览空间,从土墙上的"生男生女一样好,女儿也是传后人"到砖墙上的"要想富先修路",农村墙体文化的变迁也是一种物化的政治缩影或隐喻,民间

---

① 杨瑞玲:《解构乡村:共同体的脱嵌、超越与再造》,博士学位论文,中国农业大学,2015年。

和地方社会处处可见国家的符号和力量"在场"。如今,村落的环境文化也出现了新的内容,不管是村庄的道路两旁、商店门口、院墙、电线杆、村委会的宣传栏等都成为各式各样标语或广告的地盘,这些标语成为政策宣传的一种途径。居民每天看到这些口号和标语,自觉地就会参照这些标准去行动,潜移默化受到影响。比如墙体上打造的放大版的用竹简做的"西乡赋",在移民楼的墙壁上各种党建教育和历史文化、孝道文化的宣传,如"十颂共产党:颂歌献给党,吃饭把你想,以前贫穷又落后,现在温饱奔小康……"墙壁上各种文化教育的内容,如《论语》中的《劝学》,《高坝社区居民公约》,文明行为规范"九要九不要"①,社会主义核心价值观,"三兴、三倡、三戒"②,"健康扶贫在行动"③,"促进家庭文明、守护家庭健康,帮扶家庭致富,引领家庭奉献"等,以党建和社会公德宣传为重点,打造了清晰明了、特色鲜明的墙体文化。以社区新事新办倡议书为例,这些嵌入在墙体上的标语使移民自觉参照这些标准去行动,潜移默化受到影响。

(二) 移风易俗

提高移民的幸福指数不仅要努力帮助其发展产业或者就业务工,也要给他们一个适宜的舒服的生活环境,让他们感觉到社区的温暖,提高他们的幸福指数。近年来随着经济的快速发展,在人民群众生活条件逐渐改善的同时,婚丧喜庆大操大办现象愈演愈烈,

---

① 九要九不要:要爱党爱国、遵纪守法,不离心离德、违法乱纪;要恪守公道、树立正气,不低俗沉迷、造谣诽谤;要说话和气、举止文明,不粗言秽语、大声喧哗;要热爱劳动、健康向上,不好逸恶劳、酗酒酗赌;要尊老爱幼、助人为乐,不欺老凌小、损人利己;要移风易俗、勤俭节约,不封建迷信、铺张浪费;要讲究卫生、爱护环境,不随地吐痰、乱扔乱贴;要诚实守信、公平交易,不见利忘义、短斤少两;要维护公德、关心集体,不损害公物、破坏设施。

② 兴,勤劳朴实的家风,秀美文明的村风,尚德重礼的民风;倡,婚事新办、喜事少办,丧事简办;戒,高额彩礼,奢侈浪费,好逸赌博。

③ 居民医保我参保,看病住院能报销;花钱多了大病报,得了慢病也能报;特殊大病专项治,具体村医都知道。

造成巨大浪费,群众不堪重负。为反对陈规陋习,引导广大社区干部群众形成崇尚勤俭节约、反对奢侈浪费的良好社会风尚,新型移民社区在深入推进社区精神文明建设、提高社区文明程度上面下了不少功夫。比如高坝社区在移风易俗上提出以下几条倡议:

(1) 婚事新办。结婚是人生大事,固然重要,但并非酒席档次越高越好、排场越大越好。青年朋友要带头做移风易俗的带头人,做文明新风的推动者。要做到不比排场,不比彩礼,不给家庭增添不必要的负担。好钢用在刀刃上,钱财用在发展产业、脱贫攻坚上。坚持节俭、简朴办婚事,文明迎新娘、文雅闹洞房。

(2) 丧事简办。倡导勤俭节约,倡导文明简朴的丧葬习俗,树立厚养薄葬的新观念,用环保、生态、洁净的葬礼方式,表达对逝者的追思。

(3) 移民社区倡导诸事节俭操办,不管是老人过生日、新生儿满月、搬新家还是考上大学等喜事,都尽可能减少宴请范围、降低宴请标准,而且社区中不管什么礼金,随礼不得超过100元。

在某种意义上,墙面成为国家方针政策的展览空间,农村墙体文化也是一种物化的政治缩影或隐喻,民间和地方社会处处可见国家的符号和力量"在场"。这些标语使移民自觉参照这些标准去行动,潜移默化受到影响。移民在社会交往和行动中逐渐形成惯习,当惯习被认定为某种规则,每个获准进入该场域的移民都会受到场域逻辑的压力,从而以场域规则来约束自己的行为。社区中的居民文明公约、互助公约等各种社规民约构成了社区居民进行社区行动的基本行为准则。

社区还配套建成了便民酒店,为安置群众提供了就近操办红白喜事的场所,同时也解决了照料中心老人的就餐问题。这个酒店有两种经营模式,一是农户自行购买原材料,由酒店加工,只收取加工费用;二是农户自行与酒店协商价格,将酒席全部承包给酒店,价格比同规格酒店低30%。这些设施都极大方便了移民群众开展各种婚丧嫁娶宴席,也让社区服务中心成为移民之家。
——河坝镇高坝社区第一书记访谈,2017年11月

文化园建好以后,我觉得小区变得更有味道了,环境美了,文化的韵味也有了。每天看着这些宣传语,自觉不自觉地都注意起自己的行为了。这也让我们感觉到了社区对我们移民群体的重视,让我们更有家的感觉了。搬到这儿以后随礼都少了,社区要求谁家办事最多只能随100块份子钱,不可以高额随礼或者铺张浪费。以前在山上住,谁家有事最少200块钱,多则500、1 000(块)的,每年这个人情费最少四五千,多则一万多。村民们都爱面子,大办红白事,压得我们老百姓都喘不上气。现在好多了,住在这里风气好了,社区有要求,大家也都遵守了。这也让我们对社区有了进一步的认同,觉得还是搬下来好,生活各方面都比以前改善了。
——高坝社区移民访谈,2017年12月

(三) 道德评比

移民由传统熟人社会进入相对陌生疏离的社区后,社区会有意识地组织和开展一些具有价值导向的社区文化活动,通过这些活动的持续开展,社区内形成了"比邻敦睦""上慈下孝"的良好家庭氛围和社区环境,以及强调个人品德、家庭美德、职业道德和社会公德等善行义举的社区文化,加强移民集体认同感和社区意识,也有助于促进移民之间的交往,重建人们之间的相互支持网络。

我们社区在文化教育上,充分利用重大节庆赛事或主题活动日举办各种趣味比赛、联欢文艺演出、欢度春节、庆三八、庆六一、建党建军节、"两学一做"主题文化活

动、记住乡愁等综合性文化活动。还成立了"一约四会",特别是道德评议会、红白理事会、禁赌禁毒会,大力改善了社区的陈规陋习,树立了新风尚。居民在参与活动中增进彼此之间的交流互动,加强社区人文氛围。社区还开展十星级文明户、好公婆、好儿媳、善行义举榜、夫妻和睦奖、敬业奉献奖、勤俭持家奖、勤劳致富奖、文明礼貌奖、孝老爱亲奖、助人为乐奖等评选活动,提升居民的社区认同感,提高乡风文明建设及弘扬传统美德的积极性,举办道德讲堂、打造文明餐厅、提倡移风易俗活动,因此社区于2017年被定为"公民思想道德建设观摩会"观摩点之一,经常有各地的考察团来我们社区进行考察学习。我在这几年就接待了一批又一批的考察团,接受了很多新闻媒体的访问和报道。

——河坝镇高坝社区第一书记访谈,2017年12月

三、传统公共文化延续:集体记忆的塑造

记忆的塑造是对文化的建构,也是社区共同体再造的一种手段,通过社会记忆所建构的社区文化是社区共同体意识最根本的路径。滕尼斯指出:"在一个共同体中,成员之间有一个共同的思想信念作为共同的意志。……从空间上的接近到精神上的接近,才是人们形成共同意志的表现方式。"①这种共同意志也称为地方性知识,大家不用说出来却都心知肚明。聚居不仅从外在居住格局上整合来自不同村落的越来越原子化的移民,更应该从精神文化上使移民认同这一生活场域。

搬迁前,祖辈记忆的传承、当地婚丧嫁娶的习俗、熟人社会的

---

① [德]费迪南·滕尼斯:《共同体与社会》,林荣远译,北京:北京大学出版社,2010年,第65页。

规则惯习以及其他地方性知识，都在长期变迁中形成一种共有的乡土文化记忆，从而使他们因为这些共性团结起来。集中居住后，移民依托社区公共空间进行日常交往而形成新的人际关系，这种人际关系使社区居民开始适应和认同社区生活，成为其建构社会记忆的资本。移民社区居民在人情往来、红白喜事、散步闲聊等过程中唤起社会记忆，形成新的社区精神，重塑社区秩序。此外，社区组织各种文娱活动，鼓励移民积极参与，结合当地民间组织、文化仪式、照片影像等社会记忆载体，营造社区氛围，使移民因社区认同而积极参与活动，而不仅仅因制度要求而参与。

（一）船桥会的延续

在农耕社会，为了祈求神灵保丰收、佑平安和多子多福，修庙祭祀成为当地民众的惯习，生活于乡土中的人们习惯借助于超人间的力量求得心理上的安慰。许多人基本上不认字，也不懂教义，但是逢庙就烧香磕头，见神就作揖参拜。从社会学视角看，这其中包含的心理慰藉功能是显而易见的，神灵发挥着心理医生的职责。祭祀仪式可以起到维护乡村社会中杨庆堃所称的"合乎天意的政治秩序"，这也是文化网络的一种功能。① 搬迁前，多数家庭设有神龛，张贴"天地君亲师"神榜和灶神，少数还供奉观音、如来、财神、药王等，一般在逢年过节时烧香礼拜，每遇到为难之事，便到神前默祷叩首，祈求保佑。村中还有庙会活动，如正月二十三火神庙会，三月十五财神庙会，四月二十八药王庙会，五月二十龙王庙会，五月十三关帝庙会等，不胜枚举，办会期间一般要唱大戏或木偶戏、皮影戏"酬神"，吸引不少群众及商贾小贩赶会，促进了物资交流和人与人的交往，丰富了人们的精神生活。

村落中的寺庙是移民精神诉求的重要依托和表达自己意愿的公开化场合。调研中笔者了解到，一个普通村庙碑文中写道："先

---

① ［美］杜赞奇：《文化、权力与国家——1900—1942年的华北农村》，王福明译，南京：江苏人民出版社，1996年，第28页。

年风雨不调,五谷歉收,众姓人等同立青苗土地冰雹将神会演戏酬谢神灵,报答神恩。"人们欲借助神灵的力量来保平安,每年都要举办庙会,也称船桥会和春节灯会。当地俗语说:"三年不耍灯,人死马遭瘟。"庙会或灯会活动中,会有打锣镲、跑竹马、打锣鼓、劈刀、地围子、打小洪拳、舞狮子等多种社火表演,这些具有原生态艺术特征的民间舞蹈是珍贵的民族文化遗产。特别是当地特色民间歌舞小戏"地围子",融说、唱、舞以及杂技、武术于一体,内容丰富,具有较高的历史文化价值。这些民间社火表演成为村民的一种集体欢腾的记忆,也是丰富他们精神生活和加强社会交往的载体。民间信仰作为一种"草根文化",是乡村社会秩序构成的基础,有助于移民在社会组织中寻求到一种对共同体的亲切感和归属感,实现社区整合。迪尔凯姆认为,社会团结的基础是社会成员具有共同的价值观念和道德规范。[①] 民间信仰中所包含的令人敬畏的力量,激发了民众个体心灵中的自我约束与调节力量,从而达到对民众意识形态领域进行思想性整合的目的。

文化空间最直接的功能是为社区居民提供集体娱乐的场域,行动者之间进行交往互动并在集体情境中获得愉悦感,从自我展示到集体娱乐,进而增强社区集体意识。特别是当这些社区活动定期举行,成为社区文化和集体记忆的一部分时,社区成员对社区的归属感和认同感不断增强,形成集体记忆和社区成员间彼此紧密联系的情感纽带。但调研中也发现,随着年轻劳动力的外出务工,社区呈现"空心化"趋势,一些公共文化活动缺乏人气,而且随着网络技术的发展、后现代消费主义的渗透,移民活动也逐渐倾向于家庭化和个体化,对"土味"十足的传统文化并不感兴趣。

(二) 露天电影的复兴

社区还会组织观看电影或者纪录片的活动。作为乡村公共文

[①] 贾春增:《外国社会学史(修订本)》,北京:中国人民大学出版社,2006年,第270页。

化的实践载体,露天电影曾是农村民俗文化不可或缺的风景线,是乡村文化空间建构的重要形式。"社区还是不想丢掉这个文化工程,虽然家家都有电视看了,但在广场播放露天电影,人还是挺多的,大家观看的热情很高。我们叫乡村大舞台电影。这不仅是国家传达政策、进行意识形态教育的方式,也是对以前村落生活的一种怀念吧。而且电影贴近老百姓日常生活,反映农民翻天覆地的生活变化,是国家政策好才使老百姓过上了好日子。播放的内容多种多样,有战争片、故事片、农村用电、防火防汛教育片、脱贫致富片、扫黑除暴宣传片、健康扶贫、法制教育等。"一方面,露天电影在满足农民精神文化需求方面发挥重要作用,而且是国家通过公共文化供给进行国家治理的一种技术手段,电影的政治表述成为国家权力和政治机体再生产的仪式化行为,通过有选择地对历史时空的再现,唤起农民过往的记忆,塑造一个"想象的共同体"的认同空间,有助于形成一种流动的公共性,并突破村庄社会关联形成社区社会关联,从而实现政治秩序的整合。另一方面,这种广场露天电影也唤起了村民尤其是老年移民对过往的认知和亲切的回忆,填补了移民精神世界的空白。观演空间的再现也拉近了观众与历史时空的心理距离,充分调动了移民的集体情感,强化他们对社区文化的认同。

从人类学角度看,乡村都市化不仅仅是人口聚居模式和社会样态的外在显现,更是一场隐形的文化转型,其核心是乡土文明向新型现代文明的转变。公共文化空间是社区成员来源最广泛、草根基础最深厚的空间,文化空间中的组织来源于群众,但也受国家政策影响。总体来说,不管是社区文化活动中心、人口文化园的建设还是露天电影的复兴都是国家权力对移民社区的渗透,移民社区用一种本土化的方式实现基层社区公共文化体系建构,将社区打造成文化转型的治理单元。同时,在文化下乡的过程中,关于社会教化的意识形态展现得淋漓尽致,歌颂党、歌颂祖国和修身齐家养性的标语文化在移民社区潜移默化地影响着人们的意识,增强了社会整合力度。文化空间未来的发展如何定位,是继续发挥自娱自乐的最初特质还是逐步嵌入基层治理体系,都是需要进一步思考的问题。

四、社区互助空间再造:互惠资本的重建

在移民文化空间再造实践中,互惠的资本对协调移民之间人际关系以及促进移民与社区原居民和谐相处来说至关重要。移民社区传统村落中基于地缘—血缘关系的特殊信任半径由整个村落向家庭内部收缩,社会资本不断消解,村民之间的特殊信任开始逐渐瓦解,而新社区基于普遍权利—义务关系的现代社区社会资本尚未建立。[1] 针对目前社区中互惠资本缺失的状况,培育一种超越血缘、亲缘、姻缘和地缘关系基础上的信任和合作意识的互惠规范显得尤为迫切。农村互助合作社的建立以及各种互助组织、互助活动的开展,增加了移民之间互动和交往的机会,促进了移民之间以及移民与社区之间互惠规范的逐渐形成,加强了其对社区的认同感和社区居民的亲切感。社区里面的互助行为首先表现为一种即时性互助,开展济贫帮困的互助活动,也有一些志愿者服务活动,比如社区为了维护社区环境卫生、安全秩序等居民自发形成的志愿者。社区在上级引领下还筹备了爱心超市,主要由帮扶单位、社会爱心人士、企业捐赠物品,移民根据爱心积分卡所积累的积分换取物品,积分的获取主要以对政策的知晓程度、参与村级会议、积极发展产业、邻里互助等多种方式获取。

> 爱心超市是今年年底才开始筹备的,是政府为了实现精准扶贫,由村里自筹、对接帮扶单位帮扶、社会爱心

---

[1] 李艳丽、游楚楚:《空间转移与空间再造:拆迁安置社区治理困境及路径分析——以福建省龙岩市 S 安置小区为例的研究》,《云南行政学院学报》2018 年第 2 期,第 109 - 116 页。

人士和企业捐赠,为鼓励村民积极主动参与技能培训、社会公益事务、公共设施维护、环境卫生整治、美丽乡村建设等活动而设置的一种特殊超市。它不是拿钱交易的,而是用爱心积分换取物品。超市为村民发放爱心积分卡,鼓励贫困户和移民户用勤劳改变生活,鼓励他们努力发展生产、热心公益、参与社区会议和活动、邻里互助等,然后换取劳动积分,拿积分到超市换取自己需要的物品,比如洗衣粉、暖壶、卫生纸、牙刷牙膏、香皂、水杯、台灯、雨伞、脸盆等各种日用品,还有大米、面粉、油盐等食品,保暖衣、拖鞋、夏凉被等衣服被子,这样增加了大家互帮互助的决心和脱贫致富的内生动力,改变了移民"等、要、靠"的思想。

——河川镇河川社区书记访谈,2017年12月

该地区还积极成立扶贫互助资金协会,协会是由村民自愿参加,会员民主选举成立的非营利性合法组织,由会员大会、理事会和监事会组成。资金来源于三部分:一是上级补助的财政扶贫资金,二是村民缴纳的互助金,三是社会各界以扶贫为宗旨的捐赠资金以及村集体自有资金。村民缴纳资金以2 000元为一股,每户可入股1~5份,每户入会不得超过1万元。对于一般贫困户,个人交1 000元,国家再配送1 000元互助金,使贫困户达到2 000元的入会标准,获得会员资格。对于低保贫困户,个人不交钱,国家赠送1 000元互助金加入协会,使低保贫困户获得会员资格和借款资格。互助资金贷款期限最长2年,借款金额一般在1 000~20 000元之间,对于个别还款能力强的可适当放宽至30 000元上限。比如调研中了解到,松园村的扶贫资金合作社有101户会员,90多户贫困户,扶贫资金自筹了20万,财政30万,贷款9万元,然后投资发展茶叶园区。河川镇脱贫办主任介绍说:"扶贫互助合作社就是村上自己办的一个小银行,会员可以从中贷

款。会员把多余的钱存进去，贷款的利息比存款的利息高，这样人家才愿意存钱。它不是金融机构，需要经过很多手续，它只需要人员工资，和银行差不多，只不过村里加入这个组织，有人存款有人贷款。贫困户贷款是政府全额财政贴息，每户贷款不超过3万元，和那个小额贷款是一样的，贷款主要用于发展产业，用于家庭经营生产。现在不是提倡三变改革嘛，农民变股东，资金变股金，资源变资产。"然后在本村范围内选择懂电脑、会操作的人员和贫困户成立电子商务服务点，负责对农户生产的农特产品进行包装，通过淘宝、微信、微博等网上交易平台，发布供货信息，并开展线上线下销售活动，同时向群众提供代购代销有偿服务。此外，资金互助社通过经济纽带将移民组织起来，形成合作关系，在借款中共同承担风险和共同分享收益。互助社还通过提供技术培训等帮助移民户提高能力，但也要避免非贫困户大量获取互助资金导致的挤出效应。

  我们村成立了扶贫互助合作社，是村党组织领导的具有独立法人性质的合作经济组织，是村委为本村农民提供生产生活服务和管理村集体财产的平台。合作社下设9个队，分别是产业发展服务队、建筑施工工程服务队、电子商务服务点、红白喜事理事会、欢乐乡村文艺宣传服务队、环境卫生服务队、自来水服务队、公益服务队和扶贫互助资金协会。该合作社具体负责产业发展规划，对外承接基础设施建设、农业生产发展、环境综合整治、文艺宣传活动等项目，转接和分配给下设各作业队实施；下属作业队是单独经营个体，承接扶贫合作社提供的相关项目，运用扶贫互助合作社提供的生产资料和技术等服务，自主经营管理实现盈利，并向合作社缴纳管理费用。政策规划是好的，但合作社都是处于刚成立的阶段，正在摸索中，具体能发挥多大效果还有待检验。

——河坝镇高池村村书记访谈，2017年11月社区互助空间实现了移民之间的情感互动,加强移民积极参与社区资源的供给,移民被深层次嵌入社会支持网络,参与助人行动的移民也会有某种心理预期回报,激发更多人参与到这种行动中。这种互助互惠的参与行动可以获取"社会报酬"。布劳认为,人与人之间的交往是一个社会交换的过程,助人的个体期望得到的不是直接的物质报酬,而是社会报酬。社会报酬是一种内在报酬,是人们之间的交往成为一种存在义务、尊重、给予的社会交往,而不是单单为了利益获得的交往。在社区场域道德、惯习及规则的约束下,移民自觉遵守着互惠原则,这种互助行为同时受经济理性和道德情感的双重支配,是增强社区集体认同感的有效途径。在互助行动中,移民之间的规范体系得以重建,有助于移民与安置地居民之间达成共识,进而形成彼此都能接受的规范。民间的互助观念是一种社会规范,不仅具有伦理道德的逻辑,还具有交换的理念,也唤起人们对过去人情的记忆,强化社会圈子的"共富"意识,是"道德经济"与"理性主义"的糅合产品。[①] 互惠资本的建立有利于培育社区居民共同的价值取向和道德规范,修复移民与安置地居民之间、移民与社区组织之间以及移民与移民之间的信任关系,逐步消除移民文化认同危机,完成对社区文化规范体系的消化和接纳,实现文化调适。

　　综上所述,文化空间再造的过程也是文化秩序重构的过程,即移民从社会关系网络、社区公共参与、社会交往、自我身份认同和闲暇生活等方面实现转型,重建个人层面的社区秩序。移民搬入新社区后,伴随着原有公共空间自然解体和功能不断弱化,社会集体记忆流失。为了增强社区认同感,各地移民社区出现了形式多样的文化休闲活动,无论是基层组织的各类文化表演、体育运动,还是居民自发形成的人际交往,抑或是传统村落中保留下来的庙

[①] 王铭铭:《村落视野中的文化与权力:闽台三村五论》,北京:生活·读书·新知三联书店,1997年,第174页。

会、露天电影等集体记忆,都是移民群体基于个人兴趣与交往体验,在自主参与的互动中逐渐建立起来新的人际关系纽带,有利于拓宽社会关系网。由于移民社区大都是多个村落移民共同混居,社区中有很多都是从同一个村落搬迁下山的,于是他们原来的亲属或者邻里关系依然部分保留,所以移民社区的社会交往半径还是以熟人社会为中心向外有限扩大。不过,移民也逐渐走出了原有村庄人际圈,形成了新的集体意识和社区认同感。同时,社区文化园、墙体文化的建设也对移民融入新社区、塑造社区精神有促进作用,有助于移民实现社区文化和共同体认同,特别是新社区人口文化园、文化街区的营造,让移民有了不同于以往的新社区记忆和归属感,甚至是荣誉感。[1]

第四节 小结:社区秩序的空间建构

传统社会中,构成村庄内生秩序基础的是各种超家庭的结构性力量,如传统的宗族、村社组织。但改革开放以来,绝大多数地区宗族组织已解体,宗族力量削弱以致不复存在。随着人口流动和个体原子化,越来越多的农户"离土又离乡",使得家庭结构难以维持。改革开放后,农户就业形式的多元化进一步导致农村社会的陌生和疏离化,依托于熟人社会的乡土逻辑解体,市场伦理和逻辑正在替代传统的乡土伦理和逻辑。农村社区内生获得秩序的能力日益丧失。同时,我国逐步确立了"乡政村治"的管理模式,乡镇政府作为政府部门,代表着国家权力的下沉。以地方宗族为代表的村民自我治理和自我约束的"村治",主要以村规民约为基础。基层自治的主要秩序来源于熟人社会中乡村共同体形成的乡土习

---

[1] 高坝社区的移民有相当高程度的获得感和生活满意度,他们为自己作为高坝社区的居民感到光荣,因为该社区多次被评为陕西省典型示范搬迁安置社区,是全省学习的楷模。

俗和传统惯习,乡政村治完成了维护基层社会秩序稳定的职能。村庄精英及其联盟所构成的村级政治组织,在国家政权与地方习惯法的支持下,发挥着维护村庄秩序的功能。移民社区的建构关键在于形成一个"求同存异"、"和而不同",既守望相助又有利益联结点和一定契约关系的社区共同体,是人们以社区认同和社会秩序为价值取向而进行社会互动的情境空间。社区秩序重建的过程,即上楼移民从生产生活方式、社会关系网络、精神文化生活、社区公众参与、基层治理等方面重建社区秩序。从宏观层面看,国家权力对人们居住地生产生活空间进行改造,实现了更大范围内的资源获取。从中观层面看,居住空间的改变决定了人们生产生活方式、社会互动关系的建构。从微观层面看,居住环境空间的变革及社会空间关系的改变影响了移民自我身份认同和社区归属感的建立。

单向度的空间不足以满足社区秩序维持和共同体意识产生的需要,所以在社区中需要利用已有的个人空间,同时培育自我内生的公共空间,满足人们关于经济增收、休闲娱乐、社会交往、社区治理、利益表达等多种需求,塑造社区公共精神,增强社区归属感。一是从经济空间维度看,农村集体产权制度改革和"三变"改革是激活农村集体资源要素、打造股份农民、促进农民增收和推动乡村振兴的重要组成部分,也是移民社区经济秩序重建的首要维度;二是从政治空间维度看,社区管理综合服务中心的制度移植是社区组织转型的文本重构,能人治村、移民社区参与和利益表达是社区政治秩序建构的策略,现代网格化治理和规则下乡是社区政治秩序整合的重要保障,但乡土场域中的人情与法理交织的村治逻辑和规则是不可忽视的地方性知识;三是从文化空间维度看,营造公共文化空间、组织各种社区活动、延续传统文化精华、塑造集体记忆、打造互惠资本是建构社区文化秩序的重要途径。

社区空间秩序的重构并非要完全依赖国家力量的推动,更要最大程度地发掘和发挥社区原有非正式规则和地方性知识在凝聚社区团结方面的作用。虽然移民原有村落传统秩序断裂,新社区矛盾重重,但新社区中以血缘关系为互动基础的情感连接还得以保留,同一个村的搬迁户大都会住在同一个小区,形成大家庭式的或就近居住的生活方式,各家之间依然可以发挥生活照料、经济支持和情感慰藉的功能,这种同一村落移民就近安置的模式也会成为社区秩序重构的内在力量。当然,移民社区秩序的重建并不是要完全回归传统的乡土场域规则,而是要在社区中形成包容和融合地方性知识并与新社区治理目标相结合的社区公约,再造新型邻里和睦关系,培养既有道德情感又有利益结合点的社区共同体,形成真正意义上的从上而下、上下互动的空间秩序。

第八章

移民社区建构的实践逻辑

　　社会学关注社会现象的基点是社会的建构,就易地扶贫搬迁而言,从社会建构角度来看主要集中于社会关系、社会秩序和社会意义生产三个方面的研究。易地搬迁社区是国家顶层设计和制度安排不断形塑社会客体、社会意义与社会秩序的过程,也是正式规则与传统道德惯习之间不断互动的过程。移民社区是国家、市场、民众等多元主体遵循不同逻辑而相互博弈的实践产物,也是新型城镇化背景下陕南地区就地就近城镇化的一次有益尝试。本章试图在前述几章移民社区空间建构过程和发展趋向的基础上,阐明这种变迁过程中国家行政力量与移民个体诉求是如何交织在一起的,即从不同行动主体考察政策执行和落地背后的多重实践逻辑,主要从国家与社会关系的视角、中央与地方关系的视角进行分析。

第一节　国家与社会关系视野下的易地搬迁

　　国家与乡村社会关系的研究一直是经久不衰的课题。20世纪90年代以来,"国家与社会"的分析框架被运用到中国乡村变迁的研究以后,学者们开始聚焦国家与乡村社会互动而形成的乡村秩序。这些研究认为,国家政权对乡村社会的渗透使自上而下的正式权力关系与乡村社会力量互动与融合,才能真正触及村民的日常生活。易地搬迁移民政策意味着国家政权组织、地方政府、基层组织和乡村社会之间关系的深远变化。近年来的易地搬迁政策的实践也表明,正是国家权力与乡土场域非正式规则之间此消彼长地相互交融,才使得带有刚性特征的政策能够更好适应基层社会的实际情况。

一、国家与社会研究范式概述

纵观中国历史,可以发现国家与基层社会的关系是逐步深化的过程。传统中国的治理结构有两个不同的部分,其上层是中央政府,其底层是地方性的管制单位。[①] 国家权力呈现的是"王权止于县"的分离状态,乡村社会只需要服从国家的总体意志,国家一般不直接干预乡村社会生活,县正处于国家行政管理与乡村地方自治两种治理方式的交界点,县级以下由族长、士绅或地方名流来治理。[②] 费孝通指出,中国传统政治社会的结构是国家—士绅—农民的三层结构,士绅是主要的上下沟通渠道,其所扮演的角色是双重的,一方面要为地方服务,另一方面充任封建王朝的文化在地方社会中的代理人。[③] 传统国家权力通过乡村精英的力量对乡土社会进行治理,地方社会形成了以精英为中心的整合系统,并没有进入以国家为中心的整合系统。[④] 吉登斯指出社会转型过程分为三个阶段:传统国家时代、绝对主义国家时代以及现代民族—国家时代。[⑤] 传统国家中,政府对社会的行政控制被限制在城市之内,传统国家不是"权力集装器",国家与社会的关系较松散,国家只有

[①] 张静:《基层政权:乡村制度诸问题》,杭州:浙江人民出版社,2000年,第18页。
[②] 于建嵘:《岳村政治:转型期中国乡村政治结构的变迁》,北京:商务印书馆,2001年,第8页。
[③] 王铭铭:《村落视野中的文化与权力:闽台三村五论》,北京:生活·读书·新知三联书店,1997年,第275页。
[④] 张静:《现代公共规则与乡村社会》,上海:上海书店出版社,2006年,第38页。
[⑤] [英]安东尼·吉登斯:《民族—国家与暴力》,胡宗泽、赵力涛、王铭铭译,北京:生活·读书·新知三联书店,1998年,第13页。

"边陲"而没有"疆界"。① 传统国家向现代国家的过渡期,就是绝对主义国家,首要表现是大型帝国逐渐蜕变为分立的国家。而到了19世纪初,对基层社会的控制得以大力加强,并成为国家控制社会的基本手段,主要的基础是配置性资源(物质资源)和权威性资源(行政力量的源泉)的增长。② 从传统到现代的转型,是由社区—国家分离的社会形态转变为社区受国家和全民文化的全面渗透的形态。③ 20世纪初,英国社会学家吉登斯和美国政治学家蒂利提出现代国家建构理论,国家权力逐步开始加深对乡村社会日常生活的介入、干预、控制和渗透。新中国成立以后,国家政权迅速实现了对乡村社会的渗透,主要通过土地改革、查田定产和成立人民公社实现国家权力对农村社会的直接掌控,国家与农民的关系更多体现在国家、乡镇政府与农民之间的互动。于建嵘在其著作中说,国家治理只是将国家行政权下沉到乡镇,乡成为直接面对农民的基层政权机构,并直接管辖各村,乡镇成为国家与社会的边界。④ 1978年以后,国家通过"压力型体制"向农村社会提取资源,形成乡村精英由"保护型经纪人"向"营利型经纪人"转变的格局,出现了杜赞奇所说的国家政权"内卷化"现象。现代国家通过教育制度、人口统计制度等不断加深对乡村的控制,并逐渐将国家权威延伸到基层农村。张静认为,改革开放以来的基层政权获得了新角色,成为经济行动者,基层政权的行为并不总是代表国家,它既具有官方身份也具有自身政治经济利益。可见,从原来的国家、士绅与农民的链条体系,到民国时期的政权渗入,最后到当下政府通

---

① 王铭铭:《村落视野中的文化与权力:闽台三村五论》,北京:生活·读书·新知三联书店,1997年,第5页。
② 王铭铭:《村落视野中的文化与权力:闽台三村五论》,北京:生活·读书·新知三联书店,1997年,第7页。
③ 王铭铭:《小地方与大社会——中国社会人类学的社区方法论》,《民俗研究》1996年第4期,第5—20页。
④ 于建嵘:《岳村政治:转型期中国乡村政治结构的变迁》,北京:商务印书馆,2001年,第8页。

过财税和政权的双重渗入,说明基层社会已经与国家越来越紧密联系在一起,成为国家意识下的公民。①

在国家权力与移民关系的研究上,应星通过对水库移民上访史的田野调查和文献收集,关注了农民的利益表达和自我需求,揭示了国家权力是如何在自上而下和自下而上的双向实践中运作的,在某种程度上这也是国家权力不断下沉过程所产生的副作用。② 谢元媛从政府、猎民、研究者三条线索,通过对敖鲁古雅鄂温克生态移民个案的表达,探讨了地方政府是如何实践国家"生态移民"政策话语的。③ 荀丽丽通过叙述内蒙古一个生态移民村的产生与衰落过程,揭示了国家权力形态在移民生态区域的建构过程。④ 丁生忠通过对宁夏生态移民的个案研究,探索国家规划性现代化的制度张力,在国家、地方政府与移民由于不同利益诉求而博弈的过程中提出构建国家与农民权力结构平衡关系的再生产。⑤ 王沛沛指出水库移民身份建构过程其实是国家主导的强势制度变迁中个人生活机遇改变的图景,群际关系也是强化移民身份的关键变量,国家权力与群际关系中的微观权力都对移民身份的建构具有政治影响。⑥

移民社区的建设实际上是国家治理的一次全面深入,权力空间"凸显了政治资源,弱化了自治资源"。20 世纪 90 年代,学者们

---

① 田阡:《自为与共享:连片特困地区农村公共品供给的社会基础》,北京:人民出版社,2015 年,第 67 页。
② 应星:《从"讨个说法"到"摆平理顺"——西南一个水库移民的故事》,博士学位论文,中国社会科学院研究生院,2000 年。
③ 谢元媛:《生态移民政策与地方政府实践——以敖鲁古雅鄂温克生态移民为例》,北京:北京大学出版社,2010 年,第 198 页。
④ 荀丽丽:《"失序"的自然——一个草原社区的生态、权力与道德》,博士学位论文,中央民族大学,2009 年。
⑤ 丁生忠:《宁夏生态移民研究——以 M 镇为例》,博士学位论文,兰州大学,2015 年。
⑥ 王沛沛:《国家权力与群际关系:水库移民身份的建构》,《中国农业大学学报(社会科学版)》2015 年第 5 期,第 41-46 页。

开始关注国家与社会视角,通过关注国家权力对基层的干预来"发现社会",突破以往过度关注国家层面的认识缺陷。邓正来通过对市民社会理论的引进和研究,使得学界开始尝试自上而下理解中国的政治政权和国家社会。部分学者将市民社会的概念引入乡村研究,这里的社会指存在于一定时空中的公共权力下的人们的日常生活场域。这一分析框架不再执着于国家视角,开始注重国家与社会之间的适度边界,致力于如何通过提高乡村社会的自主性来实现国家与社会的平衡。[①] 国家权力对乡村的过度干预可以推动各项政策的顺利落实,但也可能造成政策脱离实际;国家权力在乡村的完全退场可以提高乡村的自主性,但可能会导致自治的失序。一方面,作为国家的公民,农民认同国家的意义,接受国家的领导;另一方面,作为一个独立的个体,村民又需要出于家庭的生存压力而进行策略性回应。国家与民众在乡土场域之内进行互动,每一个角色既有自我的中心利益,也有相互之间关系的博弈。不可否认,国家、地方政府与农民的互动不仅仅停留在乡土场域之内,他们依然各自扮演着国家大的社会文化背景中的一个角色,受到来自社会文化变迁的影响,这也决定了其在村落空间中的互动样态。因此,探讨如何使国家权力与社会力量融合而形成和谐稳定的社会秩序是值得思考的问题。

基于上述分析,黄宗智提出从"第三领域"视角开展新探索。他认为:国家与社会的二元对立不能契合中国经验,应该寻找国家与社会之外的第三空间,在这个第三空间中存在大量的非正式管理手段和治理资源。在扶贫领域,国家与社会之外也存在一个第三领域,即基层治理场域,这里有大量基层组织和村干部通过非正式规则等手段进行治理和资源分配。正如孙立平提出,基层官员通过对正式权力之外的本土性资源的巧妙利用,强化了乡村中的

---

① 曾庆捷:《乡村中的国家与社会关系:理论范式与实践》,《南开大学学报(哲学社会科学版)》2018年第3期,第47-56页。

国家权力。① 欧阳静提出乡镇政权运作的"策略主义"逻辑,基层官员要完成上级强大的政策目标,无法以客观的、抽象主义的官僚规则作为行动基础,必须灵活地采用各种权宜之计,从而追求目标的实现。② 贺雪峰通过对乡村治理的社会基础的研究,提出村庄中良好秩序的维持依赖于村民之间的共同经历和互惠关系而建立的"村庄社会关联",这种社会关联对国家政策的落实、村庄秩序的维持具有重大作用。

二、易地搬迁工程中的国家意志与乡土逻辑

"通过易地搬迁脱贫一批"是国家精准扶贫政策"五个一批"的重要内容,对解决"一方水土养不活一方人"的生态贫困地区具有深远影响。国家在将大量扶贫资源输送到乡村的同时,也让各级地方政府、基层组织和乡村精英之间进入一种高密度互动的状态,这为我们考察政策执行过程中所反映出来的农村政治生态和乡土治理逻辑提供了一个很好的契机。这项政策意在促进生态贫困地区人口稳定脱贫,理论上,这项着力于改善贫困群众福祉为目标的惠民工程应该受到地方政府和移民的普遍欢迎,但政策在执行过程却因各种不同原因遭受执行偏差和政策改写,难以达成顶层的理性设计和预期效果。

(一)易地搬迁工程中的国家意志

首先应该认识到,在易地搬迁工程的实施过程中,国家的主体地位不容置疑。易地搬迁是国家精准扶贫战略背景下贫困治理的实践措施,是国家权力干预对乡村经济社会的改造。国家的主体

---

① 孙立平、郭于华:《"软硬兼施":正式权力非正式运作的过程分析——华北B镇订购粮收购的个案研究》,《清华社会学评论》第1辑,厦门:鹭江出版社,2000年,第42页。
② 欧阳静:《压力型体制与乡镇的策略主义逻辑》,《经济社会体制比较》2011年第3期,第116-122页。

地位首先体现在政策目标的制定和分解上。比如调研中,有镇长反映,国家根据一定标准确定搬迁对象的人口数,然后按一定标准将人口配额分配到每个地方,这样摊派到各个乡镇,因此,对于每个村来说,搬迁的人口数量是政府安排的,乡村社会对指标的摊派起不到任何影响。村干部根据各家居住的实际情况进行入户调查,确定搬迁对象,然后让他们自己申请是否搬迁。原则上建档立卡贫困户居住危房或者居住地区为生态环境恶劣、地质灾害多的地方,都应该搬迁,实际搬迁中也有一些为了凑名额,使本不属于搬迁对象而享受政策搬迁的现象。

易地搬迁工作的开展运用了运动式治理和常规的官僚体制结合的运行逻辑。为了促进移民按时搬迁,各地都从省、市、县、乡镇政府和相关单位中抽调人员,进村对接帮扶。"县一级的所有行政单位、事业单位和效益好的企业都要对接帮扶一个村子,单位的每个人承包一个贫困户,单位领导承包三个贫困户,对接帮扶人员负责让承包的贫困户脱贫。如果是搬迁户的,你要想办法让他按时搬迁入住,还要帮助他后续发展,实现脱贫。"这种让外来干部驻村来执行党的意识形态的做法,实际上是政权下乡的一种体现。政策制定者希望通过一定权力和知识技术的构建,实现资源的再分配,通过"政权下乡"将其施政意志向农村社会和农民生活不断渗透,从而将农村社会吸纳到政党可支配的范围内。

> 我是县公路局的,被派到这个村子驻村两年多了,直到这个村子全部脱贫才可以回单位上班。而且我还要每天打卡,上面实行了定位系统,监督我每天是否在这个村子,不能离开。这个村到县城 100 多公里山路,来回也不方便,我现在真的是和老百姓同吃同住同劳动。现在是帮助搬迁户产业脱贫,每家每户都要发展一个产业或者一个非农就业人员,我们是挨家挨户宣传,动员其发展产业,发挥自己的内生动力脱贫。我还要定期写工作汇报,

279

汇报我在这里的工作情况：给村子带来了什么发展，具体做了什么事情，有了什么扶贫成效……在这偏远山区，我几个月回不了家。上面有考核，如果违规或者没按时完成任务，我还得受处罚，比如搬迁人口数、入住率、参与培训的人口数、成立农业合作社的情况，各种指标考核我们呢。

——河川镇简坪村驻村第一书记访谈，2017年12月

在社区建设中，国家以项目下乡的方式给我们很多支持，比如社区的基础设施建设、修路、水电改造、建设活动广场、购买活动设施、产业扶持、支持移民创业贷款、教育资助、医疗扶持等，从各个方面来关心移民的生活，确保其在新社区能够稳得住，能致富，这样才能避免返迁。但实际中很多移民并不接受，内生动力不足，官动民不动啊。比如发展产业，你免费提供种苗给他们，他们不种。我们在这儿定点帮扶，有时候也很苦恼，上面考核我们，下面工作不好开展，经常自己出钱帮移民发展产业，还动用私人关系帮移民介绍工作，我们也想尽快完成任务啊。

——河川镇简坪村驻村工作队访谈，2017年12月

除了对全县各行政单位和知名企业不分部门边界全体动员外，国家还出台了相应的考核办法，将易地搬迁户搬迁完成情况与干部的绩效考核挂钩。当地针对当前工作重心由建设任务转为实际入住的阶段性特征，提出"三率一度"的考核指标，即实际入住率、拆旧复垦率、稳定脱贫率和群众融入度。对于按时完成或提前完成搬迁任务的，给予一定奖励；对于未按要求完成任务或有其他违规情况的，给予提醒、约谈、警告或问责。于是各个基层干部都积极动员移民按时搬迁，入住新房子，甚至不惜自己出钱出力添买家具，亲自帮忙搬家，只要移民可以按时入住，各级干部都是千方

百计。

通过前述几章的分析,我们可以看到,无论是移民社区的空间规划和格局布置,还是搬迁对象指标的制定和摊派;无论是对村干部"立军令状"的动员,还是派驻驻村工作队和第一书记;无论是移民非农就业技术的培训和安排就业,还是帮助移民发展农业产业;无论是社区广场等文化空间的建设,还是积极组织社区活动;无论是基层组织的转型,还是乡村精英的回流等,易地搬迁工程和社区重建的每个环节都打下了国家政权建设的烙印。

(二)易地搬迁工程中的乡土逻辑

易地搬迁政策的执行环境是乡土场域,要想完美执行政策,达到顶层设计目标,就必然要考虑乡土场域中的非正式规则和地方性知识等社会情境的制约。尽管政策执行各个环节处处体现了国家权力的主体地位,但执行过程无处不受非正式乡土规则的制约。基层组织在政策执行操作中充满了变通性和随意性,他们面对的是一个自上而下的压力型体制与一个自下而上的非程式化的乡土社会,在落实国家政策时加进了一些地方性知识和非正式的生活原则,主要体现在以下三个方面:

第一,乡土场域中存在着一个在能力、声望、人脉等各方面占优势的精英群体,他们是衔接国家与乡村社会的桥梁,承载着资源的下乡路径。乡土场域中的差序格局所规制和形塑的理念是"情理",处于这一情理社会中的村民以人情、面子等文化传统作为处世原则和行动逻辑。村一级的"街头官僚"具有自由量裁权,在项目扶持上,项目资源绝大部分为社区或村庄内的精英获取,出现"精英捕获"现象。精英捕获是指惠及大众的资源被少数人(他们常常是政治或经济上握有权力的集团)占有,从而损害了政治和经济上权力较弱的集团的利益的一种现象。[①] 在本文范畴内,精英

---

① 张倩:《贫困陷阱与精英捕获:气候变化影响下内蒙古牧区的贫富分化》,《学海》2014年第5期,第132-142页。

捕获更具体地指精英对项目资源的控制和对搬迁入住房子的选择。也就是说,移民与村干部关系的好坏,直接影响到他们在项目资源分配中的多寡。村干部"帮亲"不"帮穷"也与基层施政伦理有关。村民普遍认为,村干部有义务为本家族谋求更多的"国家福利",这样也维护了自己的政治权威。①

对于生产开发项目,村干部会在征求广大移民群体意见的基础上,结合社区资源禀赋和发展条件而申报项目,但真正能从项目中受益的主要是村中的精英群体,不光是因为他们本身有着衔接后扶项目更明显的优势,还在于精英群体掌握了项目资源的发言权、实施权和处分权等,他们会主动获取能够接触到的项目扶持资源。② 在熟人社会中,人们获取信息的时序也因差序格局而从信息中心向外传播,掌握信息的人大都是村干部,接下来能够最先获知信息的人都是与村干部比较亲近的人,村庄能人往往最早获得项目信息,然后信息再依次传递到普通民众,而一直处于村庄权力边缘的弱势移民群体则是最后得知信息的人。而且无论基础设施建设还是生产开发项目,对移民的文化知识水平、劳动技能、思想观念和资金基础都提出了要求,真正能够经得住考验的都是移民中的乡村精英,由于项目资金有限,弱势群体往往由于个人能力有限和对项目缺乏参与而很难获得项目成果的外溢。可见,国家政策执行要关注其面临的真实社会环境、农村的政治生态、地方性知识以及各主体间互动关系对政策的影响。

第二,乡村社会中存在着平均主义思想和普惠主义原则。"不患寡而患不均",扶贫资源一旦分配不公平,移民很容易出现返迁、上访等抗拒行为。为避免因资源分配而产生的矛盾冲突,村干部在识别贫困户和进行产业扶贫时,尽可能采用利益均沾或者轮流

---

① 王雨磊:《技术何以失准?——国家精准扶贫与基层施政伦理》,《政治学研究》2017年第5期,第104-114页。
② 邢成举、李小云:《精英俘获与财政扶贫项目目标偏离的研究》,《中国行政管理》2013年第9期,第109-113页。

坐庄的办法。

> 易地搬迁贫困户的认定是一项非常麻烦的工作。首先他得是建档立卡贫困户,然后他的住房有危险或者居住地方偏远不适合发展,两个条件要同时满足才可以享受政策进行搬迁。特别是独居老人要和孩子绑定识别,不能单独列户,这样矛盾就多了。比如有一家老人,他是贫困户,住在这山沟的土坯房里,交通不便,房子也多处裂纹。但他儿子有大房子住,二层小楼,不过他儿子是入赘到女方家去的,这是女方家的房子,和他没有关系。这种情况如何识别呢?很多顶层设计在现实中没法实践的。按顶层设计,村干部不能把这老人定为易地扶贫搬迁户,但他确实生活得很贫困,还住的危房。不能也入赘到儿媳妇家里去吧,在农村不合现实,老人也是无法接受的。最后只能中和一下,把他安置到政府兜底的房子中去了,老了由国家来供养,当作五保户对待了。
> ——河坝镇高池村书记访谈,2017年12月

第三,乡村精英的治理能力和个人的社会资本在很大程度上影响着扶贫资源在村庄内部的分配。社区重建涉及多个部门,不少项目资金分散在多个政府部门的管控下,需要各村积极向上申请才可以获取。如果村干部自身能力强,具有较广泛的社会资源和人脉,与各个部门官员比较熟悉,愿意发动各种关系向各部门寻求项目,则该村就可以获得更多扶持资金。

> 高坝社区的党委书记是我们县有名的首富。他人脉广,个人活动能力强,招商引资为社区拉来了好几个工厂,拿到了上面不少的补贴,也解决了社区700多户移民的就近就业问题。他自己还搞房地产开发,带领村民到

处搞项目,这个社区也被称为"工匠之乡",都是因为有这个能人。他跟县上领导都非常熟悉,拉项目有优势。项目资金的申请和发放需要多道程序,多部门审批,村干部要和县里财政局、发改委、扶贫办等多部门打交道,没点本事的人还真是搞不定。而且很多项目本身对资金要求就很高,国家补贴了还要自己能够垫资,他也有能力帮助大家融资来完成项目,所以大家都很信任他,选他做村干部几十年了。

——高坝社区驻村第一书记访谈,2017年11月

综上所述,易地搬迁工程中所涉及的各项政策,如搬迁政策、搬迁后的就业政策、产业发展政策等,都是国家权力对乡村社会的渗透,只有在和社会密切合作的基础上才能有效改变移民社区的生活世界,重构移民的"差异空间"和社会秩序。国家权力必须和地方社会中非正式的人情关系和乡土伦理等相互融合,才能更好实现政策的有效性,满足农民美好生活的需要。移民以往因血缘、集体记忆和共同意志而形成的传统社会关联,不应该看作政策执行过程中的掣肘,而应该取其精华,将其作为建立良好社区空间秩序和确保国家各项政策顺利落地的保障措施。不管任何时候,社区的和谐治理都应该在国家权力和乡村社会自主性之间寻求适当的平衡机制。

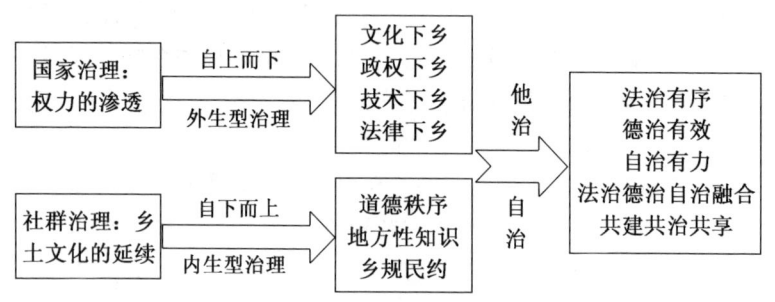

图8-1 国家与社会视角下移民社区建构逻辑

第二节　中央与地方关系视野下的易地搬迁

2006年农业税费取消以后,延续千年的"皇粮国税"的历史终于终结,基层政府从过去的"汲取型"政府变为与农民关系更为松散的"悬浮型"政府,乡镇基层政权出现逐渐悬浮的状态,中央政府对地方政府的控制有所下降。[①]

一、中央与地方研究范式概述

对于易地扶贫搬迁工程,从国家政权到地方政府和基层组织各级施政场域,政策的逐级传递实际上经历了一次次的政策变通和细化。[②] 中国科层体系有中央、省级、市级、县级、乡镇政府以及村级组织等至少6层层级结构,而且各层级之间既有明确分工又有较强隶属关系。从国家的顶层设计到地方政府的项目转译,再到基层政府的项目落地,都呈现出政策执行依附于科层体制的特征。中央政府作为我国最高的行政机构,对易地搬迁工程进行一般性的政策制定和任务部署。地方政府是中央一般性政策的执行者,它是作为一种受托人和地方利益代理人的角色存在,事实上存在着与中央政府的博弈,它同样是由"理性经济人"组成的实体,在追求自身利益最大化的过程中可能偏离顶层目标设计。科层制体系中的层级制决定了搬迁工程自上而下的审批监督路径和自下而上的申报路径,但该项政策承载着国家权力机关的意志,各行政主体基于各自不同的利益采取超越科层制体系的行动策略,让自下而上的竞争机制配合自上而下的层级分权原则,形成一种新的国

[①] 周飞舟:《从汲取型政权到"悬浮型"政权——税费改革对国家与农民关系之影响》,《社会学研究》2006年第3期,第1-38页。

[②] 张文博:《易地扶贫搬迁政策地方改写及其实践逻辑限度——以Z省A地州某石漠化地区整体搬迁为例》,《兰州大学学报》(社会科学版)2018年第5期,第51-62页。

家治理模式。各级地方政府和基层组织根据当地实际发展情况、行政能力和自身利益诉求,运用自由裁量权对政策进行变通和改写,很多项目的选择是地方政府部门决策者政绩和利益需要。也就是说,中央统一性和地方多样性让政策执行各主体之间存在博弈,而且政策越是重大,这种博弈表现得越复杂。这种变通如果能适应地方性知识和移民诉求,便可能成为政策创新;反之,则可能沦为执行失真,形成一种层级性治理困境。

易地搬迁政策的执行是融汇了中央政府、地方政府、基层组织、市场与农民的一套互动体系,在这一体系中,地方政府、基层组织更多表现为一种代理人与委托人的双重身份。从体制视角看,周雪光提出的基层政府"共谋"行为展现了中国政治运作中政策统一性与执行灵活性的矛盾,根源在于中国政治存在着权威与有效治理的矛盾。[1] 该理论视角发展出了两种解释路径,"自上而下"的解释路径以政策文本表达为出发点,遵循科层制理性,着力考察基层政府在多大程度上执行了中央政策,"上有政策、下有对策"就是这一分析视角的常用话语;"自下而上"路径主要关注处于科层体系末梢的"街头官僚"所拥有的"自由裁量权"运用得当与否对政策执行的影响。[2] 政策执行是政府对社会资源和利益进行权威性分配的过程,各执行主体在执行时有趋利冲动而展开博弈。[3] 地方政府会将自己的意图与上级政策融合,甚至会利用上级政策为自己的意图服务。[4] 于是"选择性执行""共谋"等做法层出不穷,导致政策执行的"最后一公里"出现多样态的执行行为。吕方等试

---

[1] 周雪光:《权威体制与有效治理:当代中国国家治理的制度逻辑》,《开放时代》2011年第10期,第67-85页。

[2] 朱亚鹏、刘云香:《制度环境、自由裁量权与中国社会政策执行——以C市低保政策执行为例》,《中山大学学报》(社会科学版)2014年第6期,第159-168页。

[3] 丁煌:《政策制定的科学性与政策执行的有效性》,《南京社会科学》2002年第1期,第38-44页。

[4] 王春光:《政策执行与农村精准扶贫的实践逻辑》,《江苏行政学院学报》2018年第1期,第108-117页。

图通过"顶层设计"与"地方转译"相结合的方式,发挥好中央与地方"两个积极性",弥合"决策一致性"与"需求在地性"之间的矛盾。① 针对易地扶贫搬迁政策,有学者指出,我国易地搬迁政策由政府引导逐渐向政府主导转变,进而成为一项政治和经济目标。

二、易地搬迁工程中的"国家脚本"与地方性建构

中央政策要发挥其作用就需落实到多样化的地方场域,在自上而下的层层传递中,根据地方性实践情境而进行再规划和细化,形成差异而多样的地方政策,这些地方政策也更符合地方性知识和地区性利益。易地搬迁工程有着直观的现实扶贫效果,成为"五个一批"政策组合中的首选政策工具,但在落实过程中地方政府根据区域性特色和地方利益逐渐出现政策变通和转译。2016年以后,陕西省大力推行易地扶贫搬迁,其中陕南地区作为秦巴集中连片特困地区,更是将易地扶贫搬迁作为决战脱贫攻坚的突破口,大力推进移民搬迁。在地方政府看来,以集中安置为主的易地扶贫搬迁政策是一项一步到位的惠民政策,通过空间再造彻底改善移民的生存环境和发展条件,这样的政策应该是符合政策对象利益和需求的,但对以下方面的问题未做仔细的思考:这项政策在实际落实过程中是否真正能达到脱贫致富的目标?是否真的能获得各方利益相关者一致的政策共识和认可?政策在落实过程中地方政府都遵循了什么样的逻辑?

(一)易地搬迁工程的"国家脚本"

2016年国家发展改革委印发了《全国"十三五"易地扶贫搬迁规划》,对搬迁对象、搬迁方式与安置方式、主要建设任务、资金测算与筹措、资金运作模式、搬迁进度及投资安排、建档立卡搬迁人口脱贫发展等多方面进行了详细规划和要求。2018年陕西省人

---

① 吕方、梅琳:《"复杂政策"与国家治理——基于国家连片开发扶贫项目的讨论》,《社会学研究》2017年第3期,第144—168页。

民政府印发了《陕西省易地扶贫搬迁三年行动实施方案》,对移民搬迁的主要目标、重点任务、工作机制、管理规范等进行了详细安排。可见,易地搬迁工程是国家政权主导及各级行政部门共同建构的产物,国家对易地搬迁工程的实施主体、搬迁对象、安置方式等进行了详细规定,从国家层面出台具体的文本规则,深刻体现了国家贫困治理的意志,并依靠自上而下的科层体系进行贯彻执行。换言之,国家对易地搬迁政策的文本操作是地方政府行动的"国家脚本",为乡村贫困治理提供一个全面的、宏观的指导框架。

作为一项旨在实现建档立卡贫困人口搬迁对象稳定脱贫、提升贫困人口福利的大型工程,搬迁政策的建构体现了斯科特所说的"国家视角",通过现代社会工程对移民生活空间进行改造,依靠自上而下的科层制体系及地方场域的施政逻辑,推动国家政策的落地,以实现移民安居乐业和建构理性和谐社区秩序的目标。

(二) 易地搬迁工程的地方性建构

易地搬迁政策承载着国家贫困治理的意志和实现移民脱贫致富的目标,依赖科层制组织体系,形成从国家到基层多层级的贫困治理体系。其中,中央负责易地搬迁战略的制定和顶层设计;省级扶贫部门负责贯彻执行国家和省级有关易地搬迁工程的政策和法规,拟定全省的易地搬迁规划,并负责具体治理工作;市级部门主要负责相应市级的易地搬迁工作,并作为省级与县级之间沟通的桥梁;县级部门则主要承担政策落实工作,在整个科层组织中具有承上启下的作用,即一方面要贯彻落实上级有关政策,另一方面又要具体指导乡镇开展相应的搬迁工作和后续发展工作,既要面对上级的监督考核,又要主导相关项目的筛选、审批、监督考核等,是政策执行中的关键部门;乡镇是国家政策落地的最终执行部门,负责开展有关村庄层面的易地搬迁工作的各项具体措施。

从治理结构看,国家政策在一层层的落实过程中,顶层设计者所处的行政位置越高,距离政策执行的田野情境越远,也就越难了解和把握执行对象异质性和多样化的需求。因此需要向地方政府

"授权",给地方政府以自主裁量权,保证地方政府因地制宜对政策进行"变通",将其"转译"为更能符合执行对象实际需求的操作文本,增强政策实施的可行性和有效性。国家在进行资源配置和项目下乡时依靠有限的人力和资源无法直接了解到移民户的差异化需求,也无法按标准化的指标和规则分配项目资源,只能通过地方政府采取灵活性和特殊性的资源分配方式,所以地方政府在项目分配上有较大决定权。迫于压力型体制,地方政府作为理性的行为主体,其效用目标是政绩最大化或者说政治晋升机会最大化。因此地方政府在传递政策时,会尽可能地将政策目标与地方政府目标结合起来,将发展地方经济和为自身晋升添加筹码的政策意图移植到自上而下的科层路径,实现对政策的重组。[1]

无论政策在上级政府如何被变通和转译,政策的"落地生根"都与科层制体系中的基层组织密切相关,村级组织最终承担政策的落地,他们的真实意图和实践能力决定着政策的成败以及顶层意图落实的效果。处于科层组织体系底端及村庄代理人等"街头官僚",面临着科层组织结构,形成了典型的压力型体制。易地搬迁政策在科层体系中采用目标管理责任制,以移民搬迁入住率和脱贫率以及融入度为指标,层层分解指标和责任,以"一票否决"的考核机制强化了正式权威的约束力。在压力型体制下,往往是"零和博弈",这些任务和指标采取的评价方式往往是"一票否决制",即一旦某项任务和指标没完成,就视其全年成绩为零而受到惩处。[2] 此外,科层体系中,国家、地方各级政府和基层组织具有各自的行为逻辑和目标利益,加剧了政策执行中的多重利益博弈。基层政府面对"权小责大"等制度性缺陷,使得国家资源下乡的"最后一公里"成为黑箱。贺雪峰通过农村资源流向的考察,提出分利

---

[1] 杜春林、张新文:《从制度安排到实际运行:项目制的生存逻辑与两难处境》,《南京农业大学学报》(社会科学版)2015年第1期,第82-88页。

[2] 荣敬本:《变"零和博弈"为"双赢机制"——如何改变压力型体制》,《人民论坛》2009年第2期,第28-29页。

秩序。他认为分利秩序的前提是利益,有利益就会有争夺或分享,利益会滋生出各种力量决定利益分配结果,而利益分配结果又助长利益力量的形成。① 这些利益主体在资源分配中"共谋",共同分享利益,形成了资源分配的利益网络,各种政策和项目都被科层制的权力利益关系与压力型体制所绑架,成为各级政府塑造政绩工程、实现领导意志的手段。

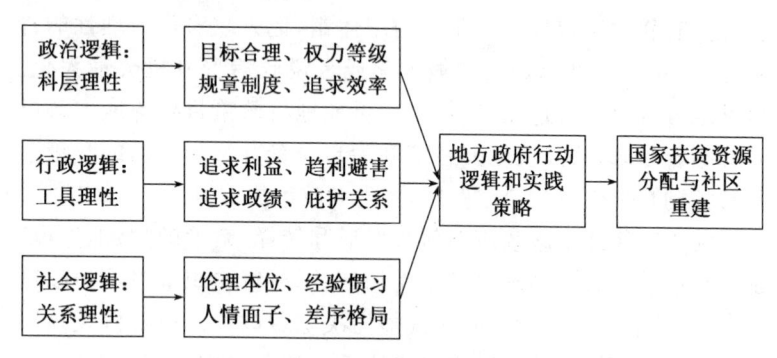

图 8-2 中央与地方视角下移民社区空间再造逻辑

综上所述,易地搬迁工程是由中央政府决策部署,各级政府要在"十三五"期间完成的重大政治任务,这体现了易地搬迁政策的政治逻辑,它是中央政治体制孕育出来的一种权力运作方式,使国家意志能够通过科层制的层层传递在基层得到高效执行。国家意志的执行被委托给一个个地方政治共同体来承担,地方政府在传递国家政策的过程中承担地方治理的责任,他们也有自身利益诉求,同时被赋予了一定的政策再规划的自由裁量权。一方面需要执行上级政策,另一方面也要以层级间政府"共谋"应付更高级政府的检查考核,这体现了政策执行的行政逻辑。政策分级落实中蕴含着国家治理的逻辑,乡土场域中不同利益相关者在易地搬迁对象选择、资源分配上遵循着乡土逻辑。

---

① 贺雪峰:《小农立场》,北京:中国政法大学出版社,2013年,第213页。

第九章 结论与展望

第一节 研究结论

本研究以陕南移民搬迁安置活动为载体,以空间社会学等相关理论为基础,以移民安置社区空间生产与再造和空间秩序重构为主线和关注点,综合运用文献法、比较分析、非结构性访谈、参与观察等研究方法,较为全面剖析了移民搬迁政策的出台、实施过程及移民在搬迁过程中的行动逻辑,从四个维度对照和比较了移民搬迁前后的衣食住行等生活状态、价值观念、身份认同、心理归属、组织结构等变化情况,真实再现了移民在新社区中的"窘态",进而提出建构移民新型社区秩序的可能性。沿着"社区何以可能"这一经典社会学问题思路,本研究集中讨论的是:经历了易地搬迁这一大变革之后,新的移民社区如何重建秩序、有序治理?本研究希望将社会学关于社区建构的反思与讨论,在逻辑链条上再往下推演一步,形成从搬迁到安置,进而到发展和治理的完整进路。

一、空间生产的实践逻辑:上下互动交织的博弈过程

列斐伏尔认为,空间既是政治性的又是社会性的。在国家权力自上而下主导的移民搬迁工程中,农民上楼、撤村并居等使传统乡村逐渐消失,移民社区这一新型生活空间被生产出来。但是相比于居住空间的位移,更为重要的是经济、政治、文化社会空间的

特征和生活秩序发生了重大变化,以及由此引起的社区治理方式的转型。但这种转型并不是"自然的"经济、社会和文化转型,而是以权力和知识精英上层所设计的,并假设为民众所需要的可欲目标。正如英国社会学家吉登斯所言,这一目标和过程的设计,与现代国家权力的转变有密切关系。[①] 从山上到平地、从土坯房到单元楼,在逐渐适应新的生活环境的过程中,有的移民选择返迁老屋,也有的选择放弃传统生活方式,但不管如何选择,国家力量与市场通过扶贫、交通通信、大众传媒等方式进入原本封闭的山区村落社会中,这无疑给当地农户的生活方式、思想观念以及当地的社会权力结构带来不同程度的冲击,并深刻影响他们的生存策略和发展选择。国家力量和市场一方面给贫困地区带来了脱贫致富的希望,另一方面也破坏了当地原有的社会结构和秩序。移民社区空间的生产是自上而下的顶层空间规划与自下而上的民众能动性相互博弈的过程,国家、地方政府、市场与移民之间的互动在空间得以表达,社区空间在动态变化中得以塑造。

从上而下看,易地搬迁是政府建构的现代化的美好蓝图,政府通过科层组织体系和压力型动员的方式将搬迁指标和任务分解"打包",逐级转译和落实。移民安置规划由地方政府主导,搬迁人口识别、旧房宅基地腾退复垦、搬迁安置点选址和建设、搬迁后就业培训等环节都由政府负责,并以搬迁政策、补偿方案等诸多操作性细则来保障实施。正如斯科特在《国家的视角》中所说,国家通过修建公路等基础设施建设,将一切清晰化。在这里,我们可以清晰看到,无论移民是生存环境恶劣被迫迁移还是经过理性计算主动搬迁,他们面对的都是国家规划好的社区居住格局。国家通过对生态贫困地区的扶贫措施,包括移民安置、危房改造、整村推进、就业培训等,成功将这些贫困地区置于国家控制之下,并推行义务

[①] 王铭铭:《村落视野中的文化与权力:闽台三村五论》,北京:生活·读书·新知三联书店,1997年,第151页。

教育、医疗保险等政策,通过退耕还林、拆旧复垦、产业扶持等经济补贴,进一步加大国家对民众的干预。但是我们同时也应该注意到,作为国家代表的各级政府和各职能部门的关注点和行动逻辑是有所不同的。省政府从全省长远发展规划来定位移民搬迁的功能和效益;各市政府、县区政府根据自身定位进行空间整合与发展规划;各镇政府根据上级要求,结合本镇实际情况选择搬迁的移民对象和社区安置点。但是在各级政府的规划和政策落实过程中,每个具体的乡村特点和需求都是模糊化的,它们只是国家权力主导的搬迁工程中一个个将要被改造和吸纳的空间,不同的空间有不同的生产方式,对社会运动也有不同限制。"上面千条线、下面一根针",乡镇政府作为国家政策的直接执行者,在具体执行过程中具有一定的自由裁量权。直到移民搬迁安置规划、移民安置点项目建设方案等真正落实到基层时,各村的村情特点和移民的诉求才开始进入公众视野,移民社区的生产和再造过程是不同行动主体互动,塑造出纷繁复杂的空间政治景象的过程。从这个角度看,移民社区的建设是国家权力运作的结果。

从下而上看,空间的生产是组织性和生态性结合的过程,是一种社会建构。通过本研究所调研的各个案例可以看出,移民群体积极调用各种资源,采用"弱者的武器"与政府进行博弈。但国家对空间的规划与移民对空间的使用需求不一定都是充满冲突的。地方在面对既有空间规划时,能够以制度化的方式进行新的空间建构,促进移民社区秩序的形成和社区共同体的建立,这都是两套逻辑融合的结果。

社区生产与再造过程中,多种行动主体参与其中,而移民社区作为从乡到城的过渡形态,牵涉的各个行政者更为复杂,包括制订移民搬迁规划、移民安置点建设规划的政府部门,作为政策执行的基层管理者,以及移民、建设单位、物业公司、民间组织等多种部门和群体,各类行动者都有自己的行为方式和利益诉求。而易地搬迁社区作为一类新生的基层单元,其建设和治理都处于摸索中,未成定式，所以社区生产与再造的过程也是各地因地制宜和多类型行动主体互动的实践过程，也是国家自上而下的权力渗透和移民自下而上的诉求反应这两股空间关系相博弈、交织、互动和融合的结果，但国家的权力逻辑始终占主导地位，说明我国依然是"强国家—弱社会"的基本结构。但这种结构有所松动，乡村社会的主体逐渐"理性"，对政府的政策规划有明显影响，通过"依法""依理"的抗争实现利益诉求，使政府的现代化规划更接近底层需求。

二、空间再造的过程：传统村落向现代社区的转型

在国家自上而下的制度安排下，"移民上楼"使村落原有的土地边界消失、政治边界瓦解、经济边界模糊和文化边界消解，使一个守望相助，以血缘、亲缘和地缘关系为纽带的传统乡村共同体消失。易地搬迁移民过程不仅仅关涉时空变换，同时也是"文化置换""经济转型"和"组织嬗变"并存的过程。这个过程伴随着国家权力"自上而下渗透、自下而上集中"为特点的建构逻辑对社区空间的科层化改造。物理空间的再造是新型移民社区共同体形成的前提，经济空间的再造是移民"搬得出、稳得住"的关键，制度空间的再造是移民身份转换和社区认同的基础，社会文化空间的再造是移民融入新社区的核心。移民社区空间的再造，就是从建构意义上通过政府干预促进农村空间区隔的整合，促进移民更好融入新社区。

首先，是物理空间的置换。物理意义上的空间结构和样态的置换是移民社区共同体的载体，居住空间的变化必然带来移民生产生活方式、社会交往、心理适应、基层治理等各方面的变化。移民居住模式由散居到聚居，由庭院式住宅到楼房化安置，有着明确的生活和服务边界，公共基础设施逐渐完善，家庭格局逐渐现代化，家庭规模核心化，同时公共空间的转型促使人们的社会交往方式和社会关系网络产生变化。社区物理空间的营造为新型移民社区经济、制度和社会文化空间的再造提供了空间基础。

其次,是经济空间的再造。易地搬迁不仅改变了传统村落的居住空间形态,也使传统农耕生计模式失去了再生产的根基。移民能否"搬得出、稳得住",关键在于其是否有可持续发展的生计手段。经济空间的再造是移民安居的关键。移民生产方式出现转换:一是"非农业化",进入工厂、企业务工或从事第三产业;二是成为农业雇工,被龙头企业或农业公司等农业生产主体所雇佣;三是对于不愿外出务工的、有劳动能力的,通过土地流转走专业大户的路子,实现消费市场的拓展和农民生计空间的繁育,促进农民脱贫致富。

再次,是制度空间的再造。组织的保障和权力的运作是新型移民社区良好运行的基础。移民搬迁后,由于户籍与居住地分离,移民处于原有村委会和现居住地社区双重管理的困境,从村落到社区的聚集也部分消解了乡土社会群众自治组织即村民委员会的运作空间,新型社区管理的规划理念和策略倒逼传统村落以权威为基础的治理规则转型,多村混居的社区需要新的组织形态和权力架构来保障社区的善治。以社区组织变革和权力流变为核心的政治组织,为移民社区治理奠定了必要的组织支撑和制度保障。

最后,是社会文化空间的再造。移民能否融入新社区关键在于社区居民的文化认同,即社区居民在日常生活中通过社会交往与文娱活动等形成对社区的认同和归属感。移民搬迁后,面对生产生活方式的差异、信仰空间的消失、人力资本和劳动技能的失灵等,出现思想上的混乱与心理上的压力。因此加强社区文化建设、重构社区共同体意识、培养社区精神是实现社区良性运行的核心。

移民社区是一个有机综合体,作为一种"规划型社区",社区的多维空间缺一不可,任何单一空间的建设都不足以形成新型社区共同体,而且多个空间之间是互相建构和融合的。况且,社区建构是由行政逻辑、市场逻辑和社会逻辑多种机制共同形塑。从较为宽广的意义来说,行政逻辑对应的是政治空间,市场逻辑对应的是经济空间,社会逻辑对应的是文化空间,三个机制之间并非孤立性存在，每个机制在形塑移民社区过程中有着不同的作用，存在交叉运行，比如行政逻辑既作用于社区经济合作社的建设，也体现于社区组织制度建设，又同时服务于公共文化生活。通过多维空间区隔的整合，完成从乡村共同体向社区共同体的过渡，完成涂尔干所说的由"机械团结"向"有机团结"的转变，完成社区治理由传统权威向现代化网格化的转型，移民农业生计方式由农业经营为主向非农生计模式或专业农民的转型，公共空间由公私空间的混合到公私空间分明的转型。

作为一种典型的"国家规划型"社区，新型移民社区有着不同于传统村落建构的新型培育机制、联结纽带和资源配置方式。首先是培育机制不同，传统村落共同体是在长期演变过程中基于血缘、地缘自发形成的，村民间的感情和信仰是自然形成的；而新型移民社区是由国家权力主导培育以及场域中的居民"自我抵抗或适应"的结果，社区空间规划及各个维度空间的建构都离不开政府的权力引导，但移民也不是被动接受所有的安排，而是根据自身诉求进行多种抵抗，如占地种菜、返回老屋、拒不搬迁或者上访闹事，通过与顶层设计的不断博弈而对规划进行调适，在顶层规划与移民之间寻求一个平衡点，以有助于社区更好运行和发展。其次是联结机制不同，传统村落是一个熟人社会，以自给自足的小农经济为基础，以血缘、地缘和姻缘为联结纽带，靠传统权威和道德维持村庄秩序，人们在生产生活上互帮互助，相对封闭；而新型移民社区是国家规划的现代社区，由多个村落移民共同组成，由多个局部熟人社会组成，以多元的生计模式和多样化的消费方式为经济基础，社会交往也逐渐开放化，人们不仅以血缘、地缘作为联结纽带，还以业缘、趣缘等作为联结纽带。最后是资源配置方式不同，传统村落的资源配置靠血缘和地缘进行；而新型社区资源配置更多依赖国家与市场的分配，处处体现了国家的意志和市场的效率，需要国家、市场与社会共同建构，当然这也与整个社会变迁背景相关。

表9-1 移民搬迁前后传统村落与移民社区空间变化情况对比

指标	空间维度				培育机制	联结纽带	资源配置
	物理空间	经济空间	组织制度空间	社会文化空间			
传统村落	散居、水平居住	自给自足的小农经济,生存型消费为主	家族统治、传统权威、道德秩序、乡规民约	传统火塘信仰,以乡土生活为主的文娱活动	自然力量培育	血缘、地缘为纽带,熟人社会,同质性高,传统道德权威、自治组织	血缘、地缘、姻缘
现代移民社区	聚居、立体化居住	非农就业为主,生存型、享受型和发展型多元消费方式	规则治理、法律下乡、行政组织、网格化管理	正式文化空间、政府有组织的活动	国家权力引导、市场介入、移民回应	利益、规则、理性为纽带,半熟人社会,异质性社会、行政组织治理	国家、市场、社会共同配置,处处体现国家意志

三、空间秩序重建:社会空间的变革与调适

为了避免移民社区的日常生产生活、社会交往、基层治理处于混乱状态,社区必须建立公平正义、互利合作、和谐稳定的空间秩序作为基本保障,其理想图景是通过移民的空间实践,不断建构新的生计方式、社会交往关系、组织制度和精神文化,塑造一种以社会团结为取向的共同体意识。

空间不仅是物理层面的地理空间和国家权力规划的抽象空间,更是以人的社会活动为基本元素的社会关系与空间秩序的社会空间。移民社区作为一类新型治理单元,在空间、组织、群体方

面都发生了巨大转变,比如"上楼"农民的生计和生活方式的改变、组织机构的转型、自我身份认同的转变、社会交往群体和支持网络的重构等。在这种"外力推动与村庄回应"的社区建设中,大量冲突是可以预见的,这也是诸多关于"农民上楼"学术研究所关注的主要问题——移民的抗争。根据中央顶层设计,易地搬迁政策规定群众自愿搬迁,对居住条件恶劣、发展环境受限地区的农户应搬尽搬,采取集中安置为主。国家制度设计的背景是国家的精准扶贫战略,政策意在摆脱因地理资本贫乏造成的发展束缚。但这种由国家强制力推动的移民社区在空间形态上完全按城市社区为样板进行建设,政府全权负责新社区的规划、选址、建设、房屋分配、搬迁和后续扶持以及社区治理,处处渗透着政府权力的控制,这是国家规划的结果和人为的发展过程,这种"父爱式关爱"可能会出现政府的好意得不到农户领情的情况。高标准的现代化社区要求同移民根深蒂固的传统村落特质之间的不协调,导致移民的日常生活、社会交往、身份认同与社区建设之间出现矛盾和冲突,移民需要一个漫长的对新生活进行不断调适的过程。这也是强制性制度变迁与内生自主性机制之间的不协调所造成的。移民是基于乡土惯习而非理性基础上建构日常生活逻辑,因此需要通过正式或非正式的规则和活动对其生活方式、心理认同进行调适和改造。移民面对生活的不适应和不满意,出现有意识的制度抗争行动,即群体性事件,如搬迁前的拒绝搬迁或者搬迁后的返迁、上访。一部分移民也出现一些无意识的抗争,比如在安置社区公共绿地上开垦菜地、搭建鸡窝鸭棚、争夺公共空间占为私有;或者搬迁后失去土地就到处赌博打牌、吃喝玩乐,变成"无业"游民,在工作上进行无意识抗争;还出现一些邻里矛盾纠纷,社区社会关系的冷漠导致移民对社区认同感缺失;也有一些移民通过抵制缴纳物业费等行为作为自己抗争的武器。

在移民搬迁社区出现的"无序"状态如何转变为"有序"状态是我们需要深入思考的问题。新型移民社区首先要解决的问题是如何重塑空间秩序,以及实现居民对新社区治理和组织权威的认同和支持。对于移民而言,长期共同生活中所形成的社区秩序伴随着原村落共同体的消失而不复存在,安置点的社区秩序绝不是可以根据国家层面上的规章制度等文本进行"照本"建构的,它是需要多元主体之间互动、博弈而完成的。通过研究发现,移民社区物理空间和社会空间的建构都可以促进社区秩序的整合。

首先,物理空间对社区经济秩序、文化秩序的重构具有重要作用,但对社区政治秩序、社会秩序的重构作用微弱,而且物理空间的建设会在一定程度上影响社会空间的构建,进而影响社区秩序整合,物理空间对社区秩序的重构与整合需要通过社会空间发生作用。以社区广场舞为例,只有建设文化广场这样的物理空间,才有移民参与其中进行社会交往和互动的社会空间的建构。

其次,社会空间对社会秩序的整合具有决定作用。社会空间在这里主要指经济空间、政治空间、文化空间等公共空间。从经济空间维度看,农村集体经济产权制度改革和"三变"改革,为移民经济秩序重构的首要策略,农民合作社不仅是移民参与经济活动的载体,还是社区开展公共活动、培养居民社区意识、进行乡村治理的载体。移民就业创业机制也为移民经济秩序整合发挥了重要作用。从文化空间看,激活移民集体社会记忆,加强互助空间,重建互惠资本,加强文化空间的营造和社区文化环境的建设,新的社区空间再造关键在于建设一个人与人互相熟悉且彼此信任的,以社区为基础的利益共同体或"类熟人社会"。诸多公共空间的塑造在满足居民精神生活需求、加强居民社会交往、维护社区稳定等方面发挥重要作用。整合来自不同村落移民的特色文化和传统记忆,构建一个具有较强心理归属感的社区共同体。从政治空间看,将原有村庄次级治理网络与城市网格化治理相结合,实现人的网络与空间的网络相结合,形成"社区—村庄—小组(网格)"的网格化管理模式,形成组织网格、管理网格、服务网格多重维度。社会空间的建构也需要有社区事件为内生动力,主要分为行政性活动事件和自发性活动事件,行政性活动事件主要来源于政府机构,自发性活动事件来源于社区内部的"偶遇",这两种力量都会对社区秩序重构产生重要影响。移民通过投入新社区的生活与实践,在实践中不断探索各行动主体的角色认同和关系边界,按自身逻辑和需求探索新的空间治理策略,重建社会秩序。

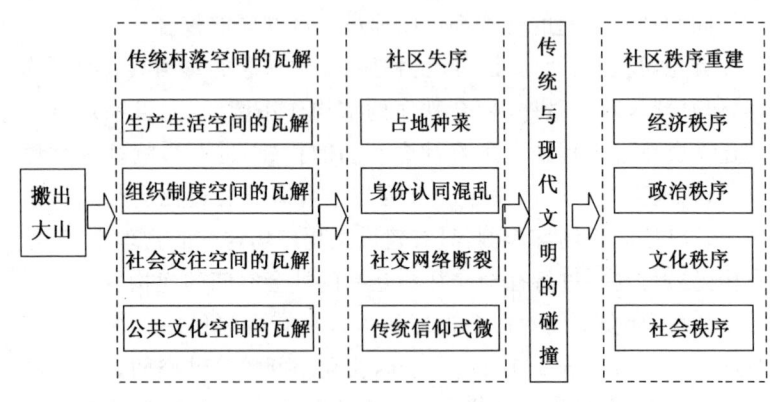

图 9-1 传统村落到现代社区秩序重构过程图

四、空间治理转向:从社区共同体到国家治理单元

移民社区的建构实际上是国家治理的一次全面深入。在传统乡土社会,家庭的结构性力量如宗族、地方性社群组织等构成村庄内生秩序的基础,以土地为生计基础的村民之间生产协作和生活互助等也促进村落内生秩序的形成。移民搬入新社区,随着地方性共识的消解、村庄公共舆论压力的削弱,村民对村庄失去了"主体感",村庄的内生秩序能力逐渐丧失,[①]"半熟人社会"出现,法律下乡、文化下乡和村庄事务管理行政化而非乡规民约成为乡村主要治理手段。移民社区中,这种村庄内生秩序的淡化和国家权力的深入干预更加明显。

---

① 吴重庆:《无主体熟人社会》,《开放时代》2002 年第 1 期,第 121-122 页。

首先，移民社区中村民之间熟悉程度下降，对社区主体感缺失。正如费孝通的"乡土社会"和贺雪峰的"熟人社会"中强调的，乡土的共识和行为逻辑只能在一定范围内有效，由多个村落移民混居的社区已超出这一范围，不可避免造成居民之间异质性的增加和亲密交往频率的降低，以及由此相关的利益关联、情感归属和价值认同的降低，而这些因素正是构成费孝通所说的"我们感"的必要支撑。由于人们之间亲密人际关系的解体及对社区共同体的责任削弱，村庄内生秩序没有了存在的载体。

其次，社区治理的行政化程度提高，组织结构和规范趋于正式化和复杂化，面对社区问题要求治理结构依靠正式的法律法规等制度而不是非正式的乡土逻辑进行规范和管理。比如，来自不同村庄的移民与原村庄集体还保持着亲密联系，甚至很多移民认为自己还属于原来村落的居民，主要在于村集体资产的存在，这就需要协调不同村委会之间的关系并形成良好协同的工作办法。而且物业公司的介入、网格化管理模式的运用，都带来了新型社区管理的组织特点和运行方式。移民还是同时由原村委会和移民社区共同管理，共同承担着维持社区秩序稳定的功能，体现了"强政治资源、弱自治资源"的特征。移民搬迁由国家层层传递政策和动员搬迁，以及派驻工作队共同管理，实现对基层的政治整合，国家政治权力就像一张网，延伸到乡村社会内经济社会的各个角落。社区再造过程中也充分挖掘民间资源，成立各类社会组织，鼓励他们积极参与社区治理。

最后，国家在城市社区中的各种治理方法在移民社区中得以呈现，这对提高国家对基层社会的掌控力度和加大居民对国家资源的依赖等方面具有推动作用。比如目前社区的信息化管理，对社区管理人员的要求越来越高，所有信息都要输入电脑进行登记，大数据管理模式也对社区管理提出了挑战。调研中笔者了解到，村干部和社区干部大部分时间都在忙于填写各种表格，如精准扶贫花名册、精准扶贫帮扶手册、贫困户明白卡、易地搬迁户帮扶措施表格、产业扶持表格等,这些都说明国家权力对移民社区的直接掌控。而且在移民搬迁初期,各类新型社区组织尚未建立或未进入运行,社区居民自治程度低,社区参与不足,这使得移民社区更加依赖国家权力的干预和资源投入。

第二节 研究的创新点和不足

一、研究的创新点

本研究在空间贫困与社会空间视角影响下,选取陕西省汉中市西乡县10个搬迁村落为田野调查点,采取非结构性访谈、参与式观察和典型个案研究等方法来描述和解释移民社区空间生产与再造过程中官民互动的图景,呈现出国家与乡村社会的框架结构。研究的创新之处有以下三方面内容:

一是研究对象的创新。本研究是以当前如火如荼的精准脱贫攻坚战为背景,选取"两不愁三保障"中的住房保障为切入点,以易地扶贫搬迁移民为研究对象。易地扶贫搬迁不同于以往的生态移民搬迁、工程移民搬迁,后两者是生态环境恶劣或者为了保护生态环境、进行工程建设而被迫的非自愿迁移,而易地扶贫搬迁是以改善居住环境恶劣或生产条件较差地区贫困人口的生产生活条件为出发点,是实施精准扶贫战略的重要举措和一项惠民工程,是自愿申请搬迁。目前研究精准扶贫背景下的移民搬迁的成果并不多。

二是研究内容的创新。将移民社区看作完整的有机体和综合体,明确将社区空间分为物质的地理空间和生产生活空间、组织制度空间、社会文化空间等社会意义的空间,运用空间社会学理论分析了社区建构过程中多维空间的变化以及互动与交织过程,每一个具体的空间场域内发生的互动都不同程度地衍生出不同社会关联,促进社区社会整合;总体性审视作为一种整体性社会事实的移民社区再造样态,在一定程度上克服了微观研究领域中存在的地理空间与社会空间难以弥合的问题。

三是研究视角的创新。通过国家与社会的视角、中央与地方的视角明确提出社区空间再造的第三种逻辑,一种致力于寻求国家与社会之间、中央与地方之间平衡点的实践逻辑,强调了移民可以创造和改变空间以表达自己的需求和欲望,跳出了"国家—权力"的社区空间生产机制,融入了移民主体性的生产逻辑。以往大多数研究大都将移民作为弱势群体看待,只能被动接受非自愿的安排;本研究强调了处于弱势地位的贫困移民具有主观能动性,在弱势的处境下也会有自己应对的策略。并指出社区空间建构的过程遵循了政治逻辑、行政逻辑与乡土逻辑交织的实践逻辑,丰富了国内有关移民研究的研究视野,这是一种更具有"社会性"的综合理论视角。

二、研究的不足之处

本研究通过分析易地搬迁移民社区在国家精准扶贫战略体系下的物理空间和社会空间的生产与再造过程,探讨移民社区这一类新型社区和国家基本单元被建构的过程,为新型城镇化进程和国家扶贫策略对移民社区建构的研究增加了空间维度。通过实地调查和参与式观察,本研究分析了在多种行动主体下移民社区空间生产与再造的行动逻辑,以及移民社区基层组织转型与社区共同体建构的形成过程,为我们认识移民社区的空间生产与再造整合过程提供了翔实的一手材料和地方实践案例,对其他区域或其他类型移民搬迁社区具有参考价值。但本研究还存在以下一些不足:

第一,缺乏连续性和纵贯性的跟踪调查。移民搬迁工程不是一个简单的人口迁移安置过程,而是一次"伤筋动骨"的破坏—恢复—重建—适应—发展的过程,特别是关于身份认同和社区意识的形成,需要一定时间和诸多事件的积累才能完成。笔者调查时大多数移民社区都处于正在搬迁的阶段,或者移民社区还处于正在建设而移民未进行搬迁的阶段，所以移民社区的后续管理和可持续发展过程还没有得到深入了解。虽然本调查已经尽力在调研地的历史背景、自然环境以及社会文化等基础上展现一个相对完整的图景，但整体的逻辑链条还显得比较短促。而且调研过程中选取了10个村作为田野点，力图收集更多案例进行诠释，但调研深度不够，如果能选择其中两三个社区安置点进行多年的深入跟踪调查，或者对从开始搬迁动员到后期管理和发展的整个过程进行完整考察，可能更有助于论文研究的深度和广度。

第二，缺乏量化调查。本研究在最初设计中只设计了质性调查提纲，由于考虑是只身一人深入田野点，人力不足，虽然在调研中也通过参与观察、深入访谈和文献查阅获得了丰富的资料，但缺乏数据收集。如果能有一定的问卷调查数据，与定性资料形成相互印证补充，可能会有更多发现。

第三，本研究调研对象层次不够明显。虽然调研时笔者特意关注了精准扶贫政策在基层的实践过程，以作为对易地搬迁政策的背景了解，但笔者调研时移民社区很多都是空心化社区，移民干部带我去敲门进行访谈，多次无人应答，社区中在家的大都是老人、妇女和儿童以及残疾或者身体有病无法外出务工的移民群体，无法访谈到外出务工这部分群体的社区适应状态。而且大多移民都是刚搬入新社区，他们自己对社区还没有认同感，社区参与不足，很多场景下他们好像是"旁观者"和"失语者"。另外，对村干部的访谈也缺乏深入性。因为调研时正值脱贫攻坚的关键时期，精准扶贫如火如荼在各地进行，移民干部都忙于填写各种表格，没有过多时间接受我的访谈，对于我的访谈问题，更多的是抱怨和诉求，希望通过我可以反映他们基层工作繁忙劳累、苦不堪言的状态，有时候可能会偏离了主题。但无结构性访谈也让我有了一些意外收获。

第三节 研究展望

党的十九大报告提出"乡村振兴战略",乡村要振兴,摆脱贫困是前提。以人为核心,满足人民群众日益增长的对美好生活的需要,帮助每一个落后地区的贫困群体摸索出脱贫致富的合适路线,是2020年全面建成小康社会、实现中国梦的"最后一公里"。易地搬迁作为精准扶贫"五个一批"的重要举措,对新型城镇化、乡村振兴战略的实施都具有促进作用。社区空间的建构及社区秩序的整合,对移民搬迁后的可持续发展具有基础性的作用。在本研究的基础上,笔者将继续关注以下问题:

一、移民社区社会资本的重建

移民搬迁不仅是一个自然环境变化的过程,还是移民生产生活环境和社会文化工程系统重组的过程。移民过程中存在着不同方面的文化冲突,比如日常生活交往差异导致的人际冲突,不同行为习惯导致的心理疏远,生活方式差异导致的否定评价等。移民在剧烈变迁过程中失去的不仅仅是信任、情感支持和亲密网络关系,更主要的是心理的归属感和安全感。结合移民社区社会资本匮乏的现状,合理构建移民社会网络资本,使其在"我群体"中达到移民身份认同和社区认同。有效的精准扶贫,意味着贫困人口内生动力的增长,比如人力资本的积累、社会资本的扩展等。笔者在调研中了解到,移民社会资本相当匮乏。提高移民社会资本,建构更广阔的社会网络空间,是值得研究的方向。

二、移民社区的情感治理

情感在社区治理中从边缘议题逐渐转向重要研究主题,情感也纳入了国家治理的视野。在移民社区,移民从一个守望相助的传统村落搬迁而来,情感、情理在移民生活中是不可或缺的重要元素，所以我国社区治理在理性的法律制度基础上，还有更多"送温暖""结对帮扶"等父爱式的关怀。因此，"社区情感治理何以可能"是值得研究者思考的问题。

三、后扶贫时代移民可持续脱贫研究

从人类发展来看，消除了绝对贫困之后相对贫困始终存在。偏僻山区的移民安置区，那些刚刚达到"两不愁三保障"的贫困人口极有可能返贫，调研中笔者就遇到过返贫的村子。精准扶贫的最高层次是减贫的可持续性，如何使移民收入稳定增加、生活持续改善？如何打造不返贫的社会空间，建立健全教育、医疗、养老等基本社会保障体系？如何在共建共享社会发展中让移民有更多获得感和幸福递增感？这也正是我国反贫困治理的目标，也是后扶贫时代需要破解的重大课题。

在调研易地搬迁移民工程的过程中，笔者深刻体会到，理论资源可以更好指导研究方向，田野调查可以更好了解实践问题，如何运用理论解决实际问题是值得笔者思考的。易地搬迁作为一项兼具经济学、政治学、管理学、社会学、城市规划学等多学科的公共政策，对它的研究是一个极其复杂的过程。本研究对移民搬迁社区的探索还是一个不够完满的呈现，未来还有待继续关注，尤其要从多学科交叉视角、长时段的田野考察等方面进行扩展。

参考文献

一、中文著作及译著

阿布力孜·玉素甫：《新疆生态移民研究》，北京：中国经济出版社，2009年。

包亚明：《现代性与空间的生产》，上海：上海教育出版社，2003年。

包智明、任国英：《内蒙古生态移民研究》，北京：中央民族大学出版社，2011年。

曹锦清：《黄河边的中国——一个学者对乡村社会的观察与思考》，上海：上海文艺出版社，2000年。

曹树基：《中国移民史（第6册）》，福州：福建人民出版社，1997年。

陈良学：《明清川陕大移民》，北京：中国文联出版社，2009年。

陈默：《空间与西藏农村社会变迁——一个藏族村落的人类学考察》，北京：中国藏学出版社，2013年。

陈向明：《质性研究：反思与评论（第三卷）》，重庆：重庆大学出版社，2013年。

程瑜：《白村生活——广东三峡移民适应性的人类学研究》，北京：民族出版社，2006年。

杜发春：《三江源生态移民研究》，北京：中国社会科学出版社，2014年。

费孝通：《江村经济》，南京：江苏人民出版社，1986年。

费孝通：《乡土中国　生育制度》，北京：北京大学出版社，1998年。

风笑天:《落地生根:三峡农村移民的社会适应》,武汉:华中科技大学出版社,2006年。

葛剑雄:《中国移民史》(第一卷),福州:福建人民出版社,1997年。

葛剑雄、曹树基、吴松弟:《移民与中国》,香港:中华书局,1992年。

何得桂:《山区避灾移民搬迁政策执行研究——陕南的表述》,北京:人民出版社,2016年。

何得桂:《治理贫困——易地搬迁与精准扶贫》,北京:知识产权出版社,2017年。

贺雪峰:《新乡土中国》,北京:北京大学出版社,2013年。

胡毅、张京祥:《中国城市住区更新的解读与重构——走向空间正义的空间生产》,北京:中国建筑工业出版社,2015年。

胡子江、施国庆:《避灾移民风险管理》,北京:科学出版社,2017年。

黄承伟:《中国农村扶贫自愿移民搬迁的理论与实践》,北京:中国财政经济出版社,2004年。

蓝宇蕴:《都市里的村庄:一个"新村社共同体"的实地研究》,北京:生活·读书·新知三联书店,2005年。

李培林:《村落的终结——羊城村的故事》,北京:商务印书馆,2010年。

李培林、王晓毅:《生态移民与发展转型——宁夏移民与扶贫研究》,北京:社会科学文献出版社,2013年。

李星星:《长江上游四川横断山区生态移民研究》,北京:民族出版社,2008年。

林志斌:《谁搬迁了?——自愿性移民扶贫项目的社会、经济和政策分析》,北京:社会科学出版社,2006年。

陆益龙:《定性社会研究方法》,北京:商务印书馆,2011年。

马伟华:《生态移民与文化调适:西北回族地区吊庄移民的社会文化适应研究》,北京:民族出版社,2011年。

彭洁、冯明放:《告别贫困的抉择——陕南生态移民可持续发展研究》,成都:西南交通大学出版社,2015年。

覃志敏:《社会网络与移民生计的分化发展——以桂西北集中安置扶贫移民为例》,北京:知识产权出版社,2016年。

色音、张继:《生态移民的环境社会学研究》,北京:民族出版社,2009年。

施国庆:《移民权益保障与政府责任》,长春:吉林人民出版社,2009年。

施国庆、李文、孙中艮、张虎彪:《水库移民城镇化安置与社会管理创新》,北京:社会科学文献出版社,2015年。

石智雷:《移民、贫困与发展:中国水库移民贫困问题研究》,北京:经济科学出版社,2018年。

唐传利、施国庆:《移民与社会发展国际研讨会论文集》,南京:河海大学出版社,2002年。

王春光:《移民空间的建构:巴黎温州人跟踪研究》,北京:社会科学文献出版社,2017年。

韦仁忠:《高原城市的陌生人——三江源生态移民的文化调适和社会资本重建》,北京:中国社会科学出版社,2016年。

吴莹:《上楼之后:村改居社区的组织再造与秩序重建》,北京:社会科学文献出版社,2018年。

西乡县地方志编纂委员会:《西乡县志》,西安:陕西人民出版社,1991年。

习近平:《摆脱贫困》,福州:福建人民出版社,1992年。

谢元媛:《生态移民政策与地方政策实践——以敖鲁古雅鄂温克生态移民为例》,北京:北京大学出版社,2010年。

严登才、施国庆:《发展干预与移民生计重建:广西Y库区巴村个案研究》,北京:社会科学文献出版社,2015年。

杨庭硕:《生态人类学导论》,北京:民族出版社,2007年。

杨小柳、田洁:《移出大石山区——一个搬迁扶贫社区的日常生活研究》,北京:知识产权出版社,2011年。

于建嵘:《岳村政治:转型期中国乡村政治结构的变迁》,北京:商务印书馆,2001年。

张静:《基层政权:乡村制度诸问题》,杭州:浙江人民出版社,2000年。

张青:《农民集中居住区——居住形态与日常生活》,陈映芳等编《都市大开发:空间生产的政治社会学》,上海:上海古籍出版社,2009年。

折晓叶:《村庄的再造:一个"村庄"的社会变迁》,北京:中国社会科学出版社,1997年。

郑杭生:《社会学概论新修》,北京:中国人民大学出版社,2013年。

郑瑞强、施国庆:《西部水电移民风险管理》,北京:社会科学文献出版社,2011年。

周晓虹:《传统与变迁:江浙农民的社会心理及其近代以来的嬗变》,北京:生活·读书·新知三联书店,1998年。

周晓虹:《文化反哺:变迁社会中的代际革命》,北京:商务印书馆,2015年。

[德]滕尼斯:《共同体与社会:纯粹社会学的基本概念》,林荣远译,北京:商务印书馆,1999年。

[德]西美尔:《社会学:关于社会化形式的研究》,林荣远译,北京:华夏出版社,2002年。

[法]埃米尔·涂尔干:《宗教生活的基本形式》,渠东、汲喆译,上海:上海人民出版社,2006年。

[法]亨利·列斐伏尔:《空间与政治(第二版)》,李春译,上海:上海人民出版社,2016年。

[法]米歇尔·福柯:《规训与惩罚》,刘北成、杨远婴译,北京:生活·读书·新知三联书店,1999年。

[法]皮埃尔·布迪厄:《实践感》,蒋梓骅译,南京:译林出版社,2003年。

[美]彼德·布劳:《社会生活中的交换与权力》,孙非、张黎勤译,北

京:华夏出版社,1988年。

[美]杜赞奇:《文化、权力与国家——1900—1942年的华北农村》,王福明译,南京:江苏人民出版社,1996年。

[美]卡尔·波兰尼:《大转型:我们时代的政治与经济起源》,冯钢、刘阳译,杭州:浙江人民出版社,2007年。

[美]马克·戈特迪纳:《城市空间的社会生产(第二版)》,任晖译,南京:江苏教育出版社,2014年。

[美]迈克尔·M.塞尼:《移民与发展:世界银行移民政策与经验研究》,水库移民经济研究中心译,南京:河海大学出版社,1996年。

[美]迈克尔·M.塞尼:《移民·重建·发展:世界银行移民政策与经验研究·二》,水库移民经济研究中心译,南京:河海大学出版社,1998年。

[美]欧文·戈夫曼:《日常生活中的自我呈现》,冯钢译,北京:北京大学出版社,2008年。

[美]塞缪尔·P.亨廷顿:《变化社会中的政治秩序》,王冠华等译,北京:生活·读书·新知三联书店,1989年。

[美]施坚雅:《中国农村的市场和社会结构》,史建云等译,北京:中国社会科学出版社,1998年。

[美]塔尔科特·帕森斯:《社会行动的结构》,张明德、夏翼南、彭刚译,南京:译林出版社,2003年。

[美]威廉·费尔丁·奥格本:《社会变迁——关于文化和先天的本质》,王晓毅译,杭州:浙江人民出版社,1989年。

[美]阎云翔:《礼物的流动》,李放春、刘瑜译,上海:上海人民出版社,1999年。

[美]詹姆斯·C.斯科特:《弱者的武器:农民反抗的日常形式》,郑广怀、张敏、何江穗译,南京:译林出版社,2007年。

二、中文期刊

包智明:《关于生态移民的定义、分类及若干问题》,《中央民族大学学报(哲社版)》,2006年第1期。

曹海林:《村落公共空间演变及其对村庄秩序重构的意义》,《天津社会科学》,2005年第6期。

曹海林:《村落公共空间与村庄秩序基础的生成——兼论改革前后乡村社会秩序的演变轨迹》,《人文杂志》,2004年第6期。

曹海林:《乡村社会变迁中的村落公共空间——以苏北窑村为例考察村庄秩序重构的一项经验研究》,《中国农村观察》,2005年第6期。

陈阿江、施国庆、吴宗法:《非志愿移民的社会整合研究》,《江苏社会科学》,2000年第6期。

陈家建:《项目制与基层政府动员——对社会管理项目化运作的社会学考察》,《中国社会科学》,2013年第2期。

陈家建、张琼文:《政策执行波动与基层治理问题》,《社会学研究》,2015年第2期。

陈坚:《易地扶贫搬迁政策执行困境及对策——基于政策执行过程视角》,《探索》,2017年第4期。

陈良学:《明代陕南屯田及移民》,《汉中师范学院学报》,1998年第1期。

陈全功、程蹊:《空间贫困及其政策含义》,《贵州社会科学》,2010年第8期。

陈绍军、施国庆:《中国非自愿移民的贫困分析》,《甘肃社会科学》,2003年第5期。

陈绍军、任毅、卢义桦:《空间产权:水库移民外迁社区公共空间资源的"公"与"私"》,《学习与实践》,2018年第7期。

陈绍军、任毅、卢义桦:《"双主体半熟人社会":水库移民外迁社区的重构》,《西北农林科技大学学报(社会科学版)》,2018年第

4期。

陈绍军、田鹏:《"嵌入":移民社会系统重建的新视角——以江西省W水利枢纽工程为例》,《南京农业大学学报(社会科学版)》,2016年第1期。

陈水生、石龙:《失落与再造:城市公共空间的构建》,《中国行政管理》,2014年第2期。

陈伟东、舒晓虎:《社区空间再造:政府、市场、社会的三维推力——以武汉市J社区和D社区的空间再造过程为分析对象》,《江汉论坛》,2010年第10期。

陈向明:《社会科学中的定性研究方法》,《中国社会科学》,1996年第6期。

陈向明:《质的研究中的"局内人"与"局外人"》,《社会学研究》,1997年第6期。

陈友华、佴莉:《社区共同体困境与社区精神重塑》,《吉林大学社会科学学报》,2016年第4期。

陈宇:《重建秩序:撤村建居社区治理的困境与转型》,《中南民族大学学报(人文社会科学版)》,2016年第4期。

董磊明:《村庄公共空间的萎缩与拓展》,《江苏行政学院学报》,2010年第5期。

杜发春:《国外生态移民研究述评》,《民族研究》,2014年第2期。

付少平、赵晓峰:《精准扶贫视角下的移民生计空间再塑造研究》,《南京农业大学学报(社会科学版)》,2015年第6期。

高峰:《空间的社会意义:一种社会学的理论探索》,《江海学刊》,2007年第2期。

高小康:《空间重构与集体记忆的再生:都市中的乡土记忆》,《学习与实践》,2015年第12期。

高新宇、许佳君:《空间重构与移民社区融入:对"无土安置"工程的社会学思考》,《社会发展研究》,2017年第1期。

葛根高娃、乌云巴图:《内蒙古牧区生态移民的概念、问题与对策》,

《内蒙古社会科学》,2003年第2期。

郭剑平、施国庆:《环境难民还是环境移民——国内外环境移民称谓和定义研究综述》,《南京社会科学》,2010年第11期。

郭剑平、施国庆:《环境移民的理论研究述评》,《西北人口》,2013年第4期。

郭俊华、赵培:《西北地区易地移民搬迁扶贫——既有成效、现实难点与路径选择》,《西北农林科技大学学报(社会科学版)》,2019年第4期。

郭占峰、李琳、吴丽娟:《村落空间重构与农村基层社会治理——对村庄合并的成效、问题和原因的社会学阐释》,《学习与实践》,2017年第1期。

韩鹏云:《乡村研究视阈中的国家与社会关系理论——脉络检视与范式反思》,《天津行政学院学报》,2012年第6期。

何得桂、党国英:《西部山区易地扶贫搬迁政策执行偏差研究——基于陕南的实地调查》,《国家行政学院学报》,2015年第6期。

贺立龙、郑怡君、胡闻涛、於泽泉:《易地搬迁破解深度贫困的精准性及施策成效》,《西北农林科技大学学报(社会科学版)》,2017年第6期。

贺雪峰:《论富人治村——以浙江奉化调查为讨论基础》,《社会科学研究》,2011年第2期。

贺雪峰:《论农村基层组织的结构与功能》,《天津行政学院学报》,2010年第6期。

贺雪峰、仝志辉:《论村庄社会关联》,《中国社会科学》,2002年第4期。

胡位钧:《社区:新的公共空间及其可能——一个街道社区的共同体生活再造》,《上海大学学报(社会科学版)》,2005年第5期。

黄晓星:《社区运动的"社区性"——对现行社区运动理论的回应与补充》,《社会学研究》,2011年第1期。

黄晓星:《"上下分合轨迹":社区空间的生产——关于南苑肿瘤医

院的抗争故事》,《社会学研究》,2012年第1期。

焦长权、周飞舟:《"资本下乡"与村庄的再造》,《中国社会科学》,2016年第1期。

景天魁:《时空转换与中国社会学的问题意识——以城镇化问题为例》,《人文杂志》,2015年第7期。

景天魁:《中国社会发展的时空结构》,《社会学研究》,1999年第6期。

李博、左停:《谁是贫困户?精准扶贫中精准识别的国家逻辑与乡土困境》,《西北农林科技大学学报(社会科学版)》,2017年第4期。

李博、左停:《遭遇搬迁:精准扶贫视角下扶贫移民搬迁政策执行逻辑的探讨——以陕南王村为例》,《中国农业大学学报(社会科学版)》,2016年第2期。

李培林、王晓毅:《移民、扶贫与生态文明建设——宁夏生态移民调研报告》,《宁夏社会科学》,2013年第3期。

李俏、陈健、蔡永民:《"老人农业"的生成逻辑及养老策略》,《贵州社会科学》,2016年第12期。

李小云、唐丽霞、许汉泽:《论我国的扶贫治理:基于扶贫资源瞄准和传递的分析》,《吉林大学社会科学学报》,2015年第4期。

李增元、周平平:《空间再造与资源配置:现代化进程中的农村新社区建设》,《南京农业大学学报(社会科学版)》,2018年第5期。

李祖佩、钟涨宝:《项目制实践与基层治理结构——基于中国南部B县的调查分析》,《中国农村经济》,2016年第8期。

林聚任:《论空间的社会性——一个理性议题的探讨》,《开放时代》,2015年第6期。

林聚任、向维:《涂尔干的社会空间观及其影响》,《西北师大学报(社会科学版)》,2018年第2期。

刘建:《主体性视角下后脱贫时代的贫困治理》,《华南农业大学学报(社会科学版)》,2019年第5期。

刘建平、陈文琼:《"最后一公里"困境与农民动员——对资源下乡背景下基层治理困境的分析》,《中国行政管理》,2016年第2期。

刘能:《重返空间社会学:继承费孝通先生的学术遗产》,《学海》,2014年第4期。

龙彦亦、刘小珉:《易地扶贫搬迁政策的"生计空间"视角解读》,《求索》,2019年第1期。

卢福营:《村民自治背景下的基层组织重构与创新——以改革以来的浙江省为例》,《社会科学》,2010年第2期。

卢福营:《村民自治背景下民众认同的村庄领袖》,《天津社会科学》,2008年第5期。

卢义桦、陈绍军:《农民集中居住社区"占地种菜"现象的社会学思考——基于河南省新乡市P社区个案研究》,《云南社会科学》,2017年第1期。

卢义桦、陈绍军:《情感、空间与社区治理:基于"毁绿种菜"治理的实践与思考》,《安徽师范大学学报(人文社会科学版)》,2018年第6期。

卢义桦、陈绍军、李晓明:《关系贫困:移民社会关系网络的断裂与重建——以丹江口水库移民S村为例》,《中国农业大学学报(社会科学版)》,2018年第2期。

卢义桦、陈绍军、李晓明:《移民社会关系网络的断裂与重建》,《文化纵横》,2018年第3期。

陆汉文、覃志敏:《我国扶贫移民政策的演变与发展趋势》,《贵州社会科学》,2015年第5期。

陆小成:《新型城镇化的空间生产与治理机制——基于空间正义的视角》,《城市发展研究》,2016年第9期。

吕德文:《乡村治理空间再造及其有效性——基于W镇乡村治理实践的分析》,《中国农村观察》,2018年第5期。

吕方、梅琳:《"复杂政策"与国家治理——基于国家连片开发扶贫项目的讨论》,《社会学研究》,2017年第3期。

吕青:《"村改居"社区秩序如何重建?——基于苏南的调查》,《华东理工大学学报(社会科学版)》,2015年第6期。

马良灿、陈淇淇:《易地扶贫搬迁移民社区的治理关系与优化》,《云南大学学报(社会科学版)》,2019年第3期。

马良灿、哈洪颖:《项目扶贫的基层遭遇:结构化困境与治理图景》,《中国农村观察》,2017年第1期。

马流辉:《易地扶贫搬迁的"城市迷思"及其理论检视》,《学习与实践》,2018年第8期。

马流辉、曹锦清:《易地扶贫搬迁的城镇集中模式:政策逻辑与实践限度——基于黔中G县的调查》,《毛泽东邓小平理论研究》,2017年第10期。

梅淑元:《易地扶贫搬迁农户农地处置:方式选择与制度约束——基于理性选择理论》,《农村经济》,2019年第8期。

闵学勤:《社区的社会如何可能——基于中国五城市社区的再研究》,《江苏社会科学》,2014年第6期。

宁华宗:《治理空间的再造:边远山区乡村治理的新路径——以黔江生态移民工程为例》,《社会主义研究》,2014年第6期。

欧阳静:《压力型体制与乡镇的策略主义逻辑》,《经济社会体制比较》,2011年第3期。

潘可礼:《亨利·列斐伏尔的社会空间理论》,《南京师大学报(社会科学版)》,2015年第1期。

潘泽泉:《当代社会学理论的社会空间转向》,《江苏社会科学》,2009年第1期。

乔宇:《生态贫困视域下民族生态脆弱地区减贫研究——以武陵山片区为例》,《贵州民族研究》,2015年第2期。

覃明兴:《扶贫自愿性移民研究》,《求索》,2004年第9期。

渠敬东:《项目制:一种新的国家治理体制》,《中国社会科学》,2012年第5期。

渠鲲飞、左停:《协同治理下的空间再造》,《中国农村观察》,2019年第2期。

施国庆:《非自愿移民:冲突与和谐》,《江苏社会科学》,2005年第5期。

施国庆、严登才:《"场域—惯习"视角下的水电移民长期补偿安置方式》,《南京社会科学》,2011年第11期。

施国庆、郑瑞强、周建:《灾害移民的特征、分类及若干问题》,《河海大学学报(哲学社会科学版)》,2009年第1期。

施国庆、周君璧:《西部山区农民易地扶贫搬迁意愿的影响因素》,《河海大学学报(哲学社会科学版)》,2018年第2期。

宋林飞:《当前中国四大移民潮:问题与对策》,《河海大学学报(哲学社会科学版)》,2018年第1期。

檀学文:《中国移民扶贫70年变迁研究》,《中国农村经济》,2019年第8期。

唐丽霞、林志斌、李小云:《谁迁移了——自愿移民的搬迁对象特征和原因分析》,《农业经济问题》,2005年第4期。

童星、严新明:《论马克思的社会时空观与精准扶贫》,《中州学刊》,2017年第4期。

汪三贵:《论中国的精准扶贫》,《贵州社会科学》,2015年第5期。

王春光:《政策执行与农村精准扶贫的实践逻辑》,《江苏行政学院学报》,2018年第1期。

王蒙:《后搬迁时代易地扶贫搬迁如何实现长效减贫?——基于社区营造视角》,《西北农林科技大学学报(社会科学版)》,2019年第6期。

王宁:《代表性还是典型性?——个案的属性与个案研究方法的逻辑基础》,《社会学研究》,2002年第5期。

王晓毅:《贫困治理:从技术精准到益贫发展》,《宁夏社会科学》,2017年第5期。

王晓毅:《移民的流动性与贫困治理——宁夏生态移民的再认识》,

《中国农业大学学报(社会科学版)》,2017年第5期。

王晓毅:《易地扶贫搬迁方式的转变与创新》,《改革》,2016年第8期。

王晓毅、黄承伟:《深化精准扶贫,完善贫困治理机制》,《南京农业大学学报(社会科学版)》,2017年第4期。

王雨磊:《村干部与实践权力——精准扶贫中的国家基层治理秩序》,《公共行政评论》,2017年第3期。

王雨磊:《技术何以失准?——国家精准扶贫与基层施政伦理》,《政治学研究》,2017年第5期。

王雨磊:《项目入户:农村精准扶贫中项目制运作新趋向》,《行政论坛》,2018年第5期。

王园、张敏、罗佳丽:《拆迁农民安置区社会空间的重构——以镇江市平昌新城为例》,《城市问题》,2017年第10期。

文军、高艺多:《社区情感治理:何以可能,何以可为?》,《华东师范大学学报(哲学社会科学版)》,2017年第6期。

吴冰洁:《失地农民市民化困境的解读——一个社会空间分析视角》,《北京工业大学学报(社会科学版)》,2010年第6期。

吴重庆:《无主体熟人社会》,《开放时代》,2002年第1期。

吴尚丽:《易地扶贫搬迁中的文化治理研究——以贵州省黔西南州为例》,《贵州民族研究》,2019年第6期。

吴新叶、牛晨光:《易地扶贫搬迁安置社区的紧张与化解》,《华南农业大学学报(社会科学版)》,2018年第2期。

吴莹:《空间变革下的治理策略——"村改居"社区基层治理转型研究》,《社会学研究》,2017年第3期。

吴莹、叶健民:《"村里人"还是"城里人"——上楼农民的社会认同与基层治理》,《江海学刊》,2017年第2期。

邢成举:《搬迁扶贫与移民生计重塑:陕省证据》,《改革》,2016年第11期。

邢成举:《压力型体制下的"扶贫军令状"与贫困治理中的政府失

灵》,《南京农业大学学报(社会科学版)》,2016年第5期。

徐明强、李卓:《"扶贫抗争"与农村反哺资源的分配治理——基于秦巴山区T镇的田野研究》,《浙江工商大学学报》,2019年第4期。

许佳君、彭娟、施国庆:《三峡外迁移民与浙江安置区的社会整合现状研究》,《西南民族大学学报(人文社科版)》,2006年第7期。

许佳君、施国庆:《三峡外迁移民与沿海安置区的经济整合》,《现代经济探讨》,2001年第11期。

许佳君、施国庆:《三峡外迁移民与沿海安置区的社会整合》,《江海学刊》,2002年第6期。

许源源、熊瑛:《易地扶贫搬迁研究述评》,《西北农林科技大学学报(社会科学版)》,2018年第3期。

荀丽丽、包智明:《政府动员型环境政策及其地方实践:关于内蒙古S旗生态移民的社会学分析》,《中国社会科学》,2007年第5期。

杨善华、赵力涛:《中国农村社会转型中社区秩序的重建:制度背景下的"农户—社区"互动结构考察》,《社会学研究》,1996年第5期。

姚树荣、龙婷玉:《基于精准扶贫的城乡建设用地增减挂钩政策创新》,《西南民族大学学报(人文社科版)》,2016年第11期。

叶继红:《集中居住移民社会网络的变迁与重构》,《社会科学》,2012年第11期。

叶青、苏海:《政策实践与资本重置:贵州易地扶贫搬迁的经验表达》,《中国农业大学学报(社会科学版)》,2016年第5期。

殷浩栋、汪三贵、郭子豪:《精准扶贫与基层治理理性——对于A省D县扶贫项目库建设的解构》,《社会学研究》,2017年第3期。

殷浩栋、王瑜、汪三贵:《易地扶贫搬迁户的识别:多维贫困测度及分解》,《中国人口·资源与环境》,2017年第11期。

于存海:《论西北生态贫困、生态移民与社区整合》,《内蒙古社会科学》,2004年第1期。

余庆年、施国庆、陈绍军:《气候变化移民:极端气候事件与适应——基于对2010年西南特大干旱农村人口迁移的调查》,《中国人口·资源与环境》,2011年第8期。

袁方成、汪婷婷:《空间正义视角下的社区治理》,《探索》,2017年第1期。

曾庆捷:《乡村中的国家与社会关系:理论范式与实践》,《南开学报(哲学社会科学版)》,2018年第3期。

曾小溪、汪三贵:《打赢易地扶贫搬迁脱贫攻坚战的若干思考》,《西北师大学报(社会科学版)》,2019年第1期。

曾小溪、汪三贵:《易地扶贫搬迁情况分析与思考》,《河海大学学报(哲学社会科学版)》,2017年第2期。

翟学伟:《人情、面子与权力的再生产:情理社会中的社会交换方式》,《社会学研究》,2004年第5期。

张诚、刘祖云:《失落与再造:后乡土社会乡村公共空间的构建》,《学习与实践》,2018年第4期。

张建:《运动型治理视野下易地扶贫搬迁问题研究——基于西部地区X市的调研》,《中国农业大学学报(社会科学版)》,2018年第5期。

张良:《论国家治理现代化视域中的文化治理》,《社会主义研究》,2017年第4期。

张世勇:《规划性社会变迁、执行压力与扶贫风险——易地扶贫搬迁政策评析》,《云南行政学院学报》,2017年第3期。

张文博:《易地扶贫搬迁政策地方改写及其实践逻辑限度——以Z省A地州某石漠化地区整体搬迁为例》,《兰州大学学报(社会科学版)》,2018年第5期。

张兆曙:《草根智慧与社会空间的再造——浙江经验的一种空间社会学解读》,《浙江社会科学》,2008年第4期。

赵双、李万莉:《我国易地扶贫搬迁的困境与对策:一个文献综述》,

《社会保障研究》,2018年第2期。

折晓叶、陈婴婴:《项目制的分级运作机制和治理逻辑——对"项目进村"案例的社会学分析》,《中国社会科学》,2011年第4期。

郑秉文:《"后2020"时期建立稳定脱贫长效机制的思考》,《宏观经济管理》,2019年第9期。

郑杭生:《农民市民化:当代中国社会学的重要研究主题》,《甘肃社会科学》,2005年第4期。

郑杭生:《中国特色社区建设与社会建设——一种社会学的分析》,《中南民族大学学报(人文社会科学版)》,2008年第6期。

郑娜娜、许佳君:《清前中期汉中地区招民垦荒政策与移民迁移》,《中国农史》,2019年第3期。

郑娜娜、许佳君:《易地搬迁移民社区的空间再造与社会融入——基于陕西省西乡县的田野考察》,《南京农业大学学报(社会科学版)》,2019年第1期。

郑娜娜、许佳君:《政策执行与基层治理——基于水库移民后期扶持项目的案例分析》,《河海大学学报(哲学社会科学版)》,2019年第4期。

郑少雄:《草原社区的空间过程与地方再造——基于"地方—空间紧张"的分析进路》,《开放时代》,2013年第6期。

郑瑞强、施国庆:《扶贫移民权益保障与政府责任》,《重庆大学学报(社会科学版)》,2011年第5期。

郑震:《空间:一个社会学的概念》,《社会学研究》,2010年第5期。

钟海:《权宜性执行:村级组织政策执行与权力运作策略的逻辑分析——以陕南L贫困村精准扶贫政策执行为例》,《中国农村观察》,2018年第2期。

周大鸣:《从地域社会到移民社会的转变——中国城市转型研究》,《社会学评论》,2017年第6期。

周恩宇、卯丹:《易地扶贫搬迁的实践及其后果——一项社会文化转型视角的分析》,《中国农业大学学报(社会科学版)》,2017年第 2 期。

周飞舟:《从汲取性政权到"悬浮型"政权——税费改革对国家与农民关系之影响》,《社会学研究》,2006 年第 3 期。

周飞舟、王绍琛:《农民上楼与资本下乡:城镇化的社会学研究》,《中国社会科学》,2015 年第 1 期。

周雪光:《"关系产权":产权制度的一个社会学解释》,《社会学研究》,2005 年第 1 期。

周雪光:《权威体制与有效治理:当代中国国家治理的制度逻辑》,《开放时代》,2017 年第 5 期。

周雪光、艾云:《多重逻辑下的制度变迁:一个分析框架》,《中国社会科学》,2010 年第 4 期。

朱启臻:《"柔性扶贫"理念的精准扶贫》,《中国农业大学学报(社会科学版)》,2017 年第 1 期。

朱天义、高莉娟:《选择性治理:精准扶贫中乡镇政权行动逻辑的组织分析》,《西南民族大学学报(人文社科版)》,2017 年第 1 期。

邹英、向德平:《易地扶贫搬迁贫困户市民化困境及其路径选择》,《江苏行政学院学报》,2017 年第 2 期。

左停、杨雨鑫、钟玲:《精准扶贫:技术靶向、理论解析和现实挑战》,《贵州社会科学》,2015 年第 8 期。

三、博士论文

陈薇:《空间·权力:社区研究的空间转向》,华中师范大学博士学位论文,2008 年。

程军:《公共空间视角下水库移民社区秩序重构研究(2009—2013)》,河海大学博士学位论文,2016 年。

丁生忠:《宁夏生态移民研究——以 M 镇为例》,兰州大学博士学位论文,2015 年。

卢义桦:《新型农村社区共同体的实践逻辑——基于鲁南重坊社区的个案研究》,河海大学博士学位论文,2019 年。

田金娜:《组织化视角下"村改居"社区社会秩序研究——以昆明市彝族Z村为例》,云南大学博士学位论文,2017年。

田鹏:《转型抑或终结:新型城镇化社区实践逻辑——以豫北牧野社区为例》,河海大学博士学位论文,2016年。

王瑞芳:《撒拉族水库移民生活方式变迁研究——以M新村为例》,兰州大学博士学位论文,2014年。

吴莹:《城镇化视阈下少数民族搬迁移民的时空重构与文化变迁——基于云桥社区的实证研究》,云南大学博士学位论文,2016年。

邢成举:《乡村扶贫资源分配中的精英俘获——制度、权力与社会结构的视角》,中国农业大学博士学位论文,2014年。

许汉泽:《行政主导型扶贫治理研究》,中国农业大学博士学位论文,2018年。

荀丽丽:《失序的自然——一个草原社区的生态、权力与道德》,中央民族大学博士学位论文,2009年。

伊庆山:《南村社区建设:农业型村庄的新型社区化之路》,河海大学博士学位论文,2015年。

应星:《从"讨个说法"到"摆平理顺"——西南一个水库移民区的故事》,中国社会科学院研究生院博士学位论文,2000年。

杨承亮:《扶贫治理的实践逻辑——场域视角下扶贫资源的传递与分配》,中国农业大学博士学位论文,2016年。

杨瑞玲:《解构乡村:共同体的脱嵌、超越与再造》,中国农业大学博士学位论文,2015年。

四、外文文献

Michael Cernea. The Risks and Reconstruction Model for Resettling Displaced Populations[J]. *World Development*. 1997(10).

Michael Webber. Involuntary Resettlement, Production and

Income: Evidence from Xiaolangdi, PRC [J]. *World Development*. 2004 (4).

Simon Szreter. The State of Social Capital: Bringing Back in Power, Politics, and History[J]. *Theory and Society*. 2002 (5).

Michael Woolcock. Social Capital and Economic Development: Toward a Theoretical Synthesis and Policy Framework[J]. *Theory and Society*. 1998 (2).

World Bank. *World Development Report 2016: Digital Dividends*. Washington, The World Bank. 2016.

World Bank. *World Development Report 2015: Mind, Society, and Behavior*. Washington, The World Bank. 2014.

World Bank. *Poverty Reduction Handbook*, Washington, The World Bank. 1993.

World Bank. *World Development Report 2000/2001*. Attacking Poverty. Washington, New York, Oxford University Press. 2001a.

World Bank. *Poverty Trends and Voices of the Poor*, 4th edn, Washington, The World Bank. 2001b.

Francine Mestrum. Poverty Reduction and Sustainable Development [J]. *Environment, Development and Sustainability*. 2003(5).

Mariama Awumbila. Gender Equality and Poverty in Ghana: Implications for Poverty Reduction Strategies [J]. *GeoJournal*. 2006.

R. A. Hope. Water, Workfare and Poverty: The impact of the Working for Water Programme on Rural Poverty Reduction [J]. *Environment, Development and Sustainability*. 2006 (8).

Geranda Notten. How Poverty Indicators Confound Poverty

Reduction Evaluations: The Targeting Performance of Income Transfers in Europe[J]. *Social Indicators Research*. 2016.

Berthoud, R. & Bryan, M. Income, deprivation and poverty: A longitudinal analysis[J]. *Journal of Social Policy*. 2011(1).

Bossert, W. , Chakravarty, S. R. & D'Ambrosio, C. Multidimensional Poverty and Material Deprivation with Discrete Data [J]. *Review of Income and Wealth*. 2013(1).

Brandolini, A. , Magri, S. & Smeeding, T. M. Asset-based Measurement of Poverty[J]. *Journal of Policy Analysis and Management*. 2010(2).

Chzhen, Y. & Bradshaw, J. Lone Parents, Poverty and Policy in the European Union [J]. *Journal of European Social Policy*. 2012(5).

Yoshie Sano, Steven Garasky, Kimberly A. Greder. Understanding Food Insecurity Among Latino Immigrant Families in Rural America[J]. *Journal of Family and Economic Issues*. 2011.

Carmel E. Price, Ben Feldmeyer. The Environmental Impact of Immigration: An Analysis of the Effects of Immigrant Concentration on Air Pollution Levels [J]. *Population Research and Policy Review*. 2012.

Colleen K. Vesely, Rachael D. Goodman. A Better Life? Immigrant Mothers' Experiences Building Economic Security [J]. *Journal of Family and Economic Issues*. 2015.

Matthew Hall. Residential Integration on the New Frontier: Immigrant Segregation in Established and New Destinations [J]. *Demography*. 2013.

Hieu Van Ngo, Avery Calhoun. The Unravelling of Identities and Belonging: Criminal Gang Involvement of Youth from Immigrant Families[J]. *Journal of International Migration and Integration*. 2017.

Irena Kogan. Immigration Policies and Immigrant Selectivity in Europe[J]. *Working Through Barriers*. 2007.

Helga de Valk, Michael Windzio. Immigrant Settlement and the Life Course: An Exchange of Research Perspectives and Outlook for the Future[J]. *A Life-Course Perspective on Migration and Integration*. 2011.

Abdirashid A. Ismail. Immigrant Children, Educational Performance and Public Policy: a Capability Approach [J]. *Journal of International Migration and Integration*. 2019.

Susan Charnley. Environmentally-Displaced Peoples and the Cascade Effect: Lessons from Tanzania [J]. *Human Ecology*. 1997.

David Bartram. Economic Migration and Happiness: Comparing Immigrants' and Natives' Happiness Gains From Income[J]. *Social Indicators Research*. 2011.

Mary M. Kritz, Douglas T. Gurak. The impact of immigration on the internal migration of natives and immigrants [J]. *Demography*. 2001.

John Hultgren. *Nature, Place and the Politics of Migration* [M]. Migration Policy and Practice. 2016.

Maurizio Ambrosini. Immigration in Italy: Between Economic Acceptance and Political Rejection[J]. *Journal of International Migration and Integration*. 2013.

Virginia Deane Abernethy. Population Dynamics: Poverty, Inequality, and Self-Regulating Fertility Rates[J]. *Population and Environment*. 2002.

Gabriele Volpato, Daimy Godínez, Angela Beyra. Migration and Ethnobotanical Practices: The Case of Tifey Among Haitian

Immigrants in Cuba[J]. *Human Ecology*. 2009.

Ellen Percy Kraly. Immigration and Environment: A Framework for Establishing a Shape Possible Relationship[J]. *Population Research and Policy Review*. 1998.

Scott T. Yabiku, Jennifer E. Glick, Elizabeth A. Wentz. Migration, Health, and Environment in the Desert Southwest [J]. *Population and Environment*. 2009.

Mark A. Fossett, Cynthia M. Cready. Ecological Approaches in the Study of Racial and Ethnic Differentiation and Inequality [J]. *Continuities in Sociological Human Ecology*. 1998.

M. Zavattaro. International Migrations and Biodemographic Dynamics: Fertility in a Sample of Italian Immigrants[J]. *International Journal of Anthropology*. 1993.

Susan Charnley. Environmentally-Displaced Peoples and the Cascade Effect: Lessons from Tanzania [J]. *Human Ecology*. 1997.

Susan Cassels, Sara R. Curran, Randall Kramer. Do Migrants Degrade Coastal Environments? Migration, Natural Resource Extraction and Poverty in North Sulawesi, Indonesia[J]. *Human Ecology*. 2005.

David J. Campbell, David P. Lusch, Thomas A. Smucker, Edna E. Wangui. Multiple Methods in the Study of Driving Forces of Land Use and Land Cover Change: A Case Study of SE Kajiado District, Kenya[J]. *Human Ecology*. 2005.

附　录

附录1：访谈提纲

访谈提纲一（访谈对象：移民群体）

搬迁前的居住、生产生活状况，如房屋结构、地理位置、住房面积、经济收入、家庭支出、种植作物、养殖情况等。

移民搬迁的意愿如何？是被迫搬迁还是主动搬迁？搬迁的原因是什么？搬迁的过程是怎么样的？

移民搬迁安置点的选择情况？移民是否参与了选址过程？

移民对国家易地搬迁政策是否了解？是通过何种途径了解的？

移民搬迁安置点房屋的分配是怎么样的？搬入新房得到的补贴情况，集中和分散安置两种不同安置方式的移民得到的补贴对比？除了国家补贴外，个人需要补交的差价？

新安置的房屋装修情况如何？移民对格局面积是否满意？

移民新房子是否入住？原有宅基地房屋是否拆除？原有生产资料变更情况？

移民搬迁后的生活方式？吃穿住用行是怎么样的？和之前相比有什么样的变化？移民对做饭、卫生、水电、取暖等具体生活样态是否满意？

移民搬迁后的生产方式发生了什么样的变化？是农业生产还是非农业生产？以居住地为中心，工作的半径如何？

移民搬迁后的收入结构如何？消费方式得到怎么样的改变？

移民对政府提供的各种就业创业培训活动是否有兴趣？是否愿意参与？对培训的效果如何看待？

移民搬迁后的医疗和教育情况如何？婚丧嫁娶的习俗是否得到改变？

移民搬迁后的社会交往情况？人际关系如何？交往对象的变化？交往动机？交往内容？交往的密切程度？迁入地移民群众之间相处得如何？移民与迁入地原居民相处如何？

移民在迁入地遇到的最大困难是什么？遇到困难找谁帮忙解决？为什么？

移民社区管理情况如何？村委会选举情况？移民对村干部和驻村干部的评价？

移民公共活动空间的变化情况？迁入地与迁出地之前的环境变化如何？

访谈提纲二（访谈对象：镇政府领导和村干部）

全镇的基本概况，村落的基本情况，包括土地面积、村集体收入、自然环境、人口数、贫困人口数、产业发展、外出务工情况、人口结构情况、搬迁移民人口等。

镇政府作为基层行政单位，如何传达政策和落实政策？在政策执行过程中存在怎样的困惑？

镇政府在移民搬迁对象的识别、搬迁过程、搬迁后续发展方面都进行了怎样的帮助和扶持？

村委会对扶贫搬迁政策的宣传方式是怎样的？

村发展简史，包括地理位置、地形地貌、气候条件、生态环境等。

村里对搬迁对象是如何选择的？选择的方式？选择的过程？

移民群众的反应?

易地搬迁贫困户的识别?搬迁户是否为贫困户?贫困户和非贫困户搬迁的政策区别?

移民搬迁过程是如何进行的?安置的方式如何?安置地的选择?

村里纳入搬迁对象的移民搬迁情况如何?村委会是如何动员他们搬迁的?

移民搬迁后的发展状况?村委会做了哪些努力?存在什么样的困境和难题?

村委会的选举情况?搬迁后依然是村委会管理还是村改居进行社区管理?搬迁后的管理情况如何?

移民搬迁后村集体资产如何处置?农村经济产权制度改革和"三变"改革进展如何?

村委会对移民产业扶持项目如何落实?如何动员移民进行产业化发展?

村里的合作社情况?龙头企业?互助资金合作社?电子商务平台?"四个一"的要求是如何实现的?这些民间组织的建设效果如何?

访谈提纲三(访谈对象:移民办、扶贫办工作人员)

全县移民搬迁规划情况?经济社会发展情况?搬迁乡镇的分布及镇发展概况?全县的山区分布情况?贫困状况?

全县移民搬迁的总体概况?安置方式如何?安置点选择如何?安置点公共设施建设情况?移民安置点安置房的建设标准和依据是什么?

移民补偿政策如何?移民的搬迁意愿如何?搬迁对象的选择方式?

国家移民政策的目标?预期效果?实际效果如何?

政府对移民迁入地的发展规划?移民搬迁后的生产、生活规划？

政府如何选择和确定移民搬迁的乡镇和村庄？

政府如何动员老百姓搬迁？规划会议？动员大会？政府承诺？

政府如何规划移民搬迁后的经济收入来源？移民培训项目内容、培训方式、培训参与情况、培训效果如何？

政府对移民就业创业贷款的优惠政策如何？政府对移民后续发展做了哪些努力？

政府对移民搬迁中的宗教、文化、民俗等的改变如何调节？搬迁后的新社区如何进行文化整合？

政府对移民进行集中安置居住的期望是什么？集中居住的效果如何？移民的安置方式对可持续生计发展的影响？有土安置和无土安置的条件是什么？

对移民留守户如何处理？拒不搬迁或者返迁的情况如何？是否存在上访户？上访原因？如何应对？

移民迁出地的土地处理办法？移民原有村庄集体经济如何处置？农村"三变"改革如何推动？移民搬迁后的户籍管理办法？

移民迁入地的土地如何流转？存在哪些问题？移民搬迁后断水、断电、断路的情况是否存在？

附录2:访谈人员情况一览表
(县移民办、扶贫办、镇村干部)

说明:为保护被访者,文中人名都按专业要求进行了技术处理

序号	访谈对象	所在村镇	身份	文化程度	年龄	访谈时间	备注
1	谯先生	城北办事处桥房村	村支部书记	高中	50	2017.11.19	
2	梁先生	西乡县移民办	规划统计股股长	大专	38	2017.11.20	
3	胡先生	白马镇	镇长	本科	40	2017.11.20	
4	王先生	白马镇	移民办主任	大专	31	2017.11.20	
5	马先生	白马镇	脱贫攻坚站站长	大专	42	2017.11.20	
6	何先生	白马镇	脱贫办	大专	30	2017.11.20	
7	屈先生	白马镇白马社区	党支部书记	高中	55	2017.11.20	
8	王先生	河川镇	党支部书记	大专	46	2017.11.26	
9	江先生	河川镇	镇长	大专	39	2017.11.28	
10	高先生	河川镇	移民办主任	本科	30	2017.11.28	
11	雷先生	河川镇松园村	村书记	高中	52	2017.11.28	
12	肖先生	河川镇河川社区	扶贫办	大专	26	2017.11.29	
13	王先生	河川镇河川社区	党支部书记	高中	49	2017.11.29	
14	张先生	河川镇河川社区	驻村第一书记	大专	46	2017.11.29	

(续表)

序号	访谈对象	所在村镇	身份	文化程度	年龄	访谈时间	备注
15	何先生	河川镇	扶贫办主任	本科	29	2017.11.29	
16	李女士	河川镇	扶贫办	本科	30	2017.11.30	
17	刘先生	河川镇	副镇长	大专	35	2017.11.30	
18	郭先生	河川镇	副镇长	本科	31	2017.11.30	
19	严先生	河川镇 太平村	驻村第一书记	大专	47	2017.12.2	县教育局工作人员
20	董女士	河川镇	中心学校副校长	大专	28	2017.12.2	负责镇上教育扶贫工作
21	张先生	河川镇 松园村	驻村第一书记	大专	48	2017.12.2	县统计局工作人员
22	冉先生	河川镇 简坪村	驻村第一书记	大专	46	2017.12.3	县公路局工作人员
23	邱先生	河川镇 简坪村	村书记	高中	48	2017.12.3	
24	史先生	河川镇 简坪村	驻村工作队	高中	43	2017.12.3	县公路局工作人员
25	陈先生	河川镇 柏树垭村	党支部书记	高中	56	2017.12.4	
26	童先生	河川镇 柏树垭村	村主任	初中	55	2017.12.4	
27	李先生	河川镇 柏树垭村	驻村第一书记	大专	43	2017.12.4	县劳服局工作
28	李先生	河川镇	黎家庙小学校长	大专	38	2017.12.4	负责教育扶贫工作
29	毛先生	河川镇 简坪村	村主任	初中	50	2017.12.4	

(续表)

序号	访谈对象	所在村镇	身份	文化程度	年龄	访谈时间	备注
30	王先生	河川镇简坪村	村副主任	初中	58	2017.12.4	
31	王先生	河川镇松园村	驻村第一书记	大专	40	2017.12.4	河川镇党委工作人员
32	席先生	河坝镇	文化宣传办	大专	36	2017.12.6	兼任：高坝第一书记，高池村书记
33	杨先生	河坝镇	移民办主任	大专	34	2017.12.6	
34	宁先生	河坝镇	高池村第一书记	高中	46	2017.12.6	
35	杨先生	茶镇	副镇长	本科	28	2017.12.6	之前任河坝镇移民办主任
36	李先生	河坝镇	镇长	大专	40	2017.12.6	
37	李先生	河坝镇	脱贫办主任	本科	30	2017.12.7	
38	谯大爷	河坝镇	社区工厂负责人	初中	70	2017.12.7	做变蛋几十年，在移民社区开厂，带动贫困户就业
39	徐先生	河坝镇高池村	村主任	初中	50	2017.12.7	家有重病病人，靠种植烤烟维持生计
40	袁先生	河坝镇高坝社区	党支部书记	高中	55	2017.12.7	高坝社区为陕西省移民搬迁社区示范点
41	石先生	白马镇柳园村	驻村第一书记	大专	45	2017.12.8	县安监局工作人员
42	刘女士	白马镇丰宁村	妇女主任	高中	35	2017.12.8	

(续表)

序号	访谈对象	所在村镇	身份	文化程度	年龄	访谈时间	备注
43	石女士	白马镇柳园村	村主任	高中	37	2017.12.8	
44	肖先生	白马镇	天域玫瑰园总经理	本科	40	2017.12.13	西北大学毕业,创业投资支持家乡,带动不少贫困劳动力就业

附录3:访谈人员情况一览表(农户)

说明:为保护被访者,文中人名都按专业要求进行了技术处理

序号	访谈对象	所在村镇	身份	搬迁时间	文化程度	年龄(岁)	访谈时间	备注
1	梁女士	河川镇河川社区	移民	2014年	文盲	59	2017.11.22	因学致贫,因病致贫
2	刘先生	河川镇河川社区	移民	2014年	高中	23	2017.11.22	
3	徐女士	河川镇河川社区	移民	2015年	小学	34	2017.11.22	因病致贫
4	杨女士	河川镇柏树垭村	移民	2015年	文盲	42	2017.11.23	居住偏远,自愿搬迁
5	顾女士	河川镇柏树垭小学	教师		本科	24	2017.11.24	特岗教师,招聘进去的,兼职多门课程
6	张女士	河川镇柏树垭小学	教师		本科	25	2017.11.24	特岗教师,招聘进去的,兼职多门课程
7	王女士	河川镇幼儿园	教师		大专	26	2017.11.24	大学毕业考进去的,家在县城
8	康女士	河坝镇高坝社区	移民	2015年	小学	35	2017.11.25	跨县区搬迁,自主创业开面皮店
9	陈先生	河川镇太平村	移民	正在建房,准备搬迁	小学	50	2017.11.25	居住条件差,公益岗位护林员
10	刘先生	河川镇松园村	移民	2017年	小学	45	2017.11.28	因病致贫,居住条件差

(续表)

序号	访谈对象	所在村镇	身份	搬迁时间	文化程度	年龄（岁）	访谈时间	备注
11	李先生	河川镇河川社区	移民	2017年	小学	50	2017.11.29	居住条件差
12	李先生	河川镇河川社区	移民	2016年	高中	45	2017.11.29	煤矿受伤致残，缺劳动能力
13	邱先生	河川镇河川社区	移民	2016年	初中	41	2017.11.29	煤矿受伤致残，缺劳动能力
14	张先生	河川镇简坪村	移民	2017年	小学	57	2017.11.30	残疾，居住条件差
15	胡先生	河川镇简坪村	移民	2015年	小学	38	2017.11.30	居住偏远
16	李先生	河川镇简坪村	移民	2016年	文盲	37	2017.11.30	居住条件差，交通不便
17	李大爷	河川镇河川社区	移民	2015年	文盲	80	2017.11.30	低保户
18	钟先生	河川镇太平村	移民	2017年	文盲	45	2017.12.1	独身，居住条件差，缺乏劳动技能
19	赵先生	河坝镇石桥社区	移民	2017年	初中	36	2017.12.4	集中安置，苏陕对接帮扶，外出务工
20	刘女士	河坝镇石桥社区	移民	2017年	初中	25	2017.12.4	2012年出车祸腿残疾，缺乏劳动能力
21	赵先生	河坝镇石桥社区	移民	2017年	文盲	31	2017.12.4	智障者，独身
22	张大爷	白马镇丰宁村	移民	2016年	文盲	69	2017.12.9	因病致贫，缺乏劳动能力

(续表)

序号	访谈对象	所在村镇	身份	搬迁时间	文化程度	年龄(岁)	访谈时间	备注
23	刘先生	白马镇柳园村	非移民		小学	61	2017.12.9	因病致贫,缺劳动力
24	张大娘	白马镇丰宁村	非移民		文盲	83	2017.12.9	失独老人,独居
25	胡女士	白马镇白马社区	移民	2015年	初中	31	2017.11.20	居住条件差,没路
26	屈女士	白马镇白马社区	移民	2014年	小学	52	2017.11.20	居住条件差,地质灾害多,保洁员
27	程先生	白马镇白马社区	移民	2016年	文盲	64	2017.11.20	居住条件差,产业帮扶
28	乔先生	白马镇白马社区	移民	2016年	小学	55	2017.11.20	产业帮扶
29	胡先生	河坝镇石桥社区	移民	2017年	小学	40	2017.11.25	因缺乏资金致贫
30	张女士	河川镇太平村	移民	2017年	文盲	50	2017.11.27	居住偏远,没路
31	李先生	河川镇简坪村	移民	2017年	文盲	76	2017.11.30	低保贫困户
32	王先生	白马镇白马社区	移民	2016年	小学	52	2017.11.20	缺劳力,产业扶持
33	龙先生	河川镇简坪村	非移民		小学	46	2017.11.30	独身,低保贫困户
34	曾女士	河川镇松园村	危房改造户	2017年	小学	48	2017.11.27	屋顶漏水,换房顶

(续表)

序号	访谈对象	所在村镇	身份	搬迁时间	文化程度	年龄（岁）	访谈时间	备注
35	严先生	河川镇松园村	危房改造户	2017年	小学	50	2017.11.27	2008年地震导致墙壁裂缝，需要维修粉刷，但反对危改，要求住保障房
36	冯大爷	河川镇松园村	移民	2017年	文盲	79	2017.11.27	楼房住不惯，返回老屋
37	曾先生	河川镇太平村	非移民		小学	44	2017.12.1	外出务工，家有精神病人
38	张大娘	河川镇太平村	非移民		文盲	68	2017.12.1	产业帮扶，做豆腐卖豆腐
39	李大爷	河坝镇高池村	非移民		小学	66	2017.12.8	儿子在西安读大学后留西安，因儿子有安全住房，不给分配保障房
40	范大爷	河坝镇高池村	移民	拒不搬迁	文盲	75	2017.12.8	年纪大，安土重迁，不肯搬迁
41	廖大爷	河坝镇高池村	移民	拒不搬迁	文盲	76	2017.12.9	年纪大，新房子留给小儿子娶媳妇
42	朱大爷	河坝镇杨河村	非移民		小学	66	2017.12.9	典型脱贫户，养牛1头，养蜂蜜30箱，种植吊瓜2亩
43	付先生	河坝镇杨河村	移民	2017年	初中	46	2017.12.9	交通不便，没路
44	方先生	白马镇丰宁村	非移民		初中	50	2017.12.10	因病因残致贫

(续表)

序号	访谈对象	所在村镇	身份	搬迁时间	文化程度	年龄（岁）	访谈时间	备注
45	陈先生	白马镇丰宁村	非移民		小学	55	2017.12.10	因病致贫，缺资金，缺技术
46	周先生	白马镇柳园村	非移民		初中	57	2017.12.10	因病致贫，产业脱贫，养鸡80只，茶园3亩，香橼3亩
47	程大爷	白马镇柳园村	非移民		文盲	72	2017.12.10	因病致贫，但有3个儿子可以养老，无法纳入贫困户
48	张大爷	白马镇柳园村	非移民		文盲	74	2017.12.10	二级残疾，但儿子条件较好
49	谯先生	城北办事处桥房村	非移民		初中	44	2017.12.12	因学致贫，但家有村两委干部，无法纳入贫困户，外出务工

后 记

我国脱贫攻坚战在建党一百周年之际全面胜利,易地扶贫搬迁也被看做是脱贫攻坚的"头号工程"与"标志性工程"。"十三五"期间我国大约实现了986万建档立卡贫困人口的易地搬迁。作为一项利国利民的政策,易地扶贫搬迁旨在改变贫困人口恶劣的生存环境,但在具体实施过程中,不同区域的建档立卡贫困户有着不同的行为选择。比如,为何有的地方无论政府如何动员,建档立卡贫困户依然不愿意搬迁;有的地方在没有政府动员情况下,甚至不符合易地扶贫搬迁条件的农户也愿意积极同步搬迁;还有的地方,移民搬迁户搬迁之后并没有在安置小区实现生产生活的完全在地化,而是成为吊庄移民户,在安置区和原居住点来回跑,也有学者将这种现象称为"钟摆式迁移"。诸多现象都表明易地搬迁农户在搬迁之后的生活并不是像顶层设计的那么美好,还存在种种问题,主要在于他们在搬迁与生计策略之间的理性考虑。易地扶贫搬迁农户在完成"搬得出"的目标之后,"稳得住"和"能致富"成为巩固脱贫攻坚成果、促进可持续减贫与高质量脱贫的重要目标。易地搬迁不是一个一蹴而就的过程,涉及到生计转型、文化调适、社会支持、网络解体等等诸多问题,需要一个长期的发展过程。纵观世界上一些转型国家,"贫民窟"问题一直是特别凸显的社会问题。由于公共服务缺失、基础设施配套不完善,尤其是无法提供更多的就业机会,使贫民窟恶性循环更加严重。因此,加强移民的后续扶持与发展,避免移民成为"住在楼房里的贫困户",也体现了"中国之治"的优越性。十九届四中全会明确提出要"坚决打赢脱贫攻坚战,巩固脱贫攻坚成果"。习近平总书记在2020年3月的决战决胜脱贫攻坚座谈会上提出"加大易地扶贫搬迁后续扶持力度",尤其是2020年之后的后搬迁时代,扶贫政策的持续性与后续影响成为人们关注的焦点。

笔者多年来关注易地搬迁政策,也参与过多项与移民研究相关的课题调研,博士论文研究的是移民搬迁过程与搬迁移民社区的重构。在博士论文的基础上,笔者又继续关注移民搬迁安置点以后的可持续生计问题,2020年以巩固脱贫攻坚成果、防止返贫与坚持可持续脱贫为切入点,申请了国家社会科学基金项目"西部山区易地扶贫搬迁农户返贫风险及其阻断机制研究"。这项课题的立项为笔者继续关注移民搬迁后的可持续发展问题提供了一个良好的契机。西部山区是我国集中连片特困地区比较多的地方,易地扶贫搬迁也主要集中于西部地区山高沟深、生态环境脆弱的地区。在不同地理区域、不同经济发展水平、不同社会环境等因素影响下,移民上楼后的生活是什么样的?各个地区有怎样不同的典型模式与经验?带着这样的疑问,笔者及其调研团队深入贵州省毕节市织金县、云南省曲靖市会泽县、普洱市澜沧县以及陕西省安康市岚皋县、汉阴县、汉中市西乡县等多地进行调研。田野的过程是丰富而多彩的,比如贵州省织金县是集革命老区、少数民族地区、偏远山区为一体的西南喀斯特生态脆弱区,率先在全国开展全部实行城镇化集中安置模式。在后续发展中也形成了独特的创新做法,比如惠民街道的"七彩标记法"有效掌握和管理每户基本情况,"五分工作法"更好解决易地扶贫搬迁户入住、生活、就业、就业、医疗及后续保障工作;陕西省安康市属于秦巴生物多样性生态功能区、南水北调中线工程重要水源涵养区、秦巴集中连片特困地区和川陕革命老区,为了解决移民搬迁后续发展问题,安康市在全市100户以上的易地搬迁社区实现农业园区、新社区工厂"两个全覆盖",实现一户一人以上稳定就业。

笔者带领调研团队走访了多个移民安置社区,有中心村安置社区、集镇安置社区、县城边缘安置社区、跨县区安置社区等多种类型移民小区,也有分散安置点,同时也调研了相关的社区工厂、扶贫车间、农业产业园区、合作社等,与有关部门领导座谈访谈,与移民户进行访谈和问卷调查,收集了更多生动的故事。在调研过程中,也得到了当地发改委以及移民管理部门的协助。无论是对于当地政府官员,还是各个街道(乡镇)以及社区(村)的工作人员而言,他们都没有任何义务帮我提供资料。而我们的调研还会占用他们的时间和精力,还可能给他们带来一定的压力。但我们真诚地希望了解移民搬迁户的真实生活状态,当地有关部门也希望能够更好做好移民后期扶持与发展工作,希望自己在工作中遇到的问题得到解决,还是有人愿意聆听和诉说自己的真实感受。特别是淳朴的搬迁农户,他们很热情地接受我们的访谈与问卷调查,我们也得到了他们的接纳与信任。调研团队与其中一些访谈对象成为了交心的朋友,至今还经常交流乡村建设问题。但有时候对于移民搬迁户反映的问题,我们也有一种无力感,不知道我们的调研是否能切实对他们产生一定的帮助。在此,对这些素不相识却又热心相助的有关部门及移民搬迁户表示真挚的谢意!感谢在田野调查中和我分享过故事和感受的所有人!是他们无私的分享才成就了课题报告和论文中一个个鲜活的故事,拙作是他们生活智慧的一种呈现。由于种种原因,请原谅在此无法公开他们的姓名。正是由于这些基层干部不辞辛苦的努力和移民群众的大力配合,让我看到了易地扶贫搬迁政策带来的扶贫成效,以及美丽中国、乡村振兴的实现不再是一个遥远的梦。

  从本书的付梓到后续课题的调研,更是得到了诸多专家和老师的指导。首先要感谢我的博士生导师许佳君教授,是他将我带进博士的门槛。许老师学术严谨、知识渊博、为人正直,感谢许老师多年来对我学习和生活上的照顾和包容!在论文写作过程和田野调查过程中,许老师倾注了大量心血,亲力亲为带队调研,跟着许老师走遍了浙江杭州、温州、衢州、台州、丽水、金华、湖州等多个库区和移民安置点以及安徽淮南、南京高淳等地。不管是在骄阳似火下的新安江水库移民安置社区做问卷的汗水，还是在寒风刺骨中温州古村落走访库区移民和考察移民后扶项目，许老师都悉心给予各种指导。还记得2012年许老师不慎骨折，我陪着他去北京开会，他架着双拐到国务院三峡办参与课题报告评审会。作为学生，被他的这种吃苦耐劳、孜孜以求的精神所感动。跟随他多年，不仅增长了学术研究能力，还砥砺了我脚踏实地的风格。其次，感谢我的硕士生导师韩振燕教授。韩老师认真负责的工作风格、治学严谨的学术态度、平易近人的性格深深影响了我，在学习和生活上对学生都如母亲般的关怀。多次跟随韩老师走访南京的社区调研老年人精神关爱课题，也多次跟韩老师到江苏省民政厅、南京市民政局座谈讨论社会救助有关的规划方案以及参与各种学术会议，这些锻炼都给我后续发展奠定了学术积累。两位导师可谓我的"严父慈母"，在言传身教中教会了我做人做事做学问的态度、胸怀和担当。在此，谨向我在河海大学的两位导师致以最真挚的谢意！同时也要感谢一起做调研的众多师兄师姐和师弟师妹，同门的互相鼓励和督促是我不断坚持的动力，更是他们的陪伴才使我的调研和学习生活丰富多彩。感谢我的博士同学，尤其是李如春同学，人如其名，如春总是像春天一样时刻温暖着我。不管是在学术上，还是生活上，都给予我极大的帮助和鼓励。特别是帮我逐字逐句修改论文和调研报告，给予我不少启发。另外还有耿言虎同学，多次指导我如何做田野调查，还有伊庆山、仇凤仙、王欢、葛新艳、古安琪、栗治强、孙旭友、程军、温丙存等诸位同学的相伴相知，一路共走求学路。如今大家已是不同学校的老师，依然进行着学术交流和讨论。

感谢河海大学公共管理学院的诸多老师！施国庆教授是世界知名移民专家，不管是在平时的学习中还是在论文写作中，不管是微信上请教问题还是餐厅偶遇，不管是从论文的框架思路还是课题的细节问题，施老师都能给我很多启发。他学养深厚，研究视野开阔，思维活跃，在移民研究领域有着丰富的理论与实践经验，是我终身学习的榜样。王毅杰教授学术造诣高，学风严谨，教导我要多读经典著作，培养紧密的逻辑思维能力，还要适当学习定量研究，能够聚焦研究问题。感谢陈阿江、陈绍军、黄健元、孙其昂、沈毅、余文学、曹海林、胡亮、张虎彪、孙中艮、陈涛等多位老师，通过参与他们的课堂学习或课题调研，我不仅有了理论知识的积淀，还锻炼了思考和解决问题的能力。感谢我本科期间的诸多老师，是他们将我带入社会学殿堂的大门，他们是南京师范大学社会学系的白友涛、花菊香、白莉、吴业苗、杨光飞、杜景珍、黄润龙、程平源、黄晓珊、李浩升、刘安等，感谢他们的知识传授和社会学启蒙。在到南京邮电大学工作的二年时间内，感谢社会与人口学院的领导对我的大力支持与帮助。谢意和歉意也要给我最亲爱的家人。感谢我的父母在20多年的求学生涯中给予的支持和鼓励。感谢弟弟、弟妹和妹妹、妹夫长期分担着照顾父母的责任，使我能够安于学术。感谢我的爱人给予我的支持和生活照顾。感谢7岁的儿子，他纯真无邪的笑容和亲切的呼唤是我得以不断坚持的动力来源。因为我的力不从心而不能全身心陪伴他的成长，希望他日后能够理解和体谅我今天的努力和暂时的疏忽。

此外，要特别感谢南京大学出版社黄继东老师。从2010年跟随黄老师做南京秦淮灯会的国家社会科学基金课题，多年来，承蒙黄老师及其夫人白莉老师对我如同亲人般的关心与照顾。不管在学业上、工作上还是生活中，他们都给予了我大量的帮助与指导。特别是在课题调研过程中，白老师及其指导的硕士研究生为课题的顺利完成付出了大量心血，在此表示真诚的感谢！在本书决定出版之时，黄老师对本书的文字、内容进行了大量润色，甚至每个标点符号都进行了修正，让许多表达变得更加精炼明确，他对编辑工作的专业负责、认真周全，为本书的顺利出版提供了重要帮助。

古人言："读万卷书，行万里路。"其实我想说这是对我们社会学博士科研活动的一种描述。文科的科研就是读书思考甚至是旅行,社会学的科研不仅仅是要通读理论知识,更要深入田野进行实地调研,将学问写在大地上。不同时期积累的学术成果都可以将一个学者在科研道路上跋涉的过程淋漓尽致地展现出来,从青涩到成熟,循序渐进,步步提升。学术的道路上要能够坐得了单调、苦累的冷板凳,要能够经得住苦熬。有人说这是一场孤独的冒险。终点是未知的,过程是艰辛的,真是"文章千古事,得失寸心知"。特别是针对有家的博士,如何在家庭与事业、孩子与学业间寻求一个平衡点,是需要一定的自律性和执行力的。每一份学术成果的背后都有不为人知的艰辛,或许是苦读书、冥思考的寂寞,或许是田野调查中的汗水,或许是付出之后迟迟没有成果的失落,或许是论文投稿屡次被拒稿的沮丧,或许是论文写作过程中理不清思路的困惑,或许是专注学术而无法顾及亲人的无奈和愧疚,种种的酸甜苦辣使我的内心更加强大。在未来的学术道路上时刻提醒自己要不忘初心、心无旁骛、勤学善思、脚踏实地。

郑娜娜
2021 年 12 月 8 日
于南京邮电大学仙林校区